form+zweck

KRITISCHE MASSE

VON PROFIS UND AMATEUREN IM DESIGN

HERAUSGEGEBEN VON DER

KUNSTHOCHSCHULE BERLIN-WEISSENSEE

form+zweck

KRITISCHE MASSE

VON PROFIS UND AMATEUREN IM DESIGN

MIT BEITRÄGEN VON

FLORIAN A. SCHMIDT
PETER LASCH
SUSANNE STAUCH
FRIEDRICH KAUTZ
FRITZ GOBBESSO

UND ZEICHNUNGEN VON

ANDREAS TÖPFER

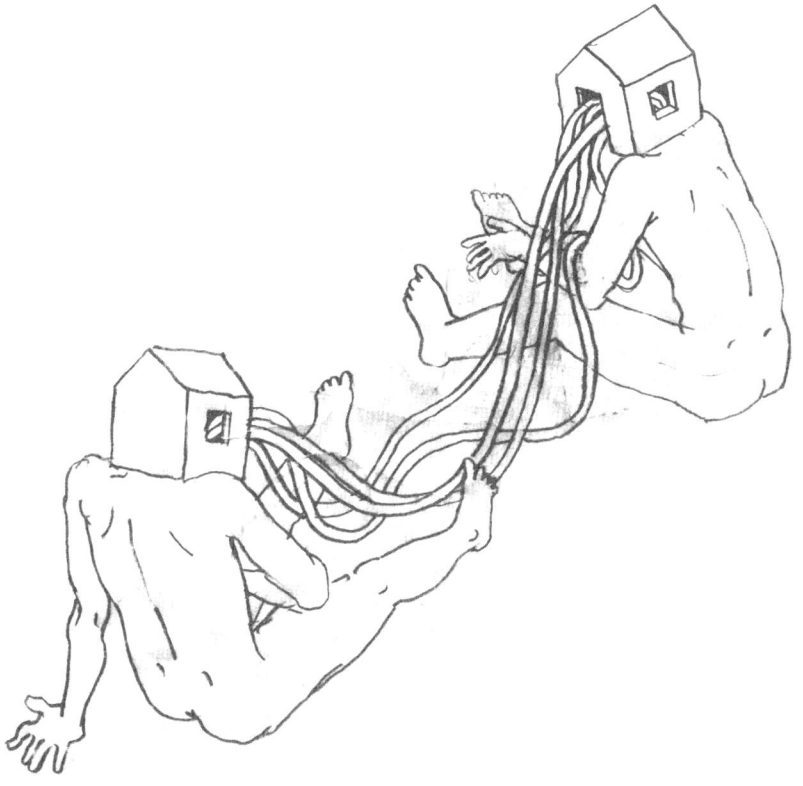

An der Kunsthochschule Berlin-Weißensee sind fünf theoretische Arbeiten entstanden, die sich an einer interessanten Schnittstelle im aktuellen Designdiskurs berühren: Wie interagieren Designer mit Nutzern, wenn diese sich nicht mehr mit fertigen Produkten begnügen, sondern in den Designprozess selbst eingreifen wollen – und können? Muss die Profession auf ihrem ureigensten Terrain Übergriffe von Amateuren, ja Dilettanten befürchten oder gibt sich hinter dem ominösen Publikumsgeschmack endlich der Benutzer für den Designer zu erkennen? Und wird, etwa im Sinne Bertolt Brechts (»Wir müssen aus einem kleinen Kreis von Kennern einen großen machen.«), Walter Benjamins und Theodor W. Adornos, ein neues Zeitalter der Kultur und der Künste heraufziehen, in dem jene Hierarchien, die stets auch Ausdruck von Herrschaft waren, ihre Wirkungsmacht verlieren?

Auf dem Feld der Kreativität, das lange Zeit von den Künsten und dem Design diszipliniert und wirksam kontrolliert wurde, haben sich seit vierzig Jahren subkulturelle Revolten und digitale Revolutionen neue Freiräume geschaffen. »Access to tools« und »Open Source« haben einen breiten Zugang zu den Werkzeugen, die zuvor den Professionellen vorbehalten waren, eröffnet. Die visuelle Kommunikation war die erste unter den Designprofessionen, die von Surf- und Rockfans im Zuge des Desktop Publishings einer gründlichen Revision unterzogen wurde. Mit dem Rapid Prototyping kündigt sich eine ähnliche Entwicklung beim Produktdesign an. Und auch die Architektur wird jetzt von dieser Bewegung erfasst. Soeben erreicht uns die Nachricht, dass das erste Haus »ausgedruckt« wurde.

Viele dieser neuen Kulturtechniken stammen aus dem amerikanischen Raum und einer Kultur, die technische Innovation ganz selbstverständlich mit populärmedialer Inszenierung vermischt. Die Lust am Mitmachen und am Do it yourself hat auch dem Design einiges von seiner statuarischen Würde genommen. Mit der »Creative Class« und der mit ihr einhergehenden »Urban Renaissance« sind neue soziale und urbane Felder entstanden, – Berlin, City of Design, ist das beste Beispiel dafür – auf denen sich alle begegnen, die ein kreatives Spiel miteinander spielen wollen. Nach welchen Regeln wird hier gespielt? – Sie werden soeben neu formuliert, und die Autoren beteiligen sich daran.

Florian Schmidt (visuelle Kommunikation) schreibt über »Volksdesign«. Mit dieser Vokabel hat er ein Phänomen wie »Crowdsourcing« wirksam eingedeutscht. Von Holm Friebe und Sascha Lobo (»Wir nennen es Arbeit«) wissen wir, dass die Lektüre der amerikanischen Nerd- und Hackerliteratur ein »Muss« für Mediendesigner ist. Das »Mitmachnetz« muss erst einmal an seinen Ursprüngen studiert werden, bevor man bei Schiller und Goethe deutsche Triebfedern für einen kultivierten Dilettantismus ausmachen kann. War es damals »der« Dilettant, so sind es heute »die« Dilettanten, die die Welt – zumindest im Netz – verändern. Florian Schmidt ist seit geraumer Zeit diesen faszinierenden Phänomenen auf der Spur, und »Volksdesign« bildet davon einen Ausschnitt ab. →9

Peter Lasch (Produktdesign) schliesst mit »free design!« ebenfalls an die amerikanische »open source«-Bewegung an, an ihre Verdienste bei der Demokratisierung des Internets, der Versorgung seiner Nutzer mit open-source-Programmen, die jene Bottom-up-Form, die das Netz heute charakterisiert, zu wesentlichen Teilen erst ermöglicht hat. Der User, der sich damit wie ein Fisch im Wasser, sprich Internet, bewegen kann, hat Zugang zu jenen Tools, die den Konsumenten zum Prosumenten (Toffler) gemacht haben. Aber wie wird aus der zweidimensionalen Revolution eine dreidimensionale? Und welchen Anteil hat das Netz daran? Peter Lasch zeigt die Tools, die schnell →49 sich entwickelnden Rapid-Prototyping-Techniken und die Projekte, die auf ihnen basieren. Die Open-Source-Community beginnt, neue Formen der Produktentwicklung zu erkunden.

Susanne Stauch (Produktdesign) schreibt in »Kreative Entfesselung« über den Schritt vom »paralysierten Empfänger zum partizipatorischen Sender«. Die Frage, die so ähnlich schon Richard Florida seinen Studenten gestellt hat, »Was will ich wirklich?«, löst immer noch überraschende Reaktionen aus. Eine kreative Klasse, und mit ihr die Designer als Teil dieser Klasse, verabschieden sich damit aus dem alten Wirtschaftssystem. Soll der Prozess der aktiven Gestaltung des eigenen Lebens gelingen, sollen Freiheit und Selbstbestimmung herrschen, dann wird die Voraussetzung dafür jene Transformation der Selbstwahrnehmung sein, die die Kräfte für diesen Prozess erst freisetzen kann.

Friedrich Kautz (visuelle Kommunikation), der »Nerd« unter den hier versammelten Autoren, stellt mit »Neustart« ein radikales Systemkonzept für elektronische Mobilgeräte vor. Die Produktanalyse nicht aus der Sicht des Designs oder des Marktes, sondern des Benutzers, der in seiner Tasche viele Mobilgeräte mit sich trägt, führt ihn zu einer Neubewertung des Standards. Warum können sie alle nicht miteinander? Und warum kann der Benutzer nicht mit ihnen tun, was er möchte? Kautz: Nur standardisierte Teile im systemischen Ganzen, radikal verstanden und radikal durchgesetzt, können den Benutzer wirklich handlungsfähig machen.

Friedrich Gobesso (Bildhauerei) handelt mit »Falscher Originalität und Falschheit als Originalität«. Eine Fälschung, so Gobesso, bleibt, solange sie nicht als solche erkannt ist, ein Original. Aber, so fährt er fort, wenn sie enttarnt wird, dann verwandelt sich das falsche Original in eine echte Fälschung. Die Werte verschieben sich. Für einen Künstler kann das eine beunruhigende Feststellung sein. Sie treibt ihn im Zeichen der unbegrenzten Reproduzierbarkeit zu neuen, produktiven Einsichten in das Verhältnis von Original, Reproduktion und Fälschung. Fake macht aus der Täuschung eine Ent-Täuschung, vorausgesetzt, der Betrachter ist dazu bereit.

Andreas Töpfer (Visuelle Kommunikation) setzt mit seinen Illustrationen einen Kontrapunkt zu den Texten der Autoren. Wenn von Quentin Fiore, der Marshall McLuhans Bücher gestaltet hat, gesagt worden ist, dass er Bewusstsein durch die Kollision von verbaler und visueller Information erzeugen könne, dann greift Töpfer dieses Verfahren erneut auf. Die Enkel McLuhans zeigt er verstrickt in Netz- und Rhizomstrukturen. Sie sind interaktiv, aber auch interpassiv, sie bewegen sich in realen und in virtuellen Welten, sie treten seriell auf oder zerteilt – nach alledem werden sie eines jedenfalls nicht mehr sein: mit sich selbst identisch.

Die Texte von Florian Schmidt, Peter Lasch, Susanne Stauch, Friedrich Kautz und Friedrich Gobesso sind im Fachgebiet Theorie und Geschichte des Designs entstanden, ihr Mentor war Prof. Dr. Walter Scheiffele. Idee und Konzeption für das vorliegende Buch entstanden in Zusammenarbeit mit Prof. Stefan Koppelkamm aus dem Fachgebiet Visuelle Kommunikation.

Wir danken dem Rektor der Kunsthochschule Berlin-Weißensee, Professor Gerhard Strehl, der sich trotz schwieriger finanzieller Verhältnisse für die Finanzierung der Publikation entschieden hat, ebenso Frau Fleischmann, Öffentlichkeitsarbeit, die die Texte sorgfältig lektoriert hat und Andreas Töpfer, der, selbst ehemaliger Weißensee-Student, mit Layout und Illustration die Intentionen der Autoren und Herausgeber in eine visuelle Form übersetzt hat.

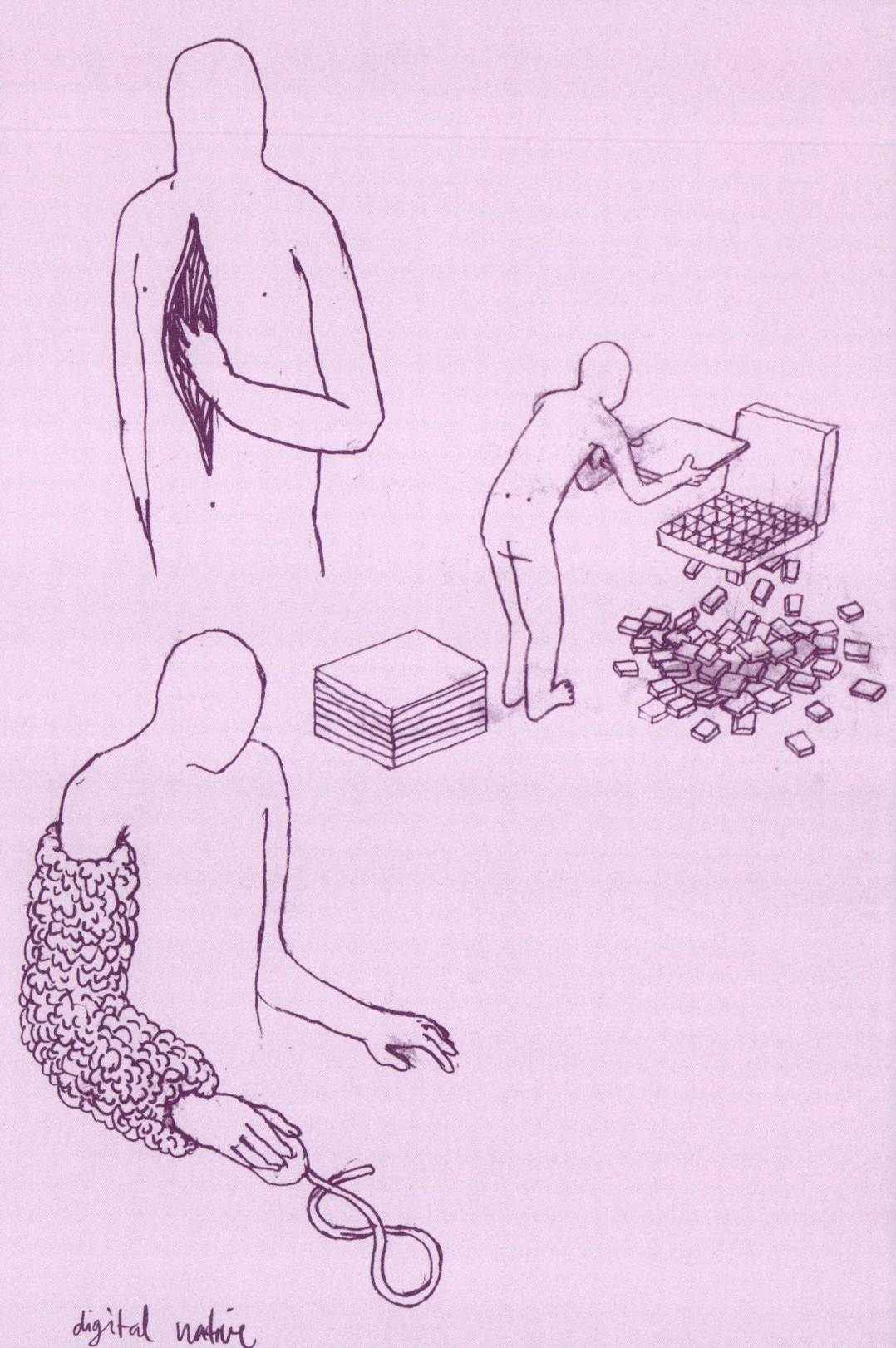

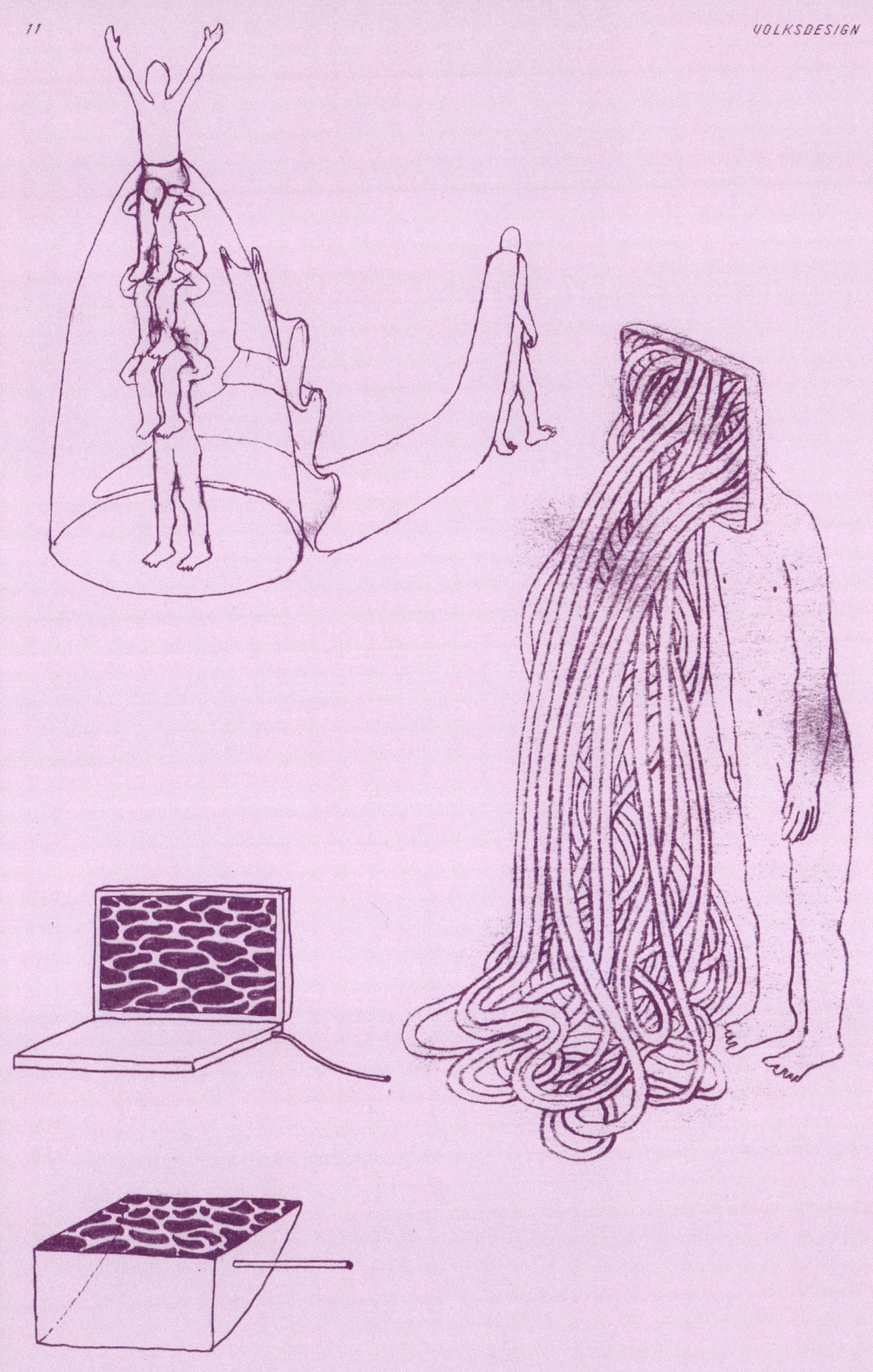

FLORIAN SCHMIDT

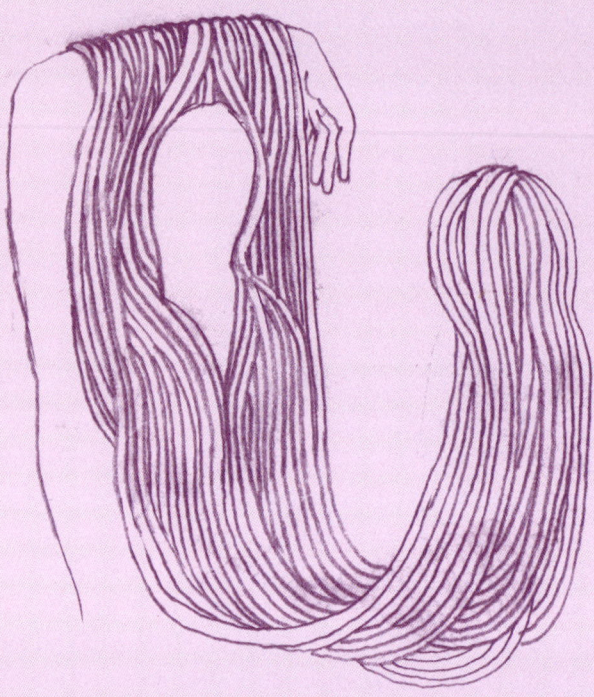

271209 1815

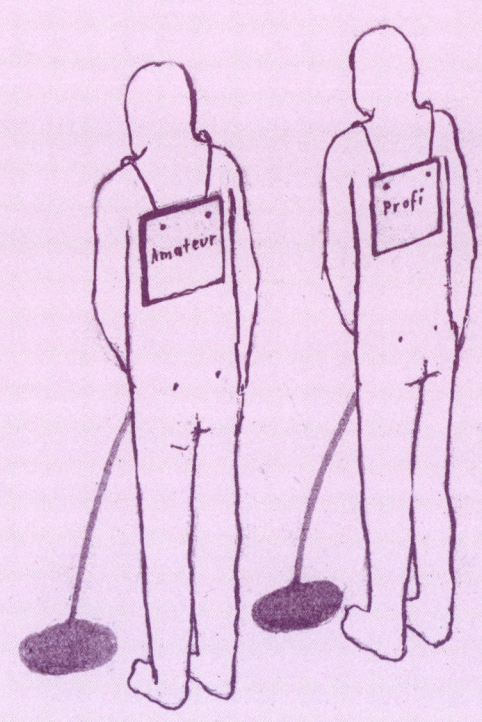

FLORIAN ALEXANDER SCHMIDT

VOLKSDESIGN
VOM VERSCHWIMMEN DER GRENZEN ZWISCHEN AMATEUR UND PROFI IN DER GESTALTUNG

*Man ist ein Mann
seines Faches
um den Preis,
auch das Opfer
seines Faches zu sein.*

— Friedrich Nietzsche

WIR SIND DAS NETZ

Etwa seit 2006 ist der Begriff Web 2.0 allgegenwärtig in den deutschen Medien. Selbst wenn man sich nur der klassischen Massenmedien bedient, kommt man an dem schillernden Treiben im Mitmachnetz nicht mehr vorbei. Die Bezeichnung Web 2.0 ist heute so weit in den allgemeinen Sprachgebrauch vorgedrungen, dass der Zusatz »2.0«, angehängt an ein beliebiges Verb oder Substantiv, inzwischen inflationäre Verbreitung findet; die Palette reicht von »*Stasi 2.0*« bis »*Brennstoffzelle 2.0*«. Trotz, oder sogar gerade wegen dieses inflationären Gebrauchs bleibt die Bedeutung meist diffus, suggeriert jedoch, je nach Kontext, technischen Fortschritt und Partizipation an der Medienproduktion.

Geprägt wurde der Begriff im Jahr 2004 von Dale Dougherty, einem Mitarbeiter des amerikanischen Computerbuch-Verlages O'Reilly Media. Dieser suchte nach dem Titel für eine Konferenz, deren Thema eine Reihe neuartiger Dienstleistungen und Plattformen im Netz und das damit verknüpfte neue Selbstverständnis der Nutzer sein sollte. Man hatte beobachtet, dass immer mehr Nutzer damit begannen, die Rolle des passiven Konsumenten hinter sich zu lassen, selber aktiv Inhalte zu produzieren und die Gestaltung des Webs in die eigenen Hände zu nehmen. Die Konsumenten entwickelten mit einem Mal Produktivkräfte, schufen freiwillig und unentgeltlich Werte, die eine neue Generation von Startups zu nutzen lernte. Besonders erfolgreich wurden auf diese Weise jene Unternehmen, die es verstanden, ihre Nutzer in ihre Wertschöpfungskette einzubeziehen, respektive sie für sich arbeiten zu lassen. Sei es nun als Laien-Rezensenten auf Amazon, als Hobbyfotograf auf Flickr oder als Amateurfilmer auf YouTube.

Die Möglichkeit der unkomplizierten Partizipation für Jedermann erstreckt sich heute auf alle nur erdenklichen Inhalte im Netz. Nicht nur die Volks-Enzyklopädie Wikipedia, auch der Erfolg von Google beruht letztlich auf der Strategie, die Weisheit der Vielen (Surowiecki 2004) anzuzapfen. User Generated Content wurde zur neuen Zauberformel, die die noch rauchenden Trümmer des Dotcom-Crashs wieder mit Leben füllen sollte. In Anlehnung an die fortlaufenden Versionsnummern von Software gab man dem Phänomen den Namen Web 2.0.

Zwei Jahre später, im Dezember 2006, war der Umbruch im Bewusstsein einer breiten Öffentlichkeit angekommen, als das Time Magazine auf seinem Cover einen Computerbildschirm zeigte, dessen Mattscheibe durch eine Spiegelfolie ersetzt war. »*YOU, are the person of the year*« – wer auf das Cover blickte, wurde zur Person des Jahres. Damit war das Wesen des Web 2.0 präzise auf den Punkt gebracht. »*It's a tool for bringing together the small contributions of millions of people and making them matter. Silicon Valley consultants call it Web 2.0, as if it were a new version of some old software. But it's really a revolution*« (Time Magazine 2006). Trotz aller Kritik an dem Begriff Web 2.0 hatte auch das Time Magazine keine alternative Bezeichnung anzubieten, und so blieb es bei der Versionsnummer 2.0. Im Deutschen hat sich inzwischen auch die Bezeichnung Mitmachnetz eingebürgert. Diese trifft zwar mehr den Kern der Sache, wird aber mitunter etwas abschätzig verwendet.

1 VOLKSDESIGN 2 MULTIDENTITY-MEDIAREMIXCOLLAGE 3 ARBEITEN UND ARBEITEN LASSEN 4 SPIEL, SATZ UND SIEG 5 HEIMARBEIT IN DER ELEKTRISCHEN HÜTTE 6 WAS NICHT PASST, WIRD PASSEND GEMACHT 7 WEIHNACHTSMANN MASCHINE 8 FUTUROLOGIE IN DER RETROSPEKTIVE 9 AUF DIE COUCH GEKOMMEN 10 KREATIV-KOLLEKTIV 11 QUELLENVERZEICHNIS

Während Web 2.0-Unternehmen wie Google, Amazon und Ebay wie Phönixe aus der Asche des Dotcom-Crashes auferstanden sind, steht den Medienhäusern alter Bauart heute häufig das Wasser bis zum Hals. Selbst der alte Software-Monopolist Microsoft, lange Zeit als die unangreifbare, dunkle Seite der Macht angesehen, kann einem angesichts des Bedeutungsverlustes gegenüber Google fast schon leid tun. Doch nicht nur Microsoft, sondern auch die klassischen Fernsehanstalten, Rundfunksender und Verlagshäuser haben zu lange die Bedeutung des Internets unterschätzt. Ihnen geht in Scharen das jüngere Publikum ans Netz verloren, sodass der Altersdurchschnitt bei der Tagesschau bereits die 60 überschritten hat. Mit den Lesern und Zuschauern wandern natürlich auch die Werbekunden ab. Die Medien-Dinosaurier des zwanzigsten Jahrhunderts sind vom Aussterben bedroht, denn die neue Konkurrenz hat einen entscheidenden Wettbewerbsvorteil: Sie produziert nicht mehr, sie aggregiert. Die zentralen Knotenpunkte des Web 2.0 sind so genannte *Content-Aggregatoren*, Anbieter von Plattformen, die lediglich die Infrastruktur für die Produktionen der Amateure bereit stellen, selber jedoch keine Inhalte produzieren. Die Unternehmen des Web 2.0 ernähren sich vom User Generated Content wie Wale von Plankton. Die oftmals zweifelhafte Qualität einzelner Beiträge auf YouTube und Co. tut dem Erfolg der Web-2.0-Plattformen keinen Abbruch und lockt täglich Millionen von Zuschauern. Begehrte *Eyeballs* im Gerangel um Aufmerksamkeit, gemessen in Klicks und *Pageviews*, entlohnt in Werbeeinnahmen. Auch die Welt des Designs ist zunehmend von dem Umbruch der Medienlandschaft betroffen.

Die wichtigste Grundvoraussetzung für die Entstehung des Web 2.0 war der flächendeckende Ausbau der nötigen Infrastruktur und die massenhafte Verbreitung der Hardware. Lange Zeit war das World Wide Web nur eine Domäne für technikversierte Geeks und Nerds. Die notwendige Ausstattung war zu kompliziert, zu teuer und nicht leistungsstark genug um massentauglich zu werden; auch fehlten für die meisten Menschen noch die Anreize, in die entsprechende Technik zu investieren. Neben der Bereitstellung der nötigen Hardware bildete auch die Weiterentwicklung der Software im Netz eine wichtige Vorraussetzung für die Entstehung des Web 2.0. Hatten die Websites des Internets Version 1.0 noch eine statische Struktur, der ein buchähnliches Layout mit festen Inhalten zu Grunde lag, verfügen die neuen Plattformen über offene Schnittstellen für Programmierer und Nutzer, so dass sich Inhalte dynamisch von einer Seite auslesen lassen, um sie an anderer Stelle in Angebote Dritter einzubauen. Für den Anwender sind dafür keine Programmierkenntnisse mehr von Nöten. Anstatt statische Angebote zu betrachten, setzen die Nutzer des neuen Netzes mit ihren Eingaben dynamische Verarbeitungsprozesse in Gang und erhalten ganz individuelle Ergebnisse. Form und Inhalt werden getrennt von einander behandelt – ein Bruch mit dem großen klassischen Designparadigma, demzufolge sich die Form zwingend aus dem Inhalt ergibt. So lassen sich beispielsweise die Amateurfotos auf Flickr auslesen, um sie geografisch geordnet in eine Google-Karte einzubinden. Ein wildwucherndes Gestrüpp an Mash-Ups ist am entstehen. Immer mehr Anwendungen wandern zudem vom Personal Computer in die Rechenzentren der Anbieter. Damit schwindet die Notwendigkeit für den Nutzer, selbst einen besonders leistungsstarken Rechner besitzen zu müssen. Für viele Aufgaben reicht es künftig, über ein mobiles Endgerät mit Minimalausstattung zu verfügen, welches lediglich als Portal dient, zur dezentralen Datenverarbeitung im Internet. Diese Entwicklung wird auch zusammengefasst unter dem Begriff *Cloud Computing*. Eng mit dem Wandel von statischen Seiten zu dynamischen *Content Management Systemen* ist auch der Übergang vom *Push-* zum *Pull-Prinzip* verknüpft. Alle Daten, Bilder und Videos stehen heute *on demand* zur Verfügung. Man schaut an was man will, wann man will, wo man will, anstatt sich einfach berieseln zu lassen. Die Nutzer sind zu ihren eigenen Programmdirektoren und Chefredakteuren geworden, und jeder Einzelne stellt sich seinen persönlichen Infotainment-Cocktail zusammen.

Heute ist ein Leben ohne Email, Google und Wikipedia für die meisten jüngeren Menschen unvorstellbar geworden. Laptops und internetfähige Mobiltelefone gehören inzwischen ebenso zur Grundausstattung der Digital Natives wie Scanner, Drucker und Digitalkameras. Basis-Software zur Bildbearbeitung gehört bei diesen Geräten oft ebenso zum Lieferumfang wie Programme zum Schneiden von Filmen oder zur Produktion von Musik. Hoch professionelle Anwendungen wie zum Beispiel Photoshop sind ebenfalls nicht mehr nur den Profis vorbehalten sondern finden mittels Filesharing, wenn auch häufig illegal, weite Verbreitung. Nachdem es in den frühen achtziger Jahren im Zuge der Digitalisierung der Designproduktion mit dem ersten Mac und den Anfängen des Desktop Publishing bereits zu tiefgreifenden Veränderungen der professionellen Entwurfsarbeit gekommen war, erleben wir heute eine weitgehende Demokratisierung des Designs. Ausschlaggebend ist die allumfassende Vernetzung von Hardware, Software und Inhalten. Wer nicht wenigstens ansatzweise mit Werkzeugen zur Text- und Bildbearbeitung umgehen kann, wirkt schnell wie ein moderner Analphabet. Treffenderweise hat sich im englischsprachigen Raum daher der Begriff der *Design-Literacy* etabliert.

Das revolutionäre Moment des Web 2.0 liegt in der Eröffnung von Rückkanälen. Das gesamte Zwanzigste Jahrhundert hindurch gab es eine klare Unterteilung in eine breite Masse von Medienkonsumenten auf der einen Seite und eine relativ kleine, aber einflussreiche Gruppe von Medienproduzenten auf der anderen. Die Massenmedien, insbesondere die Fernsehanstalten, waren die tonangebenden Sender, den Empfängern blieben hingegen nur zwei Optionen: Umschalten oder Abschalten; und so wurden die Zuschauer des Fernsehens von dem Medienphilosophen Günther Anders gar als Masseneremiten bezeichnet – verdammt dazu, die ihnen vorgesetzte mediale Kost zu konsumieren, ohne Austausch mit anderen, ohne Widerrede. In den ersten Jahren des weltweiten Gewebes hatte man in alter

Gewohnheit versucht, die etablierten Strukturen auf das neue Medium zu übertragen. Es dauerte eine Weile, bis man die Möglichkeiten zu echter Interaktion erkannte und sich eine dialogische Form der Kommunikation durchsetzen konnte. Dabei hatte bereits siebzig Jahre zuvor Bertolt Brecht am Beispiel des Rundfunks die wesentliche Schwäche der Massenmedien aufgezeigt und Vorschläge für modernere Formen der Nutzung gemacht. In seiner Radiotheorie aus dem Jahre 1932 forderte er, man müsse den Rundfunk von einem Distributionsapparat in einen Kommunikationsapparat umformen. »*Der Rundfunk müßte [...] aus dem Lieferantentum herausgehen, und den Hörer als Lieferanten organisieren.*« (Pias et al. 1999: 259) Genau diese Strategie ist das Erfolgsrezept der großen Web-2.0-Unternehmen. Die Empfänger sind zu Sendern geworden, und die zu Sendungsbewusstsein gelangten Masseneremiten haben auf einmal ein neues Problem, das ebenfalls schon von Brecht thematisiert worden war: »*Man hatte plötzlich die Möglichkeit, allen alles zu sagen, aber man hatte, wenn man es sich recht überlegte, nichts zu sagen.*« (Pias et al. 1999: 259)

Und so beschränkt sich das Programm vieler Web-2.0-Akteure auf das Firmenmotto der Videoplattform YouTube: *Broadcast Yourself.* Selbstdarstellung ist Trumpf – aus Broadcasting ist Egocasting geworden. Auf YouTube wurden bereits 2006 täglich 65000 neue Videos hochgeladen. Im April 2008 umfasste die Plattform über 80 Millionen Videos, und über drei Millionen »Fernsehkanäle« einzelner Nutzer. Die große Frage ist heute, wer überhaupt noch zuhört, wenn alle senden. Kein Wunder, dass bei dieser Datenflut eine Menge fragwürdiger Inhalte dabei ist, wegen derer YouTube immer wieder unter Beschuss gerät. Die Bandbreite problematischer Videos reicht von Verstößen gegen das Urheberrecht über Verletzungen von Persönlichkeitsrechten bis hin zu Pornografie, Gewaltvideos und unverhohlenem Rassismus. Noch ist nicht geklärt, wie diese Probleme in den Griff zu bekommen sind. YouTube bemüht sich zwar, durch technische Filter eine Vorauswahl zu treffen und mit menschlichen Kontrolleuren Nutzer-Hinweisen auf bedenkliche Clips nachzugehen, doch das reicht vielen Kritikern nicht.

Man würde dem Mitmachnetz jedoch Unrecht tun, wollte man es lediglich auf die Egozentrik seiner Nutzer oder die stellenweise geschmacklichen Entgleisungen der Inhalte reduzieren. Neben all den exhibitionistischen YouTube-Videos und MySpace-Profilen sind auch Millionen von inhaltlich orientierten Weblogs wie Pilze aus dem Boden geschossen und bilden heute eine wichtige Gegenöffentlichkeit. Es ist ein lebendiger, vielstimmiger Markt der Meinungen entstanden, eine moderne, digitale Agora, in der einzelne Blogs hochwertige journalistische Arbeit leisten und mitunter mehr Leser verzeichnen können als etablierte Zeitungen.

Der Markt um Nachrichten und Informationen hat eine große Egalisierung erfahren. Alle nur erdenklichen Informationen, von den neuesten Forschungsergebnissen der Quantenkryptographie bis hin zu Omas traditionellen Marmeladenrezepten, sind nur noch eine

Suchmaschinenanfrage entfernt. Für jedes noch so spezielle Thema gibt es eigene Foren oder Weblogs von Experten, sodass auch Laien auf früher schwer zugängliches Fachwissen jederzeit Zugriff haben. News-ticker, die den Nachrichtenagenturen lange einen zeitlichen Wissensvorsprung verschafften, stehen heute jedem zur Verfügung. Nicht selten wissen die Zeitungsleser so morgens schon aus dem Netz, dass die Schlagzeile des Tages bereits Makulatur ist.

Viele Politiker haben die Bedeutung der neuen Agora erkannt, und mischen sich im Mitmachnetz unters Volk. Das Web 2.0 ist nicht mehr nur das Sprachrohr einer anonymen Gegenöffentlichkeit von Amateuren, sondern wird ebenso von hochoffizieller Seite genutzt. Der Wahlkampf von Barack Obama stützte sich in hohem Maße auf die Publikationskanäle des Web 2.0. Doch anders als bei den Kampagnen deutscher Politiker, die sich ebenfalls verstärkt mit Podcast und Blogs zu profilieren versuchen, gelang es dem Team um Obama, nicht nur die technische Infrastruktur des Web 2.0 zu nutzen, sondern eine Lawine der Partizipation und des Engagements in Bewegung zu setzen. Die dezentral organisierten Gruppen von Wahlhelfern wurden in einen echten Dialog eingebunden und ihnen wurde Verantwortung übertragen. Der Schlachtruf »Yes We Can« wurde auch deshalb zum siegreichen Selbstläufer, weil die Berater Obamas ganz offensichtlich die soziale Dynamik des neuen Netzes wirklich verstanden hatten und zu nutzen wussten.

AVANTI DILLETTANTI

Die Revolution der Amateure führt in vielen Sparten zu einer bestimmten Kette von Reaktionen seitens der Profis. Anfangs werden die neuen Konkurrenten als irrelevante Stümper verächtlich gemacht, etwas später kommt dann die Sorge, die Amateure würden die Fachleute arbeitslos machen. In einem dritten Schritt folgt dann, zumindest bei den geschickteren Profis, die Integration der Amateure und die An-eignung ihrer Strategien. Doch wie lässt sich überhaupt noch zwischen Profis und Amateuren unterscheiden?

Ein Profi ist laut Meyers Konversationslexikon *jemand, der – im Gegensatz zum Amateur – eine Tätigkeit als Beruf ausübt.* Professionell zu sein heißt also, mit einer Tätigkeit seinen Lebensunterhalt zu bestreiten. Ein weiteres Kriterium ist die erfolgreich absolvierte, gesellschaftlich anerkannte Ausbildung mit entsprechendem Abschluss. Darüber hinaus braucht es kontinuierliche berufliche Praxis, um den Status als Fachmann oder Fachfrau aufrecht zu erhalten. Die Bildung einer Profession beinhaltet immer auch eine Abgrenzung zu den so genannten Laien. Der amerikanische Futurologe Alvin Toffler formuliert dies so: »*Whenever the opportunity arose for some group to monopolize esoteric knowledge and keep newcomers out of their field, professions emerged.*« (Toffler, 1981: 50) Im Umkehrschluss bedeutet Tofflers Definition also, dass sich eine Profession auflöst, sobald das Wissensmonopol fällt. So gesehen stellt das Web 2.0 tatsächlich eine große Gefahr für die Profis dar; die Monopole erodieren.

Im Gegensatz zu den Profis sind Amateure (von lat. amare; dt.: lieben) Menschen, die einer Tätigkeit in erster Linie aus Leidenschaft und nicht aus finanziellen Gründen nachgehen. Sie sind getrieben von intrinsischen Motiven, und nicht von äußeren Anreizen. »*Amateure sind Leute, die etwas für nichts tun. Profis sind Leute, die nichts für nichts tun*«, so der französische Regisseur Jacques Tati. Passionierte Amateure haben in Kunst und Wissenschaft immer eine Rolle gespielt und unter vielen Gesichtspunkten sind sie den Profis überlegen. Sie genießen den großen Luxus, niemals unter Zeitdruck zu stehen, und müssen keine Vorgaben Dritter erfüllen. Sie können spielerisch, frei und kompromisslos tüfteln, und sorgen so immer wieder für erfrischende Impulse, die durchaus Eingang in die Welt der Profis finden. Jemanden als Amateur zu bezeichnen muss also keinesfalls eine Beleidigung sein.

Bei der Bezeichnung Dilettant (von lat. delectare, dt.: sich ergötzen) hingegen, hat die negative Konnotation die Oberhand gewonnen. »*Der Dilettant verhält sich zur Kunst, wie der Pfuscher zum Handwerk.*« – So urteilten Goethe und Schiller in den Manuskripten zu ihrer Abhandlung »*Über den Dilettantismus – die praktische Liebhaberei in den Künsten*«. Zu einer Fertigstellung des Werkes ist es nie gekommen, aber die Kernthesen sind der Nachwelt in Form eines Briefwechsels erhalten geblieben (Blechschmidt et al. 2007). Goethe und Schiller sahen im grassierenden Dilettantismus die herrschende Unart ihrer Zeit, die es mit allen Waffen zu bekämpfen gelte. Sie sammelten in ihrem Schriftwechsel verschiedene Kriterien, die zur Unterscheidung des Dilettanten vom wahrhaftigen Künstler dienen sollten. Sie betonen, dass es immer zuerst ein Handwerk braucht, mit eigenen Regeln und Gesetzmäßigkeiten, die der Dilettant vergeblich zu beherrschen versucht. »*Wir sprechen bloß von denen, welche, ohne ein besonderes Talent zu dieser oder jener Kunst zu besitzen, bloß den allgemeinen Nachahmungstrieb bei sich walten lassen. [...] Der Künstler wird geboren. Er ist eine von der Natur privilegirte Person. Er ist genöthigt etwas auszuüben, das ihm nicht jeder gleich thun kann.*« (Blechschmidt et al. 2007)

Obwohl auch Goethe sich in vielen Feldern als Amateur betätigt hat, als Maler und Zeichner zum Beispiel, entzieht er sich mit dieser Definition dem Verdacht, jemals selbst dilettiert zu haben. Heute gehen wir im Allgemeinen davon aus, dass man sich die meisten Fertigkeiten aneignen kann. Übung macht den Meister und der Amateur hat durchaus die Möglichkeit, ein Profi zu werden. Der Dilettant, in der Definition von Schiller und Goethe, kann jedoch niemals zum Künstler aufsteigen. Die unüberwindbare Trennlinie ist die angeborene Begabung.

Natürlich ruft auch der zeitgenössische Dilettantismus lautstarke Kritiker auf den Plan. Eine aktuelle Schmähschrift stammt von dem Britisch-Amerikanischen Silicon Valley-Unternehmer Andrew Keen. In seinem 2007 erschienenen Buch »*the Cult of the Amateur: How Today's Internet is Killing Our Culture*« beschreibt der Autor die kulturzersetzende Wirkung der Amateurbewegung im Netz. Der selbst ernannte Hüter von Qualität, Profession und Hochkultur zieht in bitterem Tonfall und mittels tendenziöser Darstellung gegen das Heer der Amateure ins Feld. Zu diesem Zweck bedient Keen sich eines gleichermaßen anschaulichen wie bitterbösen Vergleichs: Er erklärt die Erfolge der Amateure mit dem so genannten *Infinite Monkey Theorem*, einer Theorie aus der Mathematik, genauer der Wahrscheinlichkeitstheorie. Sie besagt, dass theoretisch auch Affen dazu in der Lage wären Werke von Shakespeare oder beliebige andere Meisterwerke der Literatur zu fabrizieren. Man müsse dafür nur unendlich viele Affen unendlich lange vor Schreibmaschinen setzen; früher oder später werde schließlich einer der Affen zufällig die richtige Folge von Tasten drücken.(Das Infinite Monkey Theorem findet übrigens seine literarische Entsprechung in der »*Bibliothek von Babel*« (Borges 1941), die mit ihrer unendlichen Größe alle nur denkbaren und undenkbaren Bücher fasst. Nach Meinung von Keen ist der einzige Unterschied zwischen dem mathematischen Modell und der heutigen Situation im Netz, dass aus den Schreibmaschinen netzwerkfähige Computer geworden sind. »*Today's technology hooks all those monkeys up with all those typewriters. Except in our Web 2.0 world, the typewriters aren't quite typewriters, but rather networked computers, and the monkeys aren't quite monkeys, but rather Internet users. And instead of creating masterpieces, these millions and millions of exuberant monkeys – many with no more talent in the creative arts than our primate cousins – are creating an endless digital forest of mediocrity. [...] At the heart of this infinite monkey experiment in self-publishing is the Internet diary, the ubiquitous blog.*« (Keen 2007: 2)

Keen macht keinen Hehl daraus, was er von all den Bloggern, Hobbyfilmern und Amateurfotografen im Netz hält. Sie sind für ihn hirnlose Primaten, »*videographer-monkeys*«, die bestenfalls Zufallstreffer landen. Der Autor sieht im Mitmachnetz den Untergang des Abendlandes heraufziehen, und sehnt sich nach Kontrollinstanzen *(Gatekeepern)*, die uns vor dem Verfall der Qualität, vor schlechtem Geschmack, vor negativen Einflüssen, und überhaupt vor allem Hässlichen und Fehlerhaften bewahren. »*The monkeys take over. Say good-bye to today's experts and cultural gatekeepers.*« (Keen 2007: 9)

Schiebt man die Polemik und die kalkulierte Provokation einmal beiseite, so bringt Keen doch einige relevante Probleme zur Sprache. Zum Einen stellt er die berechtigte Frage danach, welchen Wert geistige Arbeit in unserer Gesellschaft hat bzw. haben sollte, und zum Anderen betont Keen die Bedeutung der Autorschaft als Garant für die Verlässlichkeit von Informationen und als Grundvoraussetzung, um Meinungen durch Kenntnis des Autors einzuordnen und gegebenenfalls relativieren zu können. Professionelle Entlohnung und ein professioneller Ruf verpflichten in der Tat zu Qualität und Verbindlichkeit bei der Medienproduktion.

Was die Medienkonsumtion angeht, so traut Keen den Menschen jedoch nicht zu, selbst die Qualität einer Quelle beurteilen zu können. Ihn treibt ein fester Glaube an Hierarchien und Autoritäten und ein tiefes Misstrauen gegenüber dem »einfachen Volk«. Keen appelliert an die vermeintliche moralische Verantwortung seiner Leser, die Massenmedien gegen den Angriff der Amateure zu verteidigen anstatt neue Technologien zu entwickeln.

»*Instead of developing technology, I believe that our real moral responsibility is to protect mainstream media against the cult of the amateur.*« (Keen 2007: 204)

Darüber hinaus verlangt er nach einem starken Staat, der die Mediennutzer durch Verbote vor einander schützt. »*We need rules and regulations to help control our behaviour online [...] Sometimes it takes government regulation to protect us from our worst instincts and most selfdestructive behaviour*« (Keen 2007: 196)

Obwohl Weblogs von Keen als Wurzel allen Übels verurteilt werden, ist der Kritiker selbst zum Blogger geworden, um auf diese Weise seine Thesen gegen das Bloggen zu verbreiten. In Interviews gibt Keen zudem ohne Umschweife zu, dass er auch die von ihm schwer attackierte Wikipedia regelmäßig nutzt. Für sich selbst sieht er darin kein Problem, da er im Gegensatz zu den vielen weniger gebildeten Menschen in der Lage sei, mit diesem gefährlichen Medium umzugehen…

MULTIDENTITYMEDIAREMIXCOLLAGE

Wer das Mitmachnetz aktiv nutzen will, wird unweigerlich mit Fragen der Gestaltung konfrontiert. Dafür ist es gar nicht nötig, eine Karriere als Amateurdesigner anzustreben. Anforderungen, die früher ausschließlich professionelle Designer betrafen, beschäftigen heute jeden Netznutzer. Das fängt an bei der Individualisierung des MySpace-Profils, geht über die Gestaltung des eigenen Weblogs bis hin zur Entwicklung des persönlichen Avatars in virtuellen Welten wie Second Life. Mit der »kreativen« Gestaltung der Powerpoint-Präsentationen reicht das Volksdesign sogar bis in den Büroalltag hinein. Inzwischen gibt es auf MySpace bereits knapp eine Viertelmilliarde einzelner Profilseiten und in Second Life immerhin über zehn Millionen Avatare – selbst wenn man die unzähligen Karteileichen davon abzieht, bleiben immer noch Millionen von individuellen und für den Einzelnen äußerst relevanten Designentscheidungen. An verschiedensten Stellen gilt es, die richtige Schrift, ein eigenes Farbschema, die besten Fotos zu finden und diese in Einklang zu bringen. Weder auf MySpace noch in Second Life würde man bei völligem Verzicht auf Design ernstgenommen oder überhaupt nur wahrgenommen werden. In Anlehnung an den berühmten Satz von Paul Watzlawick – »*Man kann nicht nicht kommunizieren*«– könnte man für die Partizipation im neuen Netz sagen: *Man kann nicht nicht gestalten.* Nur Emails bilden bislang noch eine weitgehend designfreie Zone.

Mussten sich bis vor nicht allzu langer Zeit ausschließlich Firmen und Institutionen ein kohärentes Erscheinungsbild zulegen, eine *Corporate Identity*, so werden diese Strategien aus dem Kommunikationsdesign heute auch für Individuen immer wichtiger. Es ist ein deutlich zu beobachtender Trend, dass sich immer mehr Menschen wie Marken inszenieren und dafür das Grafik-Design als Mittel der Selbstdarstellung, als Ausdruck ihrer Persönlichkeit benötigen. Status und Geschmack haben sich lange Zeit hauptsächlich über Kleidung ausgedrückt. Heute ist es das *Identitätsdesign*, das Leute macht, denn der berühmte erste Eindruck findet immer häufiger online statt. Wer telepräsent glänzen will, braucht ein eigenes Erscheinungsbild – eine *CI für die Ich-AG*. Dabei ist es nicht unüblich, gleich mit mehreren Identitäten zu jonglieren. Auf Dating-Plattformen gelten natürlich andere visuelle Codes als in businessorientierten Sozialen Netzwerken. Wer nicht außen vor stehen möchte, muss diese Codes beherrschen.

Wie die Millionen von selbst gemachten YouTube-Videos zeigen, bleibt es für viele nicht bei den notwendigen Designentscheidungen zur Bildung einer Online-Identität. Für eine ganze Generation von jungen Netznutzern ist es zum alltäglichen Hobby geworden, Fragmente aus der medialen Berieselung auf spielerische Weise neu zu kombinieren. »The remix is the very nature of the digital«, schreibt folgerichtig William Gibson in Wired. Die Digitalisierung hat zu einer vollständigen Konvergenz aller Medien geführt. »*Today's audience isn't listening at all – it's participating. Indeed, audience is as antique a term as record, the one archaically passive, the other archaically physical. The record, not the remix, is the anomaly today.*« (Gibson 2005)

Vorreiter des unbegrenzten Remixes waren die DJ's der Reggae und Hip-Hop Kultur. Diese hatten schon vor dreißig Jahren damit begonnen, im großen Stil Tonzitate bekannter Hits zu recyceln und auf diese Weise Neues erschaffen. Seit es die Technik für jedermann zulässt, wird mit Filmmaterial genauso frei umgegangen wie mit Musik. Was früher Plattenteller und Crossfader erledigten, ermöglicht heute das Videoschnittprogramm auf dem heimischen Rechner.

In einem Interview mit dem Spiegel äußerte sich auch der amerikanische Medientheoretiker Lev Manovich zu dieser Entwicklung: »*Interessant finde ich weniger den einzelnen Remix als den Vorgang selbst. [...] Etwa seit Mitte der neunziger Jahre werden leistungsstarke Programme entwickelt, welche die verschiedensten künstlerischen Verfahren und Techniken für den Computer nachbilden – und zwar Verfahren, die früher einer einzigen künstlerischen Gattung zugeordnet waren. [...] Nehmen wir die Tiefenschärfe [...] Fotografen und Kameramänner haben sich diese Eigenschaft der Kamera zunutze gemacht, um künstlerische Effekte zu erzielen. Ein Grafiker hingegen hätte nie daran gedacht, bei seiner Arbeit mit Tiefenschärfe-Effekten zu arbeiten. Mit der Virtualisierung hingegen verliert sich die Gattungsgebundenheit aller künstlerischen Verfahren. [...] Es spielt eigentlich keine Rolle mehr, in welcher künstlerischen Disziplin man arbeitet, weil sie letztlich alle Unterordnungen von Design sind. Ich glaube, dass der Designer die neue prototypische Figur unserer Zeit ist.*« (Manovich 2006)

Wir leben im Zeitalter nicht nur der perfekten Reproduzierbarkeit aller digitalen Medien, auch die nahtlose Rekombinierbarkeit ist heute buchstäblich ein Kinderspiel geworden. Um sich dessen zu vergewissern, reicht ein kurzer Blick auf den *User Generated Nonsense* auf YouTube. Unter dem Schlagwort *YouTube-Poop* finden sich dort beispielsweise aberwitzige Videocollagen, deren Urheber augenscheinlich sehr junge Hobbyisten sind. Sie fertigen skurrile, surreale Remixe an, indem sie Elemente aus Trickfilmserien, Werbespots und Musikvideos in extrem schnellen Schnitten neu kombinieren. Selbst denjenigen, die schon mit MTV groß geworden sind, fällt es schwer, sich in diese florierende Subkultur mit ihren Epilepsie-evozierenden Fast-Forward-Produktionen hineinzudenken. Doch die scheinbar willkürlich arrangierten Clips folgen ganz eigenen Gesetzmäßigkeiten und repräsentieren eine völlig neue, unkonventionelle Ästhetik. So wie sich Hip-Hop im Laufe der Jahre von der Ghetto-Musik ausgegrenzter Minderheiten zum unangefochtenen Mainstream entwickelt hat, könnten die anarchischen YouTube-Remixe durchaus ein Vorgeschmack sein auf unsere Sehgewohnheiten von morgen.

Der zeitgenössische, spielerische Umgang mit den Fundstücken aus der Medienwelt verlangt dringend nach einer Anpassung des Urheberrechts zugunsten der künstlerischen Freiheit in der Remix-Kultur. Es ist absurd und verstößt gegen den gesunden Menschenverstand jugendliche VJ's zu kriminalisieren und jeden strafrechtlich zu verfolgen, der mit modernen Mitteln der digitalen Bildverarbeitung neue Werke auf Basis von urheberrechtlich geschütztem Material fertigt, ohne dabei kommerzielle Interessen zu verfolgen. Genauso absurd ist es, von jedem Amateur-DJ oder VJ zu verlangen, den immensen juristischen und finanziellen Aufwand auf sich zu nehmen, die notwendigen Verwertungsrechte zu klären. Eine solche Gesetzgebung ist ein überholtes Relikt aus vordigitaler Zeit, bei dessen Aufrechterhaltung ausschließlich die Anwälte für Medienrecht gewinnen würden. (Lessig 2001; 2004) (vgl.: Doctorow 2008)

Nicht nur der Medienrechtler Lawrence Lessig oder der Science-Fiction Autor William Gibson, sondern auch der Medienphilosoph Roland Barthes betonen, dass das Remixen oder Collagieren nichts Neues ist, sondern schon immer die wichtigste Strategie der Kulturproduktion war. Wir schöpfen niemals aus dem Nichts, sondern stehen immer auf den Schultern von Giganten.

Roland Barthes verkündete in den Achtzigern den *Tod des Autors*. Er vertrat die Auffassung, dass jeder Text nur ein Netz aus Zitaten sei, eine Collage aus den Werken vieler Autoren, die ebenfalls nur zitierten. Die Aufgabe der Sinnstiftung fällt nach dieser postmodernen Theorie dem Leser zu, der die Collage interpretiert. *Erst der Tod des Autors ermöglicht die Geburt des Lesers*, so Barthes. Angesichts der Remixkultur im Netz gewinnt die These neue Aktualität gerade auch für das Design, und so schreibt die Designprofessorin Jacqueline Otten: *»Design wird mit multipler Autorenschaft zu einer transdisziplinären Aktion, was gewissermaßen das Verschwinden des einzelnen Schöpfers beinhaltet.«* (Otten 2007)

Während Manovich zufolge jeder zum Designer wird, der sich der Samplingtechniken bemächtigt, proklamiert Otten den Tod des Designers im klassischen Sinne und liegt damit auf einer Linie mit Barthes. Beide Perspektiven schließen sich nicht zwangsläufig aus. Die Frage ist lediglich, wie eng oder weit man den Designbegriff auffasst. Die unendliche Ausweitung eines jeden Begriffs kommt immer seiner Auflösung gleich; und eben solche Auflösungserscheinungen treten auf, wenn vermeintliche Amateure die Werke von Profis neu arrangieren oder Profis den umgekehrten Weg wählen.

Nach gängiger Vorstellung sind es die Amateure welche die Profis imitieren. Doch die Aneignung gestalterischer Strategien findet in beide Richtungen statt. Der Videostil der Amateure ist inzwischen auch für professionelle Produktionen prägend. Grobe Pixel und Wackler gelten als Gütesiegel für Authentizität und gehören heute zum Standard-Repertoire des so genannten *viralen Marketings*. Bei dieser Strategie werden Werbebotschaften so geschickt getarnt, dass sie als solche nicht mehr zu erkennen sind. Ziel ist es, durch Imitation der Amateur-Ästhetik die übliche Abwehrreaktion der Zuschauer gegenüber klassischer Werbung zu unterwandern und die Zielgruppe dazu zu veranlassen, die pseudo-subversiven Clips unbedarft an Freunde und Kollegen weiter zu verschicken. Werbung soll sich, mittels viralem Marketing, wie Mund-zu-Mund-Propaganda oder eben wie ein Virus »von alleine« über das Netz verbreiten, und der jeweiligen Marke *Street Credibility* einbringen. Zwei besonders bekannte Beispiele sind das *Air-Force-One-Video* von Marc Ecko und das angebliche *Dynamit-Surfen*. Im ersten Fall hatte Ecko, ein Hersteller von Hip-Hop Kleidung, vorgeblich die Boeing des amerikanischen Präsidenten mit Graffiti verziert, tatsächlich hatte man aber in großem Aufwand eine ähnliche Maschine zuvor umlackiert, um dann das vermeintliche Amateurvideo der Sachbeschädigung drehen zu können. Im zweiten Fall hatte die Agentur Saatchi und Saatchi für den Surfartikel-Hersteller Quicksilver ein Wackel-Video produziert, dass in ähnlicher Ästhetik Surfer zeigte, die ihre Wellen in Innenstadtgewässern mit Dynamit erzeugten. Bezeichnender Weise gab Marc Ecko als Motiv für seinen Fake das Streben nach Authentizität an: »*Ich wollte etwas kulturell Bedeutendes machen und einen echten Moment der Popkultur schaffen*«.

Die Rockband Weezer veröffentlichte im Mai 2008 ein Musikvideo, das eine Hommage an die meist gesehenen Clips auf YouTube war. Darin wurden die beliebtesten Szenen der Amateur-Videos noch einmal nachgespielt, und an den eigenen Song angepasst. Den vielen freiwilligen und unfreiwilligen Helden des Amateurkults wurde damit ein popkulturelles Denkmal gesetzt. Der Kopf der Band, Rivers Cuomo, hat inzwischen ein weiteres YouTube-Projekt ins Laufen gebracht, bei dem er unter dem Titel »*Let's Write a Sawng*« in offener Kollaboration mit den Zuschauern Schritt für Schritt einen neuen Song komponiert.

Ein weiteres Beispiel für die professionelle Adaption der laienhaften Filmkunst ist der neueste Spielfilm des französischen Regisseurs

Michel Gondry, der den Kult um die dilettantischen Heimvideos auf die große Leinwand bringt. In »*Be Kind, Rewind*« drehen die beiden Helden des Films, zwei Mitarbeiter einer Videothek, große Filmklassiker mit Staffagen aus dem Haushalt nach und werden so zu Stars. Die Protagonisten der Komödie werden aus der Not heraus zu Hobby-Regisseuren, da sie die versehentliche Zerstörung des Videotheken-Archivs vertuschen müssen. Um ihren Kunden gegenüber zu rechtfertigen, warum die Videos nur noch mit zeitlicher Verzögerung und in neuartiger Form zu haben sind, behaupten die beiden, es handle sich um spezielle Importe aus Schweden bzw. um »*geschwedete*« Filme. Das ganze Konzept des Films ist direkt darauf ausgelegt, mittels viralem Marketing einen Amateur-Hype im Internet auszulösen. Dadurch, dass man für die hobbyistischen Remake-Clips den Begriff »*geschwedet*« einführte und zugleich eine entsprechende Anleitung auf YouTube bereitstellte, dauerte es nicht lange, bis tausende von nutzergenerierten Clips eingereicht wurden. Die oftmals lustigen und unkonventionellen Neuinterpretationen, von *Star Wars* bis *Herr der Ringe*, haben den erwünschten und kalkulierten Kultstatus erlangt. Gerade im Kontrast zu den opulenten, epischen, hyperrealistischen Vorbildern kommt die Schönheit und der Reiz des Unperfekten, Improvisierten und Gebastelten voll zur Geltung. Gondry hat mit »*Be Kind, Rewind*« viel Gespür für den Zeitgeist bewiesen. Das betont Fehlerhafte und Dilettantische ermuntert zur Partizipation, ist identitätsstiftend und lässt Gemeinschaften entstehen. Der Film vermittelt seinen Zuschauern das starke Gefühl, selber kreativ sein zu können, auch und gerade in Ermangelung handwerklicher Perfektion. Nicht das Produkt steht im Vordergrund, sondern der Prozess – der Spaß am Machen.

ARBEITEN UND ARBEITEN LASSEN

Im Web 2.0 ist es ein weit verbreitetes Geschäftsmodell geworden, das kreative Potential der Netznutzer anzuzapfen, um auf diese Weise Werte zu generieren. *Crowdsourcing*, oder zu Deutsch »*Schwarmauslagerung*«, heißt die Strategie, mit der sich Scharen unbezahlter Mitarbeiter für den Wertschöpfungsprozess einspannen lassen (Howe 2006). Ganz wie in Mark Twains Tom Sawyer reißen sich die Partizipienten förmlich darum, unentgeltlich den »virtuellen Zaun« streichen zu dürfen. Der Trick liegt darin, die anstehende Aufgabe als besonders schwierig und begehrenswert erscheinen zu lassen; wo scheinbar große Anerkennung winkt, wird finanzielle Entlohnung plötzlich zur Nebensache und genau dieses Prinzip wird im Netz heute vielfach genutzt. Gerade im Design spielt das Crowdsourcing eine immer wichtigere Rolle. Anstatt sich selbst Gedanken zu machen, lassen Werbeagenturen einfach hunderte von Konsumenten, Hobbydesigner und Berufsanfänger ihre Ideen und Entwürfe einreichen. Irgendetwas Brauchbares wird schon dabei sein und dem Gewinner zahlt man im Anschluss gerne ein kleines Taschengeld für seine Mühen. Für gewöhnlich treten die Teilnehmer dieser Wettbewerbe den Auslobenden sogar automatisch alle Nutzungsrechte an den Arbeiten ab. Im Dezember 2007 fragte das Designmagazin Page auf dem Titel: »*Mitmach-Design – Wie viel Demokratie verträgt das Kreativbusiness?*« Im dazugehörigen Editorial heißt es: »*Crowdsourcing kann überaus inspirierend sein und ist angesichts des Trends zum kundengesteuerten Markt fast unabdingbar. Wer für das Branding eine authentische Sprache sucht, die jenseits der eingefahrenen Wege liegt, wird bei der Community fündig, benötigt allerdings auch viel Geschick, um den Input der Vielen im Sinne der Marke zu verarbeiten.*«

Im Heft vorgestellt werden eine Fülle von Kampagnen, welche sich auf die mehr oder weniger kreativen Einsendungen von enthusiastischen Amateuren stützen. Der Trend zieht sich durch alle Branchen. Es gibt User Generated Werbung für Bier (Berliner Pilsener; berlinwunderbar.de), Spirituosen (Osborne; stierkunst.de), Mobiltelefone (getmobile; killyourmobile.de) und vieles mehr. Die Vorschläge der Amateure oszillieren zwischen albernen Banalitäten, frechen Anspielungen und aggressiven Angriffen auf die jeweilige Marke. Die Öffnung der Brandingstrategie kann sich für das Marketing durchaus zu einem Bumerang entwickeln, wenn unter den Teilnehmern Ressentiments gegen den Werbenden herrschen. Für den Crowdsourcing-Experten und Befürworter Grand McCracken, der ebenfalls in dem Page-Artikel zu Wort kommt, gestaltet sich die Lage wie folgt: »*Der Verlust von Kontrolle ist der Preis, den man zahlen muss, wenn Konsumentenkreation und Partizipation mehr sein soll als nur eine rein dekorative Geste [...] Wir müssen kapieren, dass die Arbeit von Marketern, die einmal von der Vermeidung von Risiken geprägt war, als deren Management zu begreifen. Unsere Risikotoleranz muss sich verändern.*«

McCracken liegt damit ganz auf der Linie des berühmten *Cluetrain Manifests*, einer Streitschrift für die Reformation der Kommunikation zwischen Marken und Kunden. In formaler Anlehnung an Luthers 95 Thesen sollte das Manifest den Unternehmern klar machen, dass sie durch das Internet künftig gezwungen sein werden, mit ihren Kunden in einen Dialog auf gleicher Augenhöhe zu treten. Gleich zu Anfang heißt es: »*Wir sind keine Zielgruppen oder Endnutzer oder Konsumenten. Wir sind Menschen – und unser Einfluss entzieht sich eurem Zugriff. Kommt damit klar*« (Weinberger et. al. 1999).

Ein besonders zukunftsweisendes, weil vollautomatisches Crowdsourcing-Projekt stammt aus den Forschungslaboren von Microsoft. Bei *Photosynth* handelt es sich um eine Software zur Kombination bzw. Synthese unterschiedlicher Fotos eines Ortes oder Objekts. Die große technologische Innovation liegt darin, dass das Programm auf große Mengen von Amateurfotos aus dem Netz zurückgreift, um diese durch modernste Bilderkennungsverfahren zu einem großen Ganzen zusammenzufügen. Die Software ist spezialisiert auf die Erkennung von Architektur und erstellt aus der Überfülle touristischer Schnappschüsse von Sehenswürdigkeiten, wie sie in der Datenbank von Flickr zu finden sind, dreidimensionale Modelle der abgelichteten Orte. Auf diese Weise wird den Netznutzern ermöglicht, beispielsweise den Markusplatz in Venedig virtuell zu bereisen und sich räumlich durch die Bilddatenbanken zu bewegen. Das Ergebnis ist weit mehr als die Summe seiner Teile. Microsoft ist es gelungen, eine Maschine zu bauen, welche die lose über das Netz verstreuten Amateurfotos zu einem geschlossenen Abbild der Wirklichkeit synthetisiert. Es stellt sich jedoch auch hier die Frage nach den Nutzungsrechten. Die Urheber der Fotos können unmöglich einzeln nach ihrer Zustimmung gefragt werden, wissen in den meisten Fällen sicher nicht einmal von der Verwendung ihrer Schnappschüsse durch Microsoft. Wem aber gehört am Ende die Collage des Markusplatzes? Microsoft oder dem Amateur-Kollektiv?

SPIEL, SATZ UND SIEG

Einige der innovativsten Anwendungen des Tom-Sawyer-Prinzips stammen aus der Welt des Spielzeugs bzw. der Computerspiele. In diesem Bereich ist die Freude am Spiel Lohn genug, sich an der Produktion zu beteiligen. »*Denn, um es endlich auf einmal herauszusagen, der Mensch spielt nur, wo er in voller Bedeutung des Wortes Mensch ist, und er ist nur da ganz Mensch, wo er spielt.*« (Schiller, 2000: 62)

Weit vorne in der praktischen Umsetzung dieser Philosophie ist der dänische Klötzchen-Fabrikant Lego, der auf eine äußerst aktive Gemeinschaft von ambitionierten Co-Designern bauen kann. Diese setzt sich keinesfalls nur aus Kindern zusammen, wie man vielleicht vorschnell vermuten könnte. Lego zeichnet sich aus durch seinen hohen Abstraktionsgrad der Grundbausteine auf der einen Seite, und durch die Integration vielseitiger elektronischer Bauteile auf der anderen, und so bleiben auch Erwachsene den bunten Plastiksteinen ein Leben lang treu. Im Internet tummelt sich eine lebendige Szene von so genannten AFOLs, Adult Fans of Lego.

Dadurch, dass die Firma schon immer für kreative Konsumenten produziert hat, ist es kein Wunder, dass viele Aspekte der Web-2.0-Kultur ganz selbstverständlich übernommen wurden. Mit einem kostenlosen 3D-Programm, dem *Lego Digital Designer*, lassen sich virtuell Modelle aus den im Handel verfügbaren Steinen bauen. Ist der Kunde schließlich mit seinem Entwurf zufrieden, kann er sich die verwendeten Bauteile zuschicken lassen. Das eigene Modell kann zudem samt Aufzeichnung des Bauprozesses online anderen Nutzern zur Verfügung gestellt werden. Lego nimmt die Ideen und das Potential seiner Kunden so ernst, dass AFOLs auch unmittelbar in die Entwicklung neuer Produkte einbezogen werden und Vorschläge aus der Community nicht selten in Serie gehen. Darüber hinaus entwickelt Lego gerade eine eigene virtuelle Welt, das *Lego Universe*, basierend auf den klassischen Steinen, bei der user-generated Content schon im Vorfeld eine zentrale Rolle spielt. Obwohl die Veröffentlichung des Produkts frühestens 2010 anvisiert wird, sind die kleinen und großen Spielkinder, die sich aus dem Kundenkreis rekrutieren, bereits von Beginn an in die unterschiedlichen Phasen der Produktentwicklung integriert.

Neben dem Lego Universe gibt es zahlreiche Computerspiele, die sich zentral um das kreative Potential der Spieler drehen. Der Prototyp für diese besondere Form von Dienstleitung bzw. Plattform ist die virtuelle Welt Second Life, die sich insbesondere dadurch auszeichnet, dass sie komplett von ihren »Bewohnern« gestaltet wurde. Diese Extremform des user-generated Content hat zu großer Aufmerksamkeit geführt bei Menschen, die sich sonst wenig für Computerspiele begeistern konnten. 2007 gab es in Deutschland einen regelrechten Medienhype um die 3D-Plattform der kalifornischen Firma Linden Lab. Doch aller Aufmerksamkeit zum Trotz ist das Prinzip totaler Gestaltungsfreiheit nicht jedermanns Sache. Genauso wie das Spielzeug Lego ist auch Second Life kein bequemes Entertainment, das zur passiven Konsumtion geeignet wäre. Es handelt sich vielmehr um einen riesigen virtuellen Sandkasten für Erwachsene, und wer vom Rande aus gelangweilt über die mangelhafte Qualität der Sandburgen urteilt, anstatt selber mitzubauen, der wird wenig Freude haben; darüber hinaus wirkt das krude Durcheinander an Formen und Inhalten in Second Life eher abschreckend auf die meisten Interessenten. Doch die heterogene Qualität und der stilistische Eklektizismus sind der Preis der gestalterischen Freiheit. Was sich auf den Servern von Linden Lab abspielt, lässt sich als *Grassroots-Design* bezeichnen; es verhält sich zum professionellen 3D-Modelling wie die Blogs zu Printmedien oder YouTube zum Fernsehen. Das Fehlen eines gestalterischen Gesamtkonzepts hat zu einer vollständigen Zersiedlung der virtuellen Welt geführt. Der Nutzer ist konfrontiert mit einem chaotisch fragmentierten Haufen von autonomen Siedlungssystemen, in dem die Orientierung schwer fällt. Im Gegensatz zu anderen, von einer offenen Gemeinschaft gestalteten Produkten wie zum Beispiel Linux oder der Wikipedia, ist die Bündelung zu einem größeren Ganzen bei Second Life nur bedingt gelungen. Bei den Kollektivprojekten im Mitmachnetz spielt es eine große Rolle, das richtige Gleichgewicht zu finden zwischen den gestalterischen Entscheidungen der Designer und Entwickler auf der einen Seite und dem kreativen Potential der Nutzer auf der anderen. Das völlige Fehlen von gestalterischen Richtlinien mag für das individuelle Freiheitsstreben und den persönlichen Ausdruckswillen besonders erstrebenswert sein, ein kohärentes Gesamt(kunst)werk kommt ohne gemeinsame Zielsetzung und Kompromisse aber nicht zu Stande.

Einen Ansatz zur gerichteten Integration der Spieler in die Gestaltung einer Spielwelt verfolgt der Gamedesigner Will Wright, der mit seinen Spielen *SimCity* und *the Sims* bereits zwei der erfolgreichsten Titel in der Geschichte der Computerspiele geschaffen hat. Sein neues Werk Spore sollte ursprünglich unter dem Titel »*Sim Everything*« erscheinen und setzt noch stärker als seine Vorgänger auf die Nutzbarmachung des kreativen Potentials der Nutzer. Spore ist eine Evolutions-Simulation, die noch vor Adam und Eva ansetzt, nämlich auf der Mikroebene von Einzellern in der Ursuppe und führt über die Züchtung einzelner Kreaturen hinauf zu Zivilisationsformen auf der Makroebene interstellarer Räume. Will Wright bezieht sich mit der extremen Bandbreite an Zoomstufen auf den Kurzfilm Power of Ten von Ray und Charles Eames und will, ähnlich wie die Designpioniere, den Blick für große Zeit- und Raumdimensionen schulen. Im Gegensatz zu vielen anderen Computerspielen, die den Spaß an der Zerstörung zelebrieren, geht es bei Spore um den Schöpfungsakt auf allen Ebenen; im Zentrum steht die Entwicklung einer eigenen Spezies. Mittels eines Konfigurators können die Nutzer Wesen in quasi unendlicher Vielfalt erschaffen, die von der Software prozedural zum Leben erweckt werden. Das bedeutet, dass es keine vorgefertigten Figuren und Animationen gibt, sondern alle Bewegungsabläufe und Verhaltensweisen der Kreaturen anhand des Kreaturen-Designs der Nutzer in Echtzeit generiert werden. Das oben beschriebene Tom-Sawyer-Prinzip kommt zum Tragen, indem die Kreaturen der Nutzer über das Internet automatisch auf die Welten anderer Spieler übertragen werden. Jeder Spieler begegnet auf diese Weise in seiner virtuellen Welt Populationen und Zivilisationen, die von anderen Spielern entwickelt wurden, ohne jedoch anderen Nutzern in Persona zu begegnen.

Will Wright ist mit dieser Funktionsweise eine interessante Gewichtsverteilung zwischen dem Einfluss der Amateur und Profis in der Gestaltung der Spielwelt gelungen. Während die letztere die Werkzeuge, das Interface, die Gesetzmäßigkeit des digitalen Terrariums und die Struktur im Großen entwerfen, sind ersteren auf der Ebene subjektiver Designentscheidungen über die eigene Spezies scheinbar keine Grenzen gesetzt.

HEIM ARBEIT IN DER ELEK TRISCH EN KÜ CHE

Die bisher angeführten Beispiele für das Volksdesign waren durchweg digitaler Natur, finden vorwiegend im Netz statt, und zeichnen sich aus durch die Immaterialität ihrer Produktionsweise. Die Amateurbewegung erstreckt sich aber natürlich auch auf die dingliche Welt. Während heute die meisten Menschen ihren beruflichen Alltag und noch dazu Teile ihrer Freizeit vor dem Bildschirm verbringen, beginnt Handwerkliches wieder in Konjunktur zu kommen. Gerade wenn sich alles automatisch und per Klick produzieren lässt, wird es wieder erstrebenswert, Handfertigkeiten zu besitzen und somit einen Ausgleich zur totalen Digitalisierung zu schaffen.

Es mag einem der Vergleich in den Sinn kommen zur Arts-and-Crafts-Bewegung im 19. Jahrhundert. Die Akteure von damals, Morris und Ruskin lehnten sich mit ihrer programmatischen Rückbesinnung auf das Handwerk gegen das Übergewicht der Maschinenkultur in Zeiten der industriellen Revolution auf. Das derzeit zu beobachtende Aufleben der kunsthandwerklichen Produktion von Unikaten und Kleinstauflagen ist ebenfalls als Gegenreaktion auf die Digitalisierung bzw. Immaterialisierung lesbar. Dabei geht es aber nicht mehr um eine grundsätzliche Kritik an den vorherrschenden Fertigungsmethoden; die neue Arts-and-Crafts-Bewegung will nicht die Gesellschaft oder die Produktionsweisen im Großen verändern, sondern lediglich einen persönlichen, handwerklichen Ausgleich schaffen. Die

Hauptmotivation ist der Wunsch nach Individualisierung der Produktwelt und das Bedürfnis, etwas wirklich selbst zu machen und zwar von Hand. Häkeln, Stricken, Nähen und Basteln, allesamt Techniken, die lange als altmodisch abgetan wurden, sind heute hip und szenetauglich. Und so bilden sich hybride Subkulturen wie das *Guerilla Knitting* – das ungefragte, Anbringen von Strickkunst im öffentlichen Raum: Handgestrickte rote Fäustlinge für die Leninstatue oder maßgeschneiderte Bekleidung für Laternen und Fahrradständer. Strickprojekte, die irgendwo zwischen Streetart, Konzeptkunst und Kunsthandwerk angesiedelt sind, und außer den verwendeten Werkzeugen wenig zu tun haben mit dem großmütterlichen Image der handwerklichen Heimarbeit.

Das bedeutet aber keinesfalls, dass die Großmütter bei dem Handwerksrevival außen vor bleiben müssen – im Gegenteil! Unter der Leitung von Anna Berger und Eva Swoboda, zwei Studentinnen der Kunsthochschule Berlin-Weißensee, entstand im Frühjahr 2008 das Häkel-Projekt *Itzi Bitzi*. Ausgangspunkt war der mütterliche Häkelbikini aus den Siebzigern, dem von den beiden Studentinnen unter Verwendung moderner Kunstfasern ein zeitgemäßes Redesign verpasst wurde. Um in die Produktion gehen zu können, suchten Berger und Swoboda per Kleinanzeige häkelfreudige Seniorinnen und gründeten eine temporäre, intergenerationelle Manufaktur. Der Austausch zwischen jung und alt war von vornherein ein wichtiges Anliegen der beiden Initiatorinnen. Vertrieben wurden die Bikinis in einem eigens angemieteten Laden in Berlin-Mitte und das beachtliche Presseecho bestätigte die neue Trendtauglichkeit der Häkelkunst.

Obwohl die digitalen Technologien bei der Produktion in Manufakturform eine betont untergeordnete Rolle spielen, geht der Trend mit der Web 2.0-Bewegung Hand in Hand. Das Mitmachnetz dient auch hier als Plattform des Austausches und als Showroom. Vor allen Dingen erlaubt es den neuen Kunsthandwerkern, ihre Nischenprodukte ohne großen Aufwand auf einem globalen Markt anzubieten. Erstreckte sich die Zielgruppe für Selbstgemachtes lange nur auf die Familie und Freunde, so finden in Heimarbeit gefertigte Häkelprodukte heute ohne weiteres auch über die Landesgrenzen hinaus Abnehmer.

Eines gutes Beispiel hierfür ist der Erfolg von OmaSchmidtsMasche.de. Hinter dieser Domain steckt die Häkel-Manufaktur der 78 Jahre alten Theresia Schmidt aus Stuttgart. Zusammen mit ihrem Enkel, einem Architekten, hat die agile Rentnerin ein eigenes kleines Startup-Unternehmen gegründet. Während Manfred Schmidt sich um den Vertrieb im Netz kümmert, ist Oma Schmidt für das Design und die Produktion verantwortlich. Über mangelnde Nachfrage können sich die beiden nicht beklagen und inzwischen arbeiten bis zu zwanzig weitere Seniorinnen für die Manufaktur, um mit der Produktion nachzukommen. Neben eigenen Entwürfen werden auch Kundenwünsche umgesetzt und bezeichnender Weise verkaufen sich maßgehäkelte Taschen für Hightech-Geräte besonders gut. Die alten,

handwerklichen Techniken finden also durchaus zeitgemäße Anwendungen und eine junge Kundschaft. Den Erfolg erklärt Manfred Schmidt so:
»*Das Besondere an unserer Maschenware ist, dass sie keine Massenware ist. Ins Sortiment kommen nur Einzelstücke, die mit Liebe und Herzblut hergestellt werden. Und gerade dieser persönliche Aspekt kommt bei den Kunden gut an.*« (changeX 2007)

Die Schmidts haben sich mit ihrer Internetpräsenz einen eigenen Vertriebsweg aufgebaut, aber dieser Aufwand ist in Zeiten des Web 2.0 nicht mehr unbedingt notwendig. Es gibt gleich mehrere große Plattformen im Netz, die sich spezialisiert haben, auf die Produkte der Kunsthandwerker, Strickliesln und Kleinstserienfabrikanten. Vorreiter war die amerikanische Seite Etsy.com, die mit DaWanda inzwischen ein deutsches Pendant erhalten hat. Beide Seiten bieten kunsthandwerklichen Produkten ein Forum, das sich auf die ganze Palette der Web 2.0-Innovationen stützt, um Angebot und Nachfrage miteinander in Einklang zu bringen. Die Erzeugnisse lassen sich dynamisch, nach den unterschiedlichsten Kriterien sortieren, die Nutzer können Wunsch- und Empfehlungslisten anlegen, Arbeiten bewerten und sogar in Auftrag geben. Dazu einer der Gründer von DaWanda: »*Bei uns bekommt der Käufer tatsächlich genau das, was er möchte, kein Massenprodukt, sondern ein Unikat, das nur er besitzt. Dies kann soweit gehen, dass er sein Produkt auch online selbst zusammenstellen und maßfertigen lassen kann. Der Kunde wird zum Designer.*« (SZ 2007)

In Fachkreisen werden diese auf Gemeinschaft ausgerichteten Verkaufsplattformen als *Social Commerce* bezeichnet. Gerade für die Produzenten von kunsthandwerklichen Nischenprodukten ist die Erschließung des von Chris Anderson beschriebenen *Long Tail* ein Segen. In der physischen Welt, in der die Breite des Angebots durch die Ladenfläche streng begrenzt ist, kostet jeder Stellplatz im Regal bares Geld. Bei der Distribution von Waren über das Internet sind diese Gesetzmäßigkeiten außer Kraft gesetzt, und mittels Social Commerce wird zudem ein Stück Heimeligkeit und Nähe zwischen Konsumenten und Produzenten zurückgewonnen.

WAS NICHT PASST, WIRD PASSEND GEMACHT

Eine weitere wichtige Division der Amateurrevolution sind die Tüftler und Bastler, die technisch orientierten Funktionalisten unter den Volksdesignern, welche ihre Vorläufer in der Do-It-Yourself-Bewegung haben. 1958 erschien in Deutschland die erste Ausgabe des Magazins »*Selbst ist der Mann*«, das bis heute Heimwerker mit Fachwissen rund um Haus und Garten versorgt. Die in dieser Szene vorherrschenden Haltung ist altbekannt: »*Die Axt im Haus erspart den Zimmermann*« – wer das richtige Werkzeug hat, so die Überzeugung, ist nicht auf die Unterstützung eines Profis angewiesen.

Fragen der ästhetischen Formgestaltung sind in dieser eher männlich geprägten Domäne zweitrangig, ihre Befriedigung ziehen die Aktivisten vielmehr aus dem Gefühl der praktischen Problemlösung und der Schönheit der Funktion. Ihre angestammten Jagdgründe sind die Baumärkte und Elektronikfachgeschäfte, ihr natürliches Refugium die Hobbykeller und Garagen; zumindest im Land der unbegrenzten Möglichkeiten, so der Silicon-Valley-Mythos, sind diese Orte die Keimzelle der innovativen Startups. Richard Florida schreibt: »In culture and in business, the most radical and interesting stuff starts in garages and small rooms. And a lot of this creativity stays in small rooms« (Florida 2004: 184). Während in Deutschland vor allem der Keller das natürliche Habitat des Bastlers ist, sind in den USA, wo die meisten Häuser nicht unterkellert sind, die Garagen zum Sinnbild für Innovation und Kreativität aus der Hobbyecke geworden.

In ähnlicher Weise wie das stärker feminin geprägte Kunsthandwerk häufig als Hausfrauenkunst verächtlich gemacht wird, hat auch das Heimwerkertum nicht selten mit einem zweifelhaften Ruf zu kämpfen, und tatsächlich findet sich in beiden Bereichen die Tendenz, die Arbeit der Profis mehr schlecht als recht zu kopieren. Viele Hobbyisten streben trotz der vielbeschworenen Selbstverwirklichung danach, dass ihre selbstgemachten Produkte am Ende aussehen »wie gekauft« und eine solche Haltung ist nicht unbedingt förderlich für die Entstehung von Innovationen. Doch jenseits des Klischees der biederen Bastelei birgt die Sphäre des praktischen Hobbyismus großes kreatives Potential. Gemeint sind die passionierten Tüftler, welche nicht versuchen etwas bereits Bestehendes so gut wie möglich nachzubauen, sondern stattdessen eigene kleine Erfindungen machen. Die Charakteristika dieser besonderen Gruppe der Amateur-Designer, und ihre Bedeutung wurde erstmals näher untersucht von dem Anthropologen Claude Lévi-Strauss. Seitdem steht die Bezeichnung Bricolage für eine Art erweiterten Bastelbegriff. »*Heutzutage ist der Bastler jener Mensch, der mit seinen Händen werkelt und dabei Mittel verwendet, die im Vergleich zu denen des Fachmanns abwegig sind.*« (Lévi-Strauss, 1973: 29)

Lévi-Strauss' Definition für Bricolage bezieht sich auf die nicht vordefinierte Rekombination von vorgefundenen Materialien. Die Bastler greifen auf Ressourcen zurück, die ihnen gerade zufällig zur Verfügung stehen. »*Der Bastler ist in der Lage, eine große Anzahl verschiedenartigster Arbeiten auszuführen; [...] die Welt seiner Mittel ist begrenzt, und die Regel seines Spiels besteht immer darin, jederzeit mit dem was ihm zur Hand ist, auszukommen, d.h. mit einer stets begrenzten Auswahl an Werkzeugen und Materialien [...]*«, so Strauss. Die Zusammensetzung der Mittel ist nicht projektgebunden, sondern diese sammeln sich mit der Zeit an, da der Bastler zu der Ansicht neigt: »*das kann man immer noch brauchen*«. Lévi-Strauss bescheinigt dem Bastler, auf technischem Gebiet *zu glänzenden und unvorhergesehenen Ergebnissen* gelangen zu können. Seine kreative Leistung wird durch die Knappheit und durch das unkonventionelle Durcheinander der verfügbaren Mittel besonders stimuliert. Ein weiterer wichtiger Aspekt ist zudem, dass im Gegensatz zu kommerziellen Unternehmungen bei den anarchischen Basteleien das finanzielle Risiko bei einem eventuellen Fehlschlag sehr gering ist; innovative Experimente werden so begünstigt.

Die Fortsetzung der Bastelei mit zeitgenössischen Mitteln sind das Hardware Hacking und Circuit Bending, das Verbiegen und Bezwingen von Schaltkreisen und vorgefundenen Geräten. Ein besonders beliebtes Ziel ist die spielerische, zufallsgesteuerte Dekonstruktion und Rekombination batteriebetriebener Musikinstrumente und tongebender Kinderspielzeuge. Geistiger Vater und Namensgeber der Bewegung ist der amerikanische Künstler Reed Ghazala. So wie die *YouTube-Pooper* mit Videoschnipseln collagieren, findet hier ein Remix von bereits bestehenden, elektronischen Produkten und Bauteilen statt, welche der Aneignung, Umnutzung und Zweckentfremdung anheim fallen. Mittels *Reverse-Engineering* und *Trial and Error* Verfahren wird die Funktionsweise der Geräte entschlüsselt und für die eigenen Konstruktionen nutzbar gemacht. Ziel ist es, Licht in die Blackbox elektronischer Geräte zu bringen, zu verstehen, wie etwas im Detail funktioniert, um mit diesem Wissen Neues zu entwerfen. Dabei sind unmittelbare Zweckmäßigkeit oder gar monetäre Anreize untergeordnete, mitunter sogar bewusst zu vermeidende Ziele. Spontanität und Zufall werden eine größere Bedeutung eingeräumt als der planerischen Vorgehensweise. Es geht um das nonkonforme Zelebrieren handwerklicher Fähigkeiten, um das Machen um seiner selbst willen. Treffenderweise heißt das Zentralorgan der Szene und die wichtigste Plattform im Netz, auf der sich die subversiven Bastler austauschen, dann auch schlicht und einfach *Make:*. Dort finden sich wahnwitzige Bauanleitungen und Bastelprojekte, bei denen ganz offensichtlich nicht der betuliche Jean Pütz mit seiner Hobbythek Vater im Geiste ist, sondern vielmehr der fiktive Improvisationskünstler und Actionheld MacGyver. Auf *Make:* geht es um das Drucken von Schaltkreisen, den Bau von Kamera-Helikoptern und Robotern, das Hacken von Spielkonsolen und das Umwandeln von Elektronikschrott in Musikinstrumente (und vice versa). Das Produktdesign wird gegen den Strich gebürstet. Das Schwestermagazin *Craft:* legt den Schwerpunkt auf die Renaissance des Kunsthandwerks wie sie im Kapitel zuvor beschrieben wurde. Es ist sicher kein Zufall, dass hinter *Make:* und *Craft:* der O'Reilly Media Verlag steht, der wie bereits erwähnt den Begriff Web 2.0 geprägt hat. Die gemeinsame Schnittmenge und die geistige Verwandtschaft zwischen der klassischen Hackerkultur, den Hardwarehackern und den modernen Strickliesln ist der hands-on-Ansatz: es geht darum, sich nicht mit dem Konsum fertiger Produkte aus dem Laden abspeisen zu lassen. Das Bastel-Hacken vermittelt das Gefühl von Autonomie gegenüber der klassischen Serienfertigung.

WEIH NACHT SMAN NMAS CHINE

Während die vollständige Demokratisierung der Produktionsmittel für die Herstellung digitaler Designerzeugnisse bereits Wirklichkeit geworden ist, erweist sich die Realisierung dieses Ziels für die Produktion physischer Produkte als sehr viel komplizierter. Atome sind naturgemäß um einiges widerspenstiger in der Handhabung als Bits und Bytes, und nur wenige Menschen verfügen über die handwerklichen und technischen Fertigkeiten der Hardware-Hacker.

Doch am Horizont des technologischen Fortschritts zeichnet sich auch für dieses Problem langsam eine Lösung ab. *Personal Fabrication* nennt sich die utopische Vision einer Miniatur-Fabrik in jedem Haushalt. Ermöglichen sollen dies kostengünstige 3D-Drucker für den Heimbedarf, so genannte *Fabber*. Die Technologie des 3D-Druckens findet heute schon weite Verbreitung, wenn es um die Erstellung von Prototypen im Produktdesign geht, in diesem Fall spricht man von Rapid Prototyping. Doch das *Rapid Prototyping* entwickelt sich gerade zum *Rapid Manufacturing*, also zur schnellen, individuellen Fertigung gebrauchstauglicher Endprodukte. Diese Technologie birgt das Potential für die nächste große Revolution im Design.

Inzwischen existieren bereits eine ganze Reihe unterschiedlicher Verfahren, die amorphe Rohstoffe durch computergesteuerte Addition oder Subtraktion von Material in funktionale Objekte verwandeln können. Die Objekte werden zum Beispiel aus speziellem Kunststoffpulver Schicht für Schicht aufgebaut, oder aus einem besonderen Klebstoff durch Düsen zu beliebigen Formen gespritzt. Die einfacheren Verfahren werden nun auch für den Endverbraucher erschwinglich. Erste Anbieter im Netz drucken bereits auf Kundenwunsch farbige 3D-Modelle für Preise von 100 Dollar an aufwärts, je nach Komplexität. Beispiele sind die Firma *Fabjectory* aus den USA und *Reality Service* aus Deutschland. Beide Anbieter haben sich auf die Produktion von Avataren spezialisiert, da es hier einen riesigen Markt zu erschließen gibt. Nur wenige Endverbraucher verfügen über professionelle 3D-Programme, aber mehrere hundert Millionen Menschen nennen einen liebevoll selbst gestalteten und emotional stark aufgeladenen Avatar ihr eigen. Der Anreiz, das alternative Ego als Skulptur auf den Schreibtisch stellen zu können ist groß, und die wachsende Nachfrage wird aller Wahrscheinlichkeit nach die Popularität und Verbreitung des 3D-Druckens in der Bevölkerung beschleunigen. Doch es wird nicht bei den On-Demand-Dienstleistern für Figuren bleiben:

Eine Reihe ernstzunehmender Forschungsprojekte arbeitet bereits daran, das *Fabbing* in den eigenen vier Wänden für jeden Bürger erschwinglich zu machen. Das ehrgeizige Projekt *Fab@Home*, beheimatet an der amerikanischen Elite-Universität Cornell, hat sich zum Ziel gesetzt, einen kostengünstigen 3D-Drucker zu entwickeln, der sogar dazu in der Lage sein soll, funktionale elektronische Bauteile zu drucken. »*Fab@Home is a project dedicated to making and using fabbers – machines that can make almost anything, right on your desktop.*«

Ein ähnliches Projekt ist RepRap unter der Leitung des britischen Ingenieurs und Mathematikers Adrian Bowyer. Der Name RepRap ist die Kurzform für *Replicating-Rapid-Prototyper*, und bezeichnet eine sich selbst replizierende Maschine. Adrian Bowyer, strebt als Fernziel seines Projekts nicht weniger an als eine friedliche, gesellschaftliche

Revolution und bezieht sich dabei unmittelbar auf das Kommunistische Manifest. Bowyer betont, dass Karl Marx recht damit gehabt habe, dass für eine gerechtere Gesellschaft die Produktionsmittel in Volkes Hand liegen müssten, nur die Schlüsse, die Marx gezogen habe, seien falsch gewesen. Bowyer will nicht die politische Ordnung revolutionieren, sondern die Fertigungstechniken, und er hat auf diesem Feld schon viel erreicht. Die Preise für kommerzielle 3D-Drucker beginnen bei 30.000 Dollar pro Stück, und diese sind nicht dafür ausgelegt, sich selbst zu reproduzieren. Im Kontrast kommt ein funktionstüchtiger Prototyp des RepRap mit Bauteilen im Wert von etwa 400 Dollar aus.

Nichtsdestotrotz bleibt es fraglich, ob tatsächlich eines Tages in jedem Haushalt ein 3D-Drucker stehen wird. Viel wahrscheinlicher ist es, dass sich das Copy-Shop-Modell durchsetzt, und man schnell mal zum »Fabbing-Laden an der Ecke« geht, wenn man irgendein Ersatzteil, Bauteil oder Modell braucht.

Auch das MIT treibt mit den *Fab Labs* (fabrication laboratories) die Entwicklung der Personal Fabrication voran, und errichtet zu diesem Zweck Labore auf der ganzen Welt, insbesondere in Entwicklungsregionen. Zum Einsatz kommen neben 3D-Druckern auch CNC Fräsen, Lasercutter und Verfahren zum Drucken von Schaltkreisen. Die Fab Labs sind hervorgegangen aus einer Kollaboration der *Grassroots Invention Group* und dem *Center for Bits and Atoms* am MIT. Der Initiator und Vordenker des Projekts, Neil Gershenfeld, verfolgt die Mission, möglichst vielen ganz normalen Menschen (»ordinary people«) das nötige Know-How und die Werkzeuge in die Hand zu geben. Sie sollen in die Lage versetzt werden, Technologie zu erfinden, und nicht bloß zu konsumieren. Gershenfeld will mit seinem Projekt nicht in Konkurrenz zu seriell gefertigten Produkten treten, die werde es im Laden immer billiger geben. *»You don't need personal fabrication for stuff that you can buy in shops. You need it for your own ideas, for stuff that makes you unique. The killer-application of personal fabrication is products for a market of one person.«* (Gershenfeld auf TED.com)

Nicht nur die Technologie des 3D-Druckens, sondern auch die anderen bisher vorgestellten Formen des Volksdesigns könnte man deshalb als Subsistenz-Design bezeichnen. Es geht meist um kleine Mengen für den Eigenbedarf und weniger um Geschäftsmodelle und die Erschließung neuer Märkte. Das Design der ambitionierten Amateure verhält sich zum professionellen Designmarkt wie das passionierte Kochen am heimischen Herd zur Großküche im Hotel. In beiden Fällen können äußerst geschmackvolle Kreationen entstehen. Der ausgebildete Koch muss jedoch bei konstanter, verlässlicher Qualität eine hohe Nachfrage befriedigen. Im Arbeitsalltag ist keine Zeit für Experimente. Der Hobbykoch jedoch ist nur seinem eigenen Geschmack verpflichtet.

FUTUROLOGIE IN DER RETROSPEKTIVE

»Es gibt keinen Grund dafür, dass jemand einen Computer zu Hause haben wollte.« So lautete die Einschätzung von Ken Olson aus dem Jahr 1977. Olson war zu diesem Zeitpunkt Präsident der Computerfirma Digital Equipment. Der Erfinder Gottlieb Daimler war 1901 der Meinung, dass die weltweite Nachfrage nach Kraftfahrzeugen eine Million nicht überschreiten werde – *allein schon aus Mangel an verfügbaren Chauffeuren*. Darryl F. Zanuck, Vizepräsident von 20th Century Fox. prognostizierte 1946, dass sich der Fernseher auf dem Markt nicht würde durchsetzen können, da es die Menschen sehr bald müde seien, jeden Abend auf eine Sperrholzkiste zu starren. Die Liste der heute amüsant klingenden, groben Fehleinschätzungen bezüglich technologischen Fortschritts ließe sich noch lange fortsetzen. Das Besondere an den hier aufgeführten Beispielen ist, dass es sich um die Irrtümer von echten Experten auf ihrem Gebiet handelt, Spezialisten, von denen man präzisere Prognosen erwarten würde.

Dem Futurologen Alvin Toffler gelingt es seit Jahrzehnten eine scheinbar ungeordnete Vielzahl von Strömungen und Erfindungen in ein ganzheitliches Erklärungsmodell für gesellschaftlichen Wandel zusammenzuflechten. Selbst Einschätzungen, die schon vierzig Jahre zurückliegen, haben wenig von ihrer Relevanz und Aktualität eingebüßt. Das überlegene Schmunzeln beim Rückblick auf naive Irrtümer der Zukunftsforschung, stellt sich beim Lesen der Toffler Texte selten ein.

In seinem Erstlingswerks »*Future Shock*« (1971) und dem 1981 veröffentlichten Buch »*the Third Wave*« nimmt Toffler die Grundthesen einiger der im Moment erfolgreichsten Wirtschaftsautoren, von Don Tapscott über Richard Florida bis zu Chris Anderson um Jahrzehnte vorweg. Auch das Heraufziehen dessen, was wir heute als Web 2.0 bezeichnen, findet sich bei Toffler bereits a priori geschildert: »*The mass media is under attack. New de-massified media are proliferating, challenging – and sometimes even replacing – the mass media that were so dominant in all Second Wave societies.*« (Toffler, 1981:165)

An das Internet im heutigen Sinne dachte in den Siebzigern zwar noch niemand, doch frühe Feldversuche mit interaktiven Fernsehern inspirierten den Futurologen zu der Annahme, man würde bald Flohmarkt-Auktionen über das Gerät abwickeln können (eBay) oder mit dem Fernseher einer offenen Gemeinschaft von Amateurfotografen beitreten können, um Wissen und Bilder auszutauschen und zu kommentieren (Flickr); (Toffler, 1981: 170).

Toffler unterteilt die Entwicklung unserer Gesellschaft in drei Abschnitte, die er bildhaft als große Wellen des Wandels darstellt. Die erste Welle ist der Übergang der Menschheit von einem Leben als nomadische Jäger und Sammler, hin zu einem Leben als sesshafte Ackerbauern. Die zweite Welle in Tofflers Modell ist die industrielle Revolution. Die Wirtschaft ist geprägt von dem Streben nach Standardisierung, Spezialisierung, Synchronisierung, Konzentrierung, Maximierung und Zentralisierung. Der einzelne Mensch geht auf in der Masse, wird beschallt von Massenmedien und fertigt standardisierte Massenprodukte für einen stetig expandierenden Markt. Toffler führt den Ursprung der zweiten Welle im wesentlichen zurück auf die Trennung der Produktion von der Konsumtion.

»*From the divorce of producer from consumer came many of the pressures toward standardization, specialization, synchronization, and centralization. [...] However we evaluate the other forces that launched the Second Wave, this splitting of the ancient atom of production <-> consumption must surely rank high among them.*« (Toffler, 1981: 117)

Bezeichnenderweise ist die historische Trennung der Gesellschaft in Konsumenten und Produzenten auch die Geburtsstunde des Designs. Erst durch die Trennung von Entwurf und Ausführung im Zuge der Arbeitsteilung industrieller Fertigungsmethoden brauchte es hauptberufliche Entwerfer. Davor waren diese Künstler oder Handwerker. Für das Grafikdesign kann man die Anfänge noch früher datieren, nämlich mit der Einführung der Druckerpresse. Aber das Prinzip bleibt das gleiche: Design bedeutete in erster Linie Gestalten für die Serie. (vgl. Hirdina, *Gestalten für die Serie*, 1988 und Bürdeck, *Design*, 2005)

Die Paradigmen der industriellen Revolution, die auch die Paradigmen des Designs waren, verlieren heute an Gültigkeit. Wir leben in einer Überflussgesellschaft, in der das Individuum in den Mittelpunkt gerückt ist. Ideen und Informationen sind unsere wichtigsten Güter, und für die Produktion von intellektuellen Werten ist die Gleichschaltung der Bevölkerung zu einer amorphen Masse, ist die Zentralisierung und Standardisierung aller Lebensbereiche nicht mehr förderlich, sondern hinderlich. Wie Richard Florida in »*the Rise of the Creative Class*« ausführlich schildert, sind es die Kreativen, die künftig den wichtigsten Wirtschaftssektor stellen. In Großbritannien hat die Kreativwirtschaft die klassische Industrie, was die Umsätze angeht, bereits überholt. Kreativität braucht Individualität und Vielfalt als Nährboden und zeichnet sich gerade durch den Bruch mit Standards und Normen aus.

Toffler hat für die von ihm postulierte Personalunion aus Konsument und Produzent den Begriff des *Prosumers* geprägt, und kündigte mit der Entstehung des Prosumings das Ende der Serienfertigung an. Es gibt im wesentlichen zwei unterschiedliche Formen des *Prosumings*. Bei der ersten Variante kooperiert der Prosument mit einem Hersteller, und erhält mittels Konfiguratoren Einfluss auf industriell gefertigte Serienprodukte. In diesem Fall spricht man von *Mass Customization*. Bei der sehr viel weiter reichenden Alternative verfügt der Prosument selbst über die Produktionsmittel, so wie es der Idee des Fabbing zufolge eines Tages der Fall sein wird und in Bezug auf Designsoftware heute bereits der Fall ist.

Ein bekanntes Beispiel für Mass Customization ist das Angebot des Sportartikelherstellers Nike. Auf der Website NikeID.com können sich interessierte Kunden Kleidung und Schuhe individualisieren lassen. Der zur Verfügung gestellte Konfigurator erlaubt die Auswahl von

Farbkombinationen, und die Applikation von kleinen Ornamenten, Schriftzügen und Initialen. Für den Hersteller hat diese Produktionsweise den Vorteil, nicht am Markt vorbei zu produzieren, den Kunden stärker an die Marke zu binden, und höhere Preise verlangen zu können. Zudem können personalisierte Daten über die Kunden und ihre Wünsche erhoben werden. Doch trotz einer scheinbar großen Anzahl an Kombinationsmöglichkeiten sehen sich die Ergebnisse letztlich sehr ähnlich, was durchaus auch im Interesse der Corporate Identity des Herstellers ist. Allein schon zur Wahrung eines einheitlichen Erscheinungsbildes muss hier die Freiheit der Kunden in engen Grenzen gehalten werden. Mit Kreativität hat diese oberflächliche Rekombination vorgefertigter Module natürlich wenig zu tun. Es handelt sich vielmehr um Pseudo-Individualisierung bzw. um die Simulation von Kreativität; von autonomem »Volksdesign« kann hier also nicht die Rede sein.

Toffler verwendet den Prosuming-Begriff aber auch für die »*Heimarbeit in der elektrischen Hütte*«, und prognostiziert das Florieren eines zweiten Marktes, bei dem Geld eine untergeordnete Rolle spielt. Die Menschen werden wieder dazu übergehen, einen Teil ihrer Arbeitskraft zu nutzen, um für sich selbst und ihre Sippe/Community zu entwerfen und zu produzieren. Eine Prognose, die sich, wie wir bereits gesehen haben, bestätigt hat.

Doch was bedeutet es für das professionelle Design, wenn sich die ehemaligen Konsumenten selbst genug sind und mit dem Zusammenfall von Konsum und Produktion die ursprünglichen Grundbedingungen für die Entstehung des Designs erodieren?

In den frühen Jahren der klassischen Designmoderne, als die großen Theorien und Utopien entstanden, also zur Zeit von Werkbund und Bauhaus bis hin zur hfg Ulm, mangelte es nicht an großen sozialen Aufgaben und Zielsetzungen für das Design. Durch die neuen, industriellen Fertigungsmethoden, später auch durch die mentale und physische, kriegsbedingte Zerstörung, war es dringend notwendig, die Welt der Artefakte zu überdenken und alles neu zu entwerfen, vom Löffel bis zur Stadt (Bill). Erst galt es, den Historismus und das Ornament zu überwinden, sich auf die Serienfertigung einzustellen, und Deutschland internationales Ansehen für seine Warenexporte zu verschaffen (Werkbund). Dann mussten kostengünstiger Wohnraum und funktionale, erschwingliche Produkte für die Arbeiter entwickelt werden (Bauhaus). Nach dem zweiten Weltkrieg galt es, mit wissenschaftlicher Präzision, funktionaler Kühle und radikaler Reduktion den Faschismus auszutreiben (hfg Ulm). Zu guter Letzt musste im Zuge der Postmoderne eine Kurskorrektur vorgenommen werden, da den Dingen auf dem Weg durch die Moderne die Sinnlichkeit, Menschlichkeit, das Spielerische abhanden gekommen war (Memphis & Co.). Das alte Paradigma des Funktionalismus, das dem Design lange Zeit als Fixstern bei der Orientierung diente, geriet erstmals in die Kritik. Die trotzige Gegenreaktion der Postmoderne mit ihren eklektizistischen, schrägen Design-Kunstwerken war ein wichtiger Befreiungsschlag. Doch das exaltierte Autorendesign bot nicht genügend Substanz, oder besser gesagt gesellschaftliche Relevanz, um als neues Leitmotiv für die nächsten hundert Jahre zu taugen. Das Design braucht weitreichendere Konzepte und Visionen, um sich nicht in unendlichen Variationen und marginalen Verbesserungen bereits ausformulierter Ideen zu verlieren.

Das alte Selbstverständnis des Designs wird heute von verschiedenen Seiten in Frage gestellt. Viele Bereiche der Gestaltung können inzwischen durch Automatisierung und Digitalisierung der Verfahren von Computern erledigt werden, und wie wir gesehen haben, stehen diese mächtigen Werkzeuge heute jedem zur Verfügung. Der Beruf des Designers ist nicht geschützt, und immer mehr Menschen nehmen den Titel Designer für sich in Anspruch. Zudem verfügen wir über ein unvorstellbar großes, stetig wachsendes Archiv von Entwürfen, im Netz stehen tausende freier Schriften, Grafiken, Fotos und Illustrationen zur Verfügung. Auch für dreidimensionale Modelle von Designobjekten wachsen die Datenbanken, und die Qualität der darin angebotenen Dateien unaufhaltsam (siehe Googles 3D-Warehouse). In Kombination mit der fortschreitenden Verbreitung von 3D-Druckern wird man sich in absehbarer Zukunft alle möglichen Objekte einfach downloaden können, und sie bei Bedarf problemlos an die eigenen Bedürfnisse anpassen, bevor man sie an den Personal Fabricator schickt, oder beim Fabbing-Shop an der Ecke abholt.

Nicht nur jeder einzelne Gestalter, sondern die Designprofession als Ganzes ist dazu gezwungen, unter den neuen gesellschaftlichen Bedingungen einer überdesignten Welt den bisherigen Status zu hinterfragen, und die eigenen Ziele neu zu bestimmen. Polemischerweise könnte man behaupten, dass bei so viel Design auf Halde, man eigentlich nichts mehr neu *erfinden*, sondern nur noch *finden* muss – es gibt ja schon alles. *Wir haben fertig!*

AUF DIE COUCH GEKOM MEN

Wie steht es also um den Status Quo in der Welt des professionellen Designs? Haben sich die Designer überflüssig gemacht? Oder ist die vermutete Krise vielleicht auch als Chance zu begreifen? Offenbar ist Design zur Zeit so populär und angesehen wie selten zuvor. Die *Süddeutsche Zeitung*, die *ZEIT*, das Kunstmagazin *art* und zuletzt der *Spiegel* veröffentlichten im Frühjahr 2008 in kurzem Abstand Design-Sondereditionen und lieferten somit eine aufschlussreiche Momentaufnahme des aktuellen Designbildes in den klassischen Medien. Es gibt zwei große Leitmotive, die das Verständnis von Design in diesen Magazinen prägen. Im Zentrum des Interesses steht die Figur des Stardesigners und dessen Betätigungsfeld ist fast immer die Inneneinrichtung. Anders ausgedrückt: Design-Künstler entwerfen künstlerische Designmöbel.

Im ZEIT-Magazin küren die »wichtigsten Designer der Welt« 25 Dinge, die man nicht besser machen kann. Die Süddeutsche Zeitung fragt die »*wichtigsten Designer der Welt*«, woran sie gerade arbeiten, und spätestens beim Lesen der art, wo »*die bedeutendsten Designer der Gegenwart*« »*die bedeutendsten Designer der Gegenwart*« küren, hat man das Gefühl, dass der aktuellen Designrezeption ein Kurzschluss widerfahren ist. Die Sonderedition des Spiegels stellt »*zehn Designer von Weltrang*« vor, und befasste sich unter anderem mit den hohen, Kunstmarkt ähnlichen Sammlerpreisen, die im Moment für Designmöbel gezahlt werden und verkündete im weiteren, Design sei auf dem besten Weg, »*der modernen Kunst in Sachen Geldwert und Prestige den Rang abzulaufen*«.

Angesichts eines derart beachtlichen Bedeutungszuwaches der industriellen Formgestaltung, bei der einzelne Entwerfer zu Popartstars hochstilisiert werden, erscheint es erst einmal abwegig, von einer Krise des Designs zu sprechen. Doch vergeblich sucht man in den erwähnten Publikationen nach den großen Utopien, nach tragfähigen Visionen für die Zukunft des Designs, die über noch schönere, praktischere und individuellere Möbel hinaus gehen.

Alle vier erwähnten Magazine führen ein Stardesigner-Ranking mit großer gemeinsamer Schnittmenge. Der bedeutendste Designer der Gegenwart, da sind sich alle einig, ist der Münchener Konstantin Grcic, dicht gefolgt von den Gebrüdern Bouroullec aus Frankreich und Hella Jongerius aus den Niederlanden. Ebenfalls immer ganz vorne mit dabei ist nach wie vor Philippe Starck, der Inbegriff des genialen Künstlerdesigners, der diese Rolle schon seit den Achtzigern verkörpert; und ausgerechnet für Philippe Starck ist die Krise des Designs im Zuge des gesellschaftlichen Paradigmenwechsels ganz deutlich spürbar. Der französische Produktdesigner hat bereits alles entworfen, von der Klobürste bis zur Motoryacht, und das mit großem Erfolg. Sein Bekanntheitsgrad strahlt weit über die Grenzen der Designszene hinaus und man sollte meinen, Starck sei stolz auf sein Werk. Doch genau das Gegenteil ist der Fall: In der Designausgabe des ZEIT-Magazins erklärt Starck, dass er sich schäme, für die Sinnlosigkeit seiner Arbeit und die Überflüssigkeit seines Berufes, da der Mensch nichts Materielles mehr brauche.

»*Alles, was ich gestaltet habe, ist absolut unnötig. Strukturell gesehen, ist Design absolut nutzlos. Ein Beruf, der Sinn hat, ist Astronom, Biologe oder etwas Ähnliches. Design ist nichts. [...] Menschen, die schlauer sind als ich, hätten das vielleicht schneller verstanden. Vielleicht war ich nicht klug genug und musste den schwierigen Weg gehen.*« Starck führt weiter aus, dass wir in das Zeitalter des Postmaterialismus überwechseln, das geprägt sei von einer weitreichenden Dematerialisierung. Es werde immer mehr um Intelligenz gehen, und weniger um Material. »*Ich war ein Produzent von Materialität. Ich schäme mich dafür. Ich will künftig ein Produzent von Konzepten sein. Das wird nützlicher sein.*«

Mit dieser Erkenntnis steht Starck keinesfalls allein auf weiter Flur. Nur drei Seiten weiter im gleichen Magazin stimmt mit Matteo Thun ein weiterer Stardesigner in den Abgesang auf das klassische Design und die dingliche Welt ein. Die italienische Designlegende, die zusammen mit Ettore Sottsass und der Gruppe Memphis Geschichte geschrieben hat, sieht keinen Bedarf mehr für herkömmliches Produktdesign: »*Wir brauchen keine Hardware mehr, sondern Software für unser Gehirn. Ich bin jedes Jahr auf der Möbelmesse in Mailand. Dort sieht man, wie pervers sich der Mensch eigentlich verhält. Wie hunderte von Firmen in einem verzweifelten Überlebenskampf versuchen, jedes Jahr neue Kühlschränke, neue Lampen und neue Küchen auf den Markt zu bringen.«*

Genau wie dem französischen Kollegen ist es auch Thun peinlich, das Spiel nicht rechtzeitig durchschaut zu haben. Das klassische Produktdesign im Sinne der industriellen Revolution sei eine *Jahrhundert-Fehlentwicklung* gewesen, so Thun, die mit dem elften September einen tragischen und präzisen Abschluss gefunden habe. Nun sei es Zeit für einen grundsätzlichen Neubeginn, gekennzeichnet durch eine Abkehr von materiellen Statussymbolen und einer Zuwendung zu mentalem Wohlstand. Diese existentiellen Einsichten halten jedoch weder Starck davon ab, weiter Luxusyachten zu entwerfen, noch hindern sie Thun daran, künstliche Inseln in Dubai zu bebauen. Obwohl die beiden gedanklich bereits auf der dritten Welle surfen, halten sie mit ihrer beruflichen Praxis noch immer an den alten Paradigmen fest und verfallen über diesen Widerspruch offenbar in Depression. Wo also finden sich die neuen Visionen, wenn nicht bei den *bedeutendsten Designern der Gegenwart*?

KREAT
IV KOLL
EKTIV

Eine aufschlussreiche und hoffnungsvolle Antwort auf diese Frage findet sich bei den jährlichen TED-Konferenzen in Monterey, Kalifornien. TED steht für Technology, Entertainment und Design und es handelt sich dabei um eine sehr exklusive Fachtagung, bei der sich Vordenker aus den unterschiedlichsten Sparten des technologischen Fortschritts die Klinke in die Hand geben. Visionäre wie Jimmy Wales, Nicholas Negroponte, Will Wright und Neil Gershenfeld tragen dort in zwanzigminütigen Kurzvorträgen die Essenz ihrer Vision einem ausgewählten Fachpublikum vor. Die Dichte an brillanten Köpfen und inspirierenden Ideen bei dieser Veranstaltung ist beeindruckend, und seit 2006 werden die Vorträge der Öffentlichkeit unter der Creative-Commons-Lizenz zur Verfügung gestellt.

Auch Philippe Starck hatte in Monterey die Gelegenheit, seine Sicht auf die Dinge darzulegen; unter dem Titel *»Why Design?«* verlieh er hier erneut seiner Scham über das Design Ausdruck und rechtfertigte den Umstand, dass er seinen Beruf trotz allem weiter ausführe mit der Generation, der er entstamme. Zu seiner Zeit sei die Produktion von Designobjekten noch gerechtfertigt gewesen, da es keine wichtigeren Probleme zu lösen gab – *»it was luxus time«*. Es sei an der kommenden Generation, sich den veränderten Bedingungen zu stellen, und eine neue Metaerzählung, eine neue Vision zu entwickeln, er selber könne dies nicht mehr leisten.

Mit dieser resignativen Haltung ist Starck die große Ausnahme auf der TED-Konferenz. Die meisten Vorträge zeichnen sich aus durch eine mitreißende Aufbruchstimmung und vermitteln genau das, was man in den auf klassisches Produktdesign fixierten Publikationen so sehr vermisst: Den Anspruch auf gesellschaftlich relevante Innovationen.

Ein roter Faden, der sich durch viele der Präsentationen in Monterey zieht, ist der Glaube an die revolutionäre Kraft kollaborativer, offener Gestaltungsprozesse. Es gilt, das brachliegende Potential von Millionen von Prosumern auf der ganzen Welt zu erschließen, und Formen der Kooperation zwischen Amateur und Profi zu finden. Bekannte Fürsprecher der neuen Utopie sind der Sozialwissenschaftler Howard Rheingold, der Rechtswissenschaftler Yochai Benkler und der britische Wirtschaftsexperte und Regierungsberater Charles Leadbeater. Alle drei vertreten die Auffassung, dass unsere Gesellschaft mit der internetgestützten Kollaboration im globalen Maßstab gerade die nächste Stufe der Zivilisation erklimmt. Ihre begründete Hoffnung auf den Siegeszug der offenen Innovation beruht auf den Erfolgen des Open-Source-Prinzips in der Softwareentwicklung. Die Open-Source-Bewegung habe gezeigt, dass Innovation nicht zwangsläufig in geschlossenen Expertenzirkeln stattfinden muss, um professionelle, konkurrenzfähige Produkte zu entwickeln. Das große Ziel ist es jetzt, die Strategien der offenen Innovation auch auf Bereiche anzuwenden, die über die Softwareentwicklung hinausreichen, zum Beispiel auf das Design.

Besonders erwähnenswert ist der TED-Vortrag den Charles Leadbeater 2005 in Oxford hielt. Leadbeater war Redakteur der Financial Times und des Independent, bevor er zum strategischen Berater der britischen Regierung wurde, zuständig für die Schwerpunktverlagerung der Wirtschaft auf die Creative Industries. Sein Kernthema ist die ökonomische Kraft, die das Mitmachnetz durch die Ermöglichung von Massenkreativität entfaltet. In Analogie zu Tofflers Prosumer spricht Leadbeater vom so genannten Pro-Am, dem professional amateur, von dem künftig die größten Innovationen kommen werden. Er veranschaulicht seine These anhand der Erfindung des Mountainbikes, welches nicht etwa von einer Fahrradfirma entwickelt wurde, sondern von einer Gemeinschaft passionierter Nutzer. Heute sind 65% der verkauften Fahrräder in den USA Mountainbikes. Als weiteres Beispiel führt er den Apache Webserver an, der Open-Source entwickelt wurde, und heute 70% des Marktanteils hält. Leadbeater ist wie viele seiner Kollegen der Ansicht, dass die klassische Auffassung von Kreativität überholt ist. Es geht nicht mehr um den Geniestreich eines einzelnen Schöpfers, sondern um kollaborativ entwickelte Produkte, die sukzessive aus dem Nährboden verschiedenster Subkulturen und Gemeinschaften erwachsen. Den Grund dafür sieht Leadbeater in der Struktur der Konzerne alter Bauart: Groß angelegte Top-Down-Projekte verschlingen Unsummen an Startkapital, die wieder eingespielt werden müssen; deshalb ist es das oberste Ziel von Konzernen, Risiko zu minimieren und auf Alt-Bewährtes zu setzen; auf den kleinsten gemeinsamen Nenner. Radikale Innovationen, die ihre Märkte erst noch erschließen müssen, werden so von vornherein ausgebremst.

Für die leidenschaftlichen Hobbyisten genauso wie für die nicht auf Gewinn ausgerichteten Open-Source-Communities bestehen diese Risiken nicht. Die Aktivisten der Bottom-Up-Bewegungen investieren

»nur« ihre Leidenschaft und ihre Zeit und erlangen dadurch einen entscheidenden Wettbewerbsvorteil gegenüber den trägen, monolithischen Konzernen, die an den Paradigmen der Industriellen Revolution festhalten. An der langfristigen Durchsetzungsfähigkeit der kollaborativen Kreativität hat Leadbeater keinerlei Zweifel: Trotz aller Widerstände werden sich die offenen Modelle durchsetzen, da sie die Produktivkräfte einer Gesellschaft vervielfältigen. Gesamtwirtschaftlich betrachtet, werden wir es uns überhaupt nicht mehr leisten können, auf die Partizipation der Pro-Ams zu verzichten, so Leadbeater. Dafür ist es überhaupt nicht notwendig, dass jeder Konsument zu einem Prosument oder Pro-Am wird, bei Millionen von Konsumenten aller nur erdenklichen Produkte oder Dienstleistungen reicht es schon aus, wenn nur ein Prozent der passionierten Nutzer als Co-Designer in den Entwicklungsprozess einbezogen wird, um zehntausende neuer Ideen und Verbesserungsvorschläge zu erhalten. Das gilt nicht nur für die Warenproduktion, sondern auch für den Bildungssektor und das Gesundheitssystem. Wir sind bereits mittendrin in der Informations- bzw. Wissensgesellschaft. Die Creative Industries haben die ideelle Führungsrolle übernommen und Ideen sind zum wichtigsten Rohstoff unserer Wirtschaft geworden. So, wie die Industriegesellschaft massenhaft (Fließband-) Arbeiter für die Produktion brauchte, ist die Wissensgesellschaft angewiesen auf kreative Köpfe. Damit eine Volkswirtschaft langfristig auf dem globalen Markt konkurrieren kann, muss die Mehrheit der Bevölkerung dazu übergehen, geistige Arbeit zu verrichten und Ideen zu produzieren. Da es sich bei den Kreativarbeitern folglich nicht mehr um eine kleine, unkonventionelle Elite am Rande der Gesellschaft handelt, sondern um den Mainstream, ist es falsch, von einer *Digitalen Bohème* zu sprechen. Selbst den Begriff *Creative Class* umwabert noch immer ein Hauch von elitärem Klassen-Denken. Stattdessen wäre es künftig sehr viel treffender, von einer *Creative Society* zu sprechen. Die wichtigsten, und wirtschaftlich lukrativsten Güter, die wir heute produzieren, sind Information, Wissen und Kultur, und diese Produkte entstehen zum größten Teil in immaterieller, digitaler Form. Die essentiellen Produktionsmittel für die Herstellung dieser Güter, nämlich die Technik zum Speichern, Verarbeiten und Übermitteln von Daten liegen in der Hand des Volkes, und sind völlig dezentral einsetzbar. Damit ähnelt die Verteilung der Produktionsmittel der vorindustriellen Zeit, als jeder Mensch sein eigenes Feld bestellen konnte, Subsistenzwirtschaft betrieb oder die Früchte seiner Arbeit zu Markte trug.

Der souveräne, autonome Umgang mit Medien aller Art, von der Manipulation vorgefundener Inhalte bis hin zur Publikation eigener Erzeugnisse, ist heute eine Selbstverständlichkeit. Das 20. Jahrhundert hindurch war Empfangen, das Lesen von Medien bereits demokratisiert. *»Auch wenn im Zug der allgemeinen Alphabetisierung mehr und mehr Frauen die Buchstaben lernten, Lesenkönnen war noch nicht Schreibendürfen«* (Friedrich Kittler). Das 21. Jahrhundert wird geprägt sein von der Demokratisierung der Medienproduktion, also des

Schreibens von Medien. Zur mündigen und produktiven Teilhabe an der Gesellschaft ist heute die *Multi-Media-Literacy* so wichtig wie es die Alphabetisierung der Bevölkerung in Zeiten der industriellen Revolution war.

Den Designern geht es heute so, wie einst den Mönchen, als immer mehr Menschen lesen und schreiben lernten. Das ehemalige Herrschaftswissen ist Volkseigentum geworden, der elitäre Status ist in Auflösung begriffen. Es ist deshalb zutiefst menschlich, dass dieser Umbruch zu Abwehrreaktionen von Seiten der Profis führt. Man möchte den alten Status verteidigen, indem man die Arbeiten der Amateure verächtlich macht. Doch dieses Unterfangen ist zum Scheitern verurteilt, die Schlacht ist bereits geschlagen. Gerade die Designer haben, was den Status im Kreativgeschäft angeht, eine unsichere Position im Mittelfeld. Sie haben deutlich nach den Künstlern das Boot der kreativen Elite betreten, und rufen nun den nachdrängenden Massen zu: Das Boot ist voll!

Dabei droht überhaupt keine Gefahr – Design wird immer wichtiger, durchdringt alle Lebensbereiche und so kommt es zu der paradoxen Situation, dass das Design als Ganzes einen extrem Bedeutungszuwachs erlebt, während die einzelnen Designer mit einem individuellen Statusverlust leben müssen. Die weit verbreitete Sorge, dass die Amateure die Profis arbeitslos machen werden, ist jedoch völlig unbegründet. Große Bereiche der Profession wollen und können die Amateure nicht übernehmen.

Wie wir an den vielen Beispielen des Volksdesigns gesehen haben, aber auch an Tofflers Figur des *Prosumenten* und an Leadbeaters *Pro-Am*, findet tatsächlich ein Verschwimmen der Grenzen zwischen Amateur und Profi in der Gestaltung statt. Das Verschwimmen der Grenzen bedeutet aber keinesfalls ein Auflösen der Pole – das ist ein wichtiger Unterschied. Natürlich wird auch weiterhin die Mehrheit der Tätigkeiten und der Akteure in der Gestaltung eindeutig dem einen oder dem anderen Lager zuzuordnen sein. Doch zwischen den Reinformen an beiden Enden des Spektrums entstehen stufenlose Schattierungen und Hybridformen. Das ist das wirklich Neue. Die Durchlässigkeit der Profession für Amateure ist zudem deutlich größer geworden. Es gibt viele Wege zur Professionalität, die klassische universitäre Ausbildung ist nur noch einer von vielen. In bestimmten Teilbereichen haben sich die Unterschiede zwischen Amateuren und Profis im Design tatsächlich vollständig aufgelöst. Die Werkzeuge, der Wissenspool und teilweise auch die Publikationskanäle sind für beide Seiten die Gleichen. Und wenn man die Frage des Gelderwerbs als wichtigstes Kriterium zur Unterscheidung akzeptiert, so sind auch an dieser Front die Auflösungserscheinungen zu beobachten, da auch die Designprodukte der Amateure über das Internet ihre Käufer finden.

Doch trotz allem bleiben elementare Unterschiede in der Arbeitsweise zwischen beiden Gruppen bestehen, verstärken sich sogar noch, und definieren die Pole: Da die Profis von ihrer kreativen Arbeit leben müssen, sind sie an die Gesetzmäßigkeiten des Marktes gebunden. Sie müssen sehr hohen Ansprüchen gerecht werden, um sich zu behaupten, und Anforderungen gerecht werden, die weit über den genialen Einfall oder die spontane, kreative Idee hinaus gehen. Designprofis haben die schwierige Aufgabe zu erfüllen, den so flüchtigen Rohstoff Kreativität planbar, berechenbar und verkäuflich zu machen. Gute Ideen müssen *on demand* und *just in time* produziert werden. Von Fällen, in denen Designer bereits angenommene Aufträge wieder abgegeben haben, weil ihnen nichts einfiel, hört man selten. Der Profi muss funktionieren, auch und gerade unter Druck, und in einem breiten Feld von Aufgaben. Der Amateur hingegen muss gar nichts, darf aber alles. Er kann sich, frei wie ein Künstler, ganz auf eine einzige Fragestellung, auf einen einzigen Stil konzentrieren und das selbst gesetzte Thema bis in die höchsten Zimmer des eigenen Elfenbeinturms durchdeklinieren. Diese Freiheit von der Erwartungshaltung Dritter ist ein unglaublicher Luxus, der, wie wir gesehen haben, zu höchst interessanten Ergebnissen führen kann.

Ein solches Maß an kreativer Unabhängigkeit kann sich der Design-Profi nicht erlauben. Er muss vielseitig aufgestellt sein, sowohl was die Interessen als auch was die Fähigkeiten angeht, und zudem muss er multitasking-fähig sein. Vor allen Dingen müssen sich hauptberufliche Entwerfer im sozialen Kontext beweisen. Sie können nicht im stillen Kämmerlein, im Hobbykeller oder der Garage vor sich hin tüfteln, sondern müssen mit einer großen Portion Menschenkenntnis auf die Bedürfnisse der jeweiligen Zielgruppe ebenso eingehen können wie auf die Vorstellungen des Kunden. Profis müssen ihre Ideen ausformulieren und verteidigen können und permanent Überzeugungsarbeit leisten; zugleich ist es nicht selten von Nöten, den persönlichen Geschmack Kompromissen mit dem Auftraggeber unterzuordnen. Professionelle Gestalter müssen in kurzer Zeit komplexe Zusammenhänge erfassen, abstrahieren, ordnen, umsetzen und vermitteln können. Zudem brauchen sie Kenntnisse über historische, politische, soziale und theoretische Zusammenhänge, um auf der Klaviatur der möglichen Formen und Funktionen den richtigen Ton zu treffen. Es erfordert viel Talent, eine gute Ausbildung und vor allem viel Erfahrung, um jederzeit zwischen der spielerisch-kreativen Inspirationsphase und der planerisch-disziplinierten Produktionsphase hin und her schalten zu können.

Wir sehen also mit aller Deutlichkeit die großen Unterschiede zwischen Hobby und Beruf in der Gestaltung. Die Demokratisierung der Werkzeuge, des Wissens und der Publikationskanäle macht aus Amateuren noch keine Profis. Um so peinlicher ist die ängstliche Missgunst, die den Amateuren von vielen Profis entgegengebracht wird. Die Amateurrevolution ist ein Gewinn für die gesamte Gesellschaft; sie füllt den gemeinsamen Pool an Ideen, Formen, Meinungen und Erfindungen und wird so zu einem Motor des Fortschritts. In Zeiten einer globalen Wissensökonomie sind wir volkswirtschaftlich auf die Integration der Amateure und ihr kreatives Potential angewiesen. Der Elitarismus ist eine kleinliche Sackgasse.

Die Demokratisierung des Designs führt nicht zu einer Entwertung der Entwurfstätigkeit, sondern zu einer Fülle neuer Aufgaben für die Profis. Die große neue Aufgabe des Designs liegt in der Erschaffung von Werkzeugen und Umgebungen zur Unterstützung und Entfaltung menschlicher Beziehungen (vgl. *Tools for Conviviality*, Illich und »*Design ist unsichtbar*« Burckhardt 1995). Das Design wird sich lösen müssen von der einseitigen Konzentration auf statische Endprodukte, und sich der Gestaltung von komplexen Netzwerken und Katalysatoren für die Kreativität der Volksdesigner zuwenden. Die Designer der Zukunft werden zu Werkzeugmachern, Spielzeugmachern, Mentoren und Koordinatoren.

Die Frage danach, wo die Gestaltungshoheit des Profis aufhört und die Freiheit des Nutzers anfängt, ist im Übrigen kein neues Phänomen; auf dem Feld der Architektur beispielsweise hat schon immer der Profi die Struktur, den Rahmen, die große Form festgelegt, während sich die Bewohner um die individualisierte Inneneinrichtung gekümmert haben. Ähnlich wie Adolf Loos in seiner Glosse vom »*armen, reichen Mann*«, zeigte auch der Schriftsteller Tom Wolfe in der nicht weniger polemischen Schrift »*Mit dem Bauhaus leben*« die Folgen übertriebener Kontrollwut von Seiten der Profis in der Architektur. In beiden Fällen wurde der Herrschaftsanspruch der Profis, der in dem individuellen und nicht geschulten Geschmack der Bewohner lediglich einen hässlichen Störfaktor sieht, aufs Korn genommen. Der Kollege und Zeitgenosse von Adolf Loos, Josef Frank, wetterte ebenfalls gegen zu viel Einflussnahme der Profis auf die Designentscheidungen der Amateure. Man muss lediglich das Wort Kunst durch Design ersetzen, um zu einer zeitgemäßen Lagebeschreibung zu gelangen:

»*Die neuen Menschen sollen aber erkennen lernen, daß Kunst kein Luxusbedürfnis der Reichen ist [...]. Sondern ihr Eigentum, ihr Wille. Nicht eine fremde Welt, in die man hineinsieht, sondern der Ausdruck eigener Kraft, der neue Wege sucht. Deshalb wird die neue Baukunst aus dem ganzen Ungeschmack unserer Zeit, ihrer Verworrenheit, ihrer Buntheit und Sentimentalität geboren werden, aus allem, was lebendig und empfunden ist: Endlich die Kunst des Volkes, nicht die Kunst fürs Volk.*« (Franke, 1931: 188)

»*Der nur von schönen Dingen umgebene Mensch macht den Eindruck der Äußerlichkeit. Ich sehne mich nach Geschmacklosigkeiten.*« (Franke 1927)

Design ist zum Volkssport geworden. Die dafür notwendigen Mittel stehen jedem zur Verfügung, und die Arbeiten der ambitionierten Amateure können durchaus mit denen der Profis konkurrieren. Dabei übernimmt das Amateur-Design heute Funktionen, die weit über die eines Hobbys hinaus gehen. Wenn es früher Kleider waren, die Leute machten, so sind es heute die selbst gestaltete Webpräsenz oder der persönliche Avatar in Second Life, welche der Identitätsbildung, Distinktion und Repräsentation zu dienen haben. Das Internet in seiner stark auf Partizipation ausgerichteten Form dient Designprofis und Amateuren gleichermaßen als Marktplatz für Informationen, Meinungen und Waren, als Werkstatt und als Bühne. Für eine ganze Generation von jungen Volksdesignern gehören Grundkenntnisse aus dem Feld des Kommunikationsdesigns zu den alltäglichen Kulturtechniken – so wie Lesen, Schreiben und Rechnen. Die etablierten Fachleute beginnen ebenfalls, sich die Strategien des Web 2.0 anzueignen und sie in den Entwurfsprozess einfließen zu lassen. Die Designprofession ist dabei, die Aura des Geheimnisvollen abzustreifen, und sich stärker in Richtung Kollaboration und Offenheit zu entwickeln.

Eines lässt sich mit Sicherheit sagen:
Die Amateure sind gekommen, um zu bleiben.

QUELLENVERZEICHNIS

Anderson, C. (2006): The Long Tail: How Endless Choice is Creating Unlimited Demand; Random House Business Books

Bürdeck, B. E. (2005): Design – Geschichte, Theorie und Praxis der Produktgestaltung; Birkhäuser, Basel

Burckhardt, Lucius (1995): Design ist unsichtbar; Cantz, Ostfildern

Doctorow, C. (2008): Kopieren ist gut für Autoren SZ/jetzt.de; 10.03.08; http://jetzt.sueddeutsche.de/texte/anzeigen/423685 ; zuletzt aufgerufen am 15.12.2009

Florida, R. (2004): The Rise of the Creative Class: ... and how it's transforming work leisure, community, & everyday life; Basic Books

Flusser, V. (1993): Medienkultur, Fischer Taschenbuch, Frankfurt am Main, 1997; ursprünglich erschienen im Bollman Verlag, Mannheim

Franke, J. (1927): im Interview mit Baukunst

Franke, J (1931): in Architektur als Symbol

Friebe, H.; Lobo, S. (2006): Wir nennen es Arbeit: Die digitale Bohème oder ein sinnvolles Leben jenseits der Festanstellung; Heyne

Gibson, W. (2005): Gods Little Toys - Confessions of a Cut & Paste Artist; Wired 13.07.05; http://www.wired.com/wired/archive/13.07/gibson.html ; zuletzt aufgerufen am 15.12.2009

Gladwell, M. (2004): The Tipping Point: How Little Thing Can Make a Big Difference; Abacus, London

Howe, J. (2006): The Rise of Crowdsourcing; Wired 14.06.2006: http://www.wired.com/wired/archive/14.06/crowds.html ; zuletzt aufgerufen am 15.12.2009

Jannidis, F (Hrsg.), (2000): Der Tod des Autors in Texte zur Theorie der Autorschaft; Reclam, Stuttgart

Keen, A. (2007): the cult of the amateur: how today's internet is killing our culture; Currency/Doubleday

Leadbeater, C. (2007): Anleitung zum Selbermachen; in brandeins, Mai 2007; http://www.brandeins.de/archiv/magazin/schwerpunkt-ideenwirtschaft/artikel/anleitung-zum-selbermachen.html ; zuletzt aufgerufen am 15.12.2009

Lessig, L. (2001): The Future of Ideas: The Fate of the Commons in a connected World; Vintage Books, New York

Lessig, L. (2004): Free Culture: the nature and future of creativity; Penguin Books, 2004

Lévi-Strauss, C. (1973): Das wilde Denken; Suhrkamp, Frankfurt am Main; franz.: La pensée sauvage, Paris 1962

Loos, A. (2007a): Warum ein Mann gut angezogen sein soll – Enthüllendes über offenbar Verhüllendes; metroverlag

Loos, A. (2007b): Wie man eine Wohnung einrichten soll – Kategorisches über scheinbar Unverrückbares; metroverlag

Lupton, E. (2006): D.I.Y. Design It Yourself: A Design Handbook; Princeton Architectural Press, New York

Maldonado, T. (2007): Digitale Welt und Gestaltung, Ausgewählte Schriften herausgegeben und übersetzt von Gui Bonsiepe; Zürischer Hochschule der Künste/ Birkhäuser Verlag Basel

Manovich, L. (2006): Der Designer ist der Prototyp unserer Zeit, Spiegel vom 31. Juli 2006; http://www.spiegel.de/kultur/kulturspiegel/0,1518,429390,00.html ; zuletzt aufgerufen am 15.12.2009

McLuhan, M.; Fiore, Q. (1967): The Medium is the Massage: An Inventory of Effects; Penguin Books

Otten, J. (2007): in Caduff, C.; Wälchli, T. (Hrsg.): Autorschaft in den Künsten; Zürcher Hochschule der Künste

Pias, C. et al. (Hrsg.), (1999): Kursbuch Medienkultur – Die maßgeblichen Theorien von Brecht bis Baudrillard; DVA, Stuttgart

Raymond, E. S. (2001): The Cathedral and the Bazaar: Musings on Linux and Open Source by an Accidental Revolutionary; O'Reilly Media

Renner, T. (2004): Kinder, der Tod ist gar nicht so schlimm! Über die Zukunft der Musik- und Medienindustrie Campus Verlag, Frankfurt am Main

Rigdon, R.; Stewart, Z. (2007): Anticraft: Knitting, Beading and Stitching for the Slightly Sinister; North Light Books, Cincinnati

Rifkin, J. (1995): Das Ende der Arbeit: und ihre Zukunft; Fischer Verlag, 2005; am. Originalausgabe: The End of Work, Putnam, New York

Rifkin, J.: (2002) Access: Das Verschwinden des Eigentums: Warum wir weniger besitzen und mehr ausgeben werden; Fischer Verlag; am. Originalausgabe: The Age of Access, Putnam New York, 2000

Schiller, F.: (2000): Über die ästhetische Erziehung des Menschen; Reclam, Stuttgart

Schneider, B. (2005): Design – Eine Einführung: Entwurf im sozialen, kulturellen und wirtschaftlichen Kontext; Birkhäuser, Basel

Surowiecki, J. (2004): The Wisdom of the Crowds: Why the Many Are Smarter Than the Few; Abacus

Toffler, A. (1971): Future Shock; Bantam Books

Toffler, A. (1981): The Third Wave; Bantam Books

Weinberger et. al. (1999) Cluetrain Manifesto, http://www.cluetrain.com ; zuletzt aufgerufen am 15.12.2009

Wolfe, T. (2007): Mit dem Bauhaus leben; Philo & Philo Fine Arts, Hamburg; Das Original erschien 1981 unter dem Titel From Bauhaus to Our House

Magazine:

art (2008): Die Kunst des Alltags: Ein ganzes Heft zum Thema Design; Gruner + Jahr, Hamburg, Nr. 6/2008

changeX (2007): Nicht nur Arbeit, aber auch; 13.12.2007; http://www.changex.de/Article/article_2809 ; zuletzt aufgerufen am 15.12.2009

jetzt.de (2007): Wer wird Webmillionär; 10.08.2007; http://jetzt.sueddeutsche.de/texte/anzeigen/392811/9/1 ; zuletzt aufgerufen am 15.12.2009

PAGE (2007): Mitmachdesign/ Crowdsourcing – wie viel Demokratie verträgt das Kreativbusiness?; Hamburg, Nr. 12/2007

PAGE XXL (2006): Vom DTP zur Medienvision von morgen; PAGE Sonderausgabe, Hamburg 2006

Spiegel Special (2008): Architektur und Design – Wie wir morgen leben werden; Spiegel-Verlag, Hamburg, Nr. 4/08

Süddeutsche Zeitung Magazin (2008): Das Design-Special: Woran arbeiten Sie gerade? – Wir haben den wichtigsten Designern der Gegenwart auf die Finger geschaut; München, April 2008

Time Magazine (2006): Time's Person of the Year: You; 13.12.06, http://www.time.com/time/magazine/article/0,9171,1569514,00.html; zuletzt aufgerufen am 15.12.2009

ZEITmagazin (2008): Das ist das Perfekte A – Die besten Dinge/ Die besten Designer; Zeitverlag, Hamburg, März 2008

49 Kontrollgesellschaft ← → Disziplinargesellschaft FREE DESIGN!

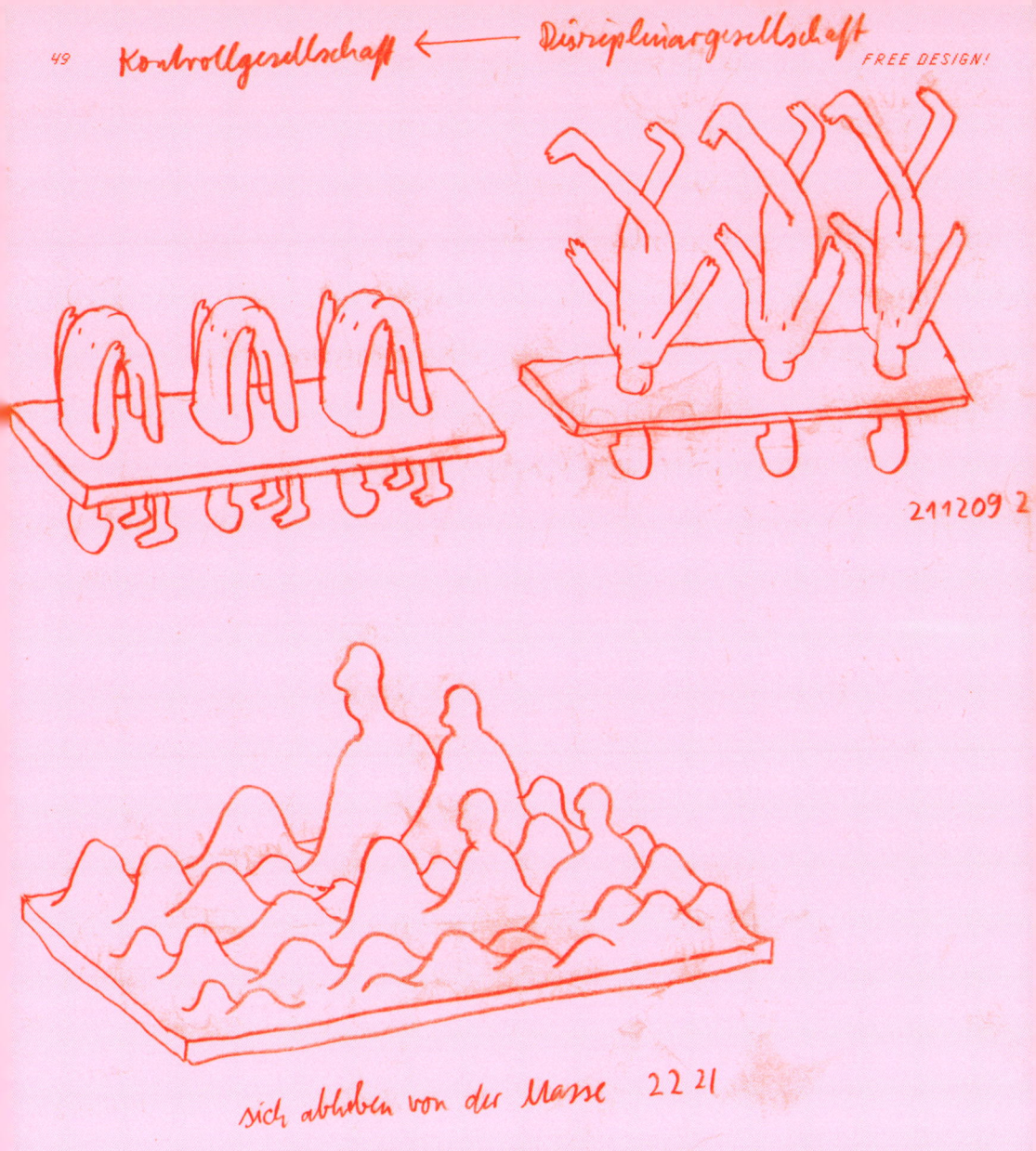

211209 2

sich abheben von der Masse 2221

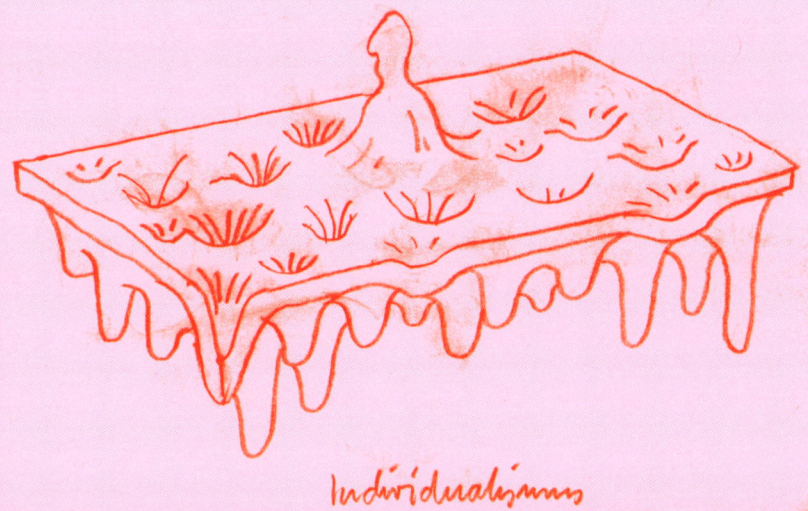

Individualismus

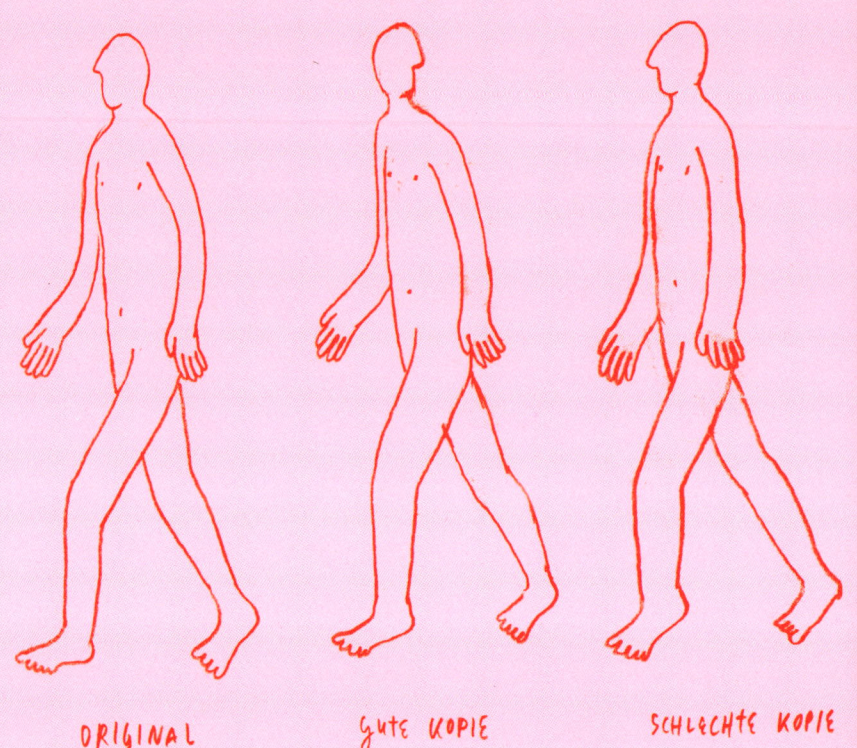

PETER LASCH 50

2112092254   ORIGINAL   GUTE KOPIE   SCHLECHTE KOPIE

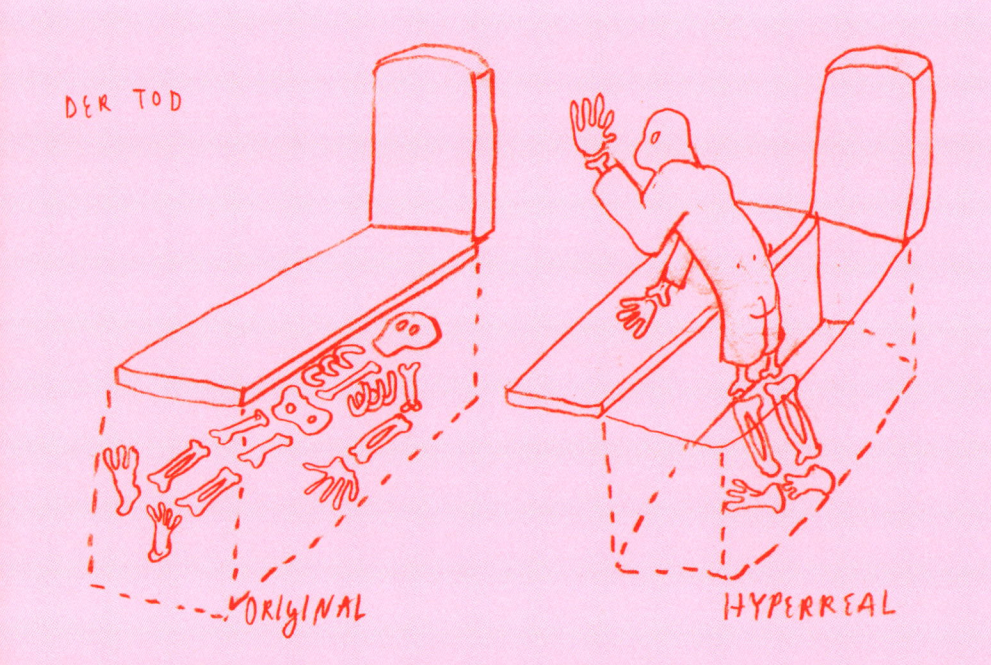

DER TOD

ORIGINAL   HYPERREAL

KOLONISATION DES VIRTUELLEN RAUMS

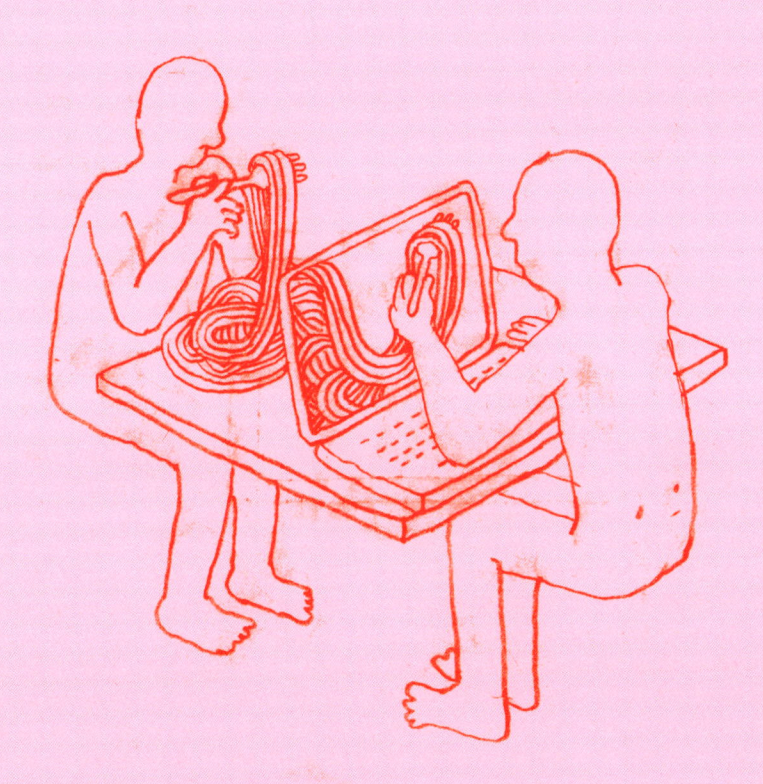

2212091831

Privileged Poor   Fake
Beoabling = interessantes Projekt

1	FREIE GESELLSCHAFT 51
2	FREE, OPEN, SOCIAL 53
3	TOP DOWN VS. BOTTOM UP 54
4	WEM GEHÖRT WAS? 58
5	SIE ENTWICKELN, WIR KAUFEN 62
6	WARUM MITMACHEN? 66
7	PIONIERE 67
8	VIRTUELL, MATERIELL 70
9	FREE DESIGN 76

1 Freie Gesellschaft

Freiheit ist in unserer Gesellschaft einer der wichtigsten Werte. Sie stellt die Grundlage im Verständnis der Kultur und Rechtsprechung unserer westlichen Welt dar. Doch was bedeutet Freiheit eigentlich? Wer ist frei?

Diese Fragen beschäftigten die großen Denker schon seit dem Altertum und lassen sich hier nicht vollständig abhandeln, doch im Gegensatz zur Antike, in der Freiheit ein Privileg der Oberschicht war, ist unser heutiges Verständnis ein anderes. Einfach ausgedrückt, ist man im Allgemeinen der Ansicht, die Freiheit des Einzelnen sollte möglichst groß sein und in möglichst weitem Umfang erhalten werden, wofür auch unser heutiges Grundgesetz steht. Sie muss jedoch beschränkt werden, sobald man anderen damit schadet. Oder mit den Worten Immanuel Kants:

»Niemand kann mich zwingen, auf seine Art (wie er sich das Wohlsein anderer Menschen denkt) glücklich zu sein, sondern ein jeder darf seine Glückseligkeit auf dem Wege suchen, welcher ihm selbst gut dünkt, wenn er nur der Freiheit Anderer, einem gleichem Zwecke nachzustreben, die mit der Freiheit von jedermann nach einem möglichen allgemeinen Gesetze zusammen bestehen kann, (d.i. diesem Rechte des Andern) nicht Abbruch tut.«[1]

Unsere Freiheit ist mit dem Zugang zu Ressourcen verbunden: Dieser ist die Grundvoraussetzung unserer

[1] Immanuel Kant, »Über der Gemeinspruch Das mag in der Theorie richtig sein, taugt aber nicht für die Praxis«, Meiner Verlag, Hamburg 1992, S.21–22

FREE DE SIGN !

PETER LASCH

Freiheit. Denn was nützt die Bewegungsfreiheit, wenn man keinen Raum hat, oder die freie Meinungsäußerung, wenn man keine Zuhörer bekommt? Immer mehr ehemals öffentliche Orte werden privatisiert und immer strengere Patent- und Copyright-Beschränkungen engen den Spielraum für Innovationen und Entwicklungen ein.

Noch ist die Luft, die wir zum Atmen benötigen, frei, doch sogar lebensnotwendiges Wasser wird privat gehandelt und ist auf dem besten Wege, zu einem der wirtschaftlich wertvollsten Güter zu werden, dessen Nutzung von den Interessen großer Konzerne abhängig ist. Frei bedeutet also einerseits uneingeschränkt und andererseits kostenlos, wobei hohe Kosten auch zu einem eingeschränkten Zugang führen.

Gerade auch im Internet, welches oft als das demokratischste aller Medien bezeichnet wird, wird der Datenfluss verstärkt zugunsten privater Interessen eingeschränkt. Das auf offenen Zugang zu Quellen ausgelegte Entwicklungsmodell »Open-Source« bietet hier Lösungsmöglichkeiten, die für die auf freien Zugang zu Ressourcen angewiesenen Innovationsträger, zu denen die Designer zählen, hilfreich sein können.

Open-Source ist ein oft gebrauchtes Schlagwort. Doch die Bewegung hat mit großen Vorurteilen zu kämpfen. Eine gängige Annahme ist noch immer, dass durch die Teilnahme Vieler die Qualität leide. Nach dem Motto »viele Köche verderben den Brei«. Durch die Teilnahme Vieler entstehe etwas Durchschnittliches, das weit hinter den Leistungen einzelner qualifizierter Personen zurückbleibe. Dass dem nicht so ist, wird an den Erfolgsgeschichten von Linux, Wikipedia oder dem Apache-Webserver deutlich. So entwickelt sich Wikipedia trotz starker Kritik zum größten Wissensspeicher aller Zeiten.

Firmen wie die Nasa benutzen Linux als Betriebssystem und Apache wird von allen großen Firmen als Webserver verwendet. Von der breiten Öffentlichkeit wird nicht wahrgenommen, dass die Architektur unserer heutigen digitalisierten Welt nicht das Werk einiger kommerziell arbeitender Informatik-Spezialisten und Geschäftsleute war, sondern dass sie geradezu gegen den Widerstand der Konzerne durchgesetzt werden musste. Die heutige Leistungsfähigkeit des Internets wie auch viele Entwicklungen in der Softwarewelt gehen auf die hervorragenden Beiträge von Studenten und Hobbybastlern aus der Open-Source-Szene zurück.

Das Potenzial, welches in der Bewegung steckt, reicht jedoch viel weiter. Durch immer mehr Projekte, dem Interesse von großen Firmen an diesem Phänomen und dem stärker werdenden Medieninteresse, wird langsam auch einer breiteren Öffentlichkeit bewusst, dass die später erläuterte »Bottom Up«- oder »Grassroot«-Strategie der Open-Source-Bewegung nicht auf Software beschränkt ist, sondern auch gesamtgesellschaftliche Auswirkungen hat und möglicherweise Antworten auf bestehende Probleme unseres Wirtschaftssystems geben kann.

Außerdem werden durch die Einbeziehung der Benutzer in den Entwicklungsprozess andere Themen angeschnitten, welche große Resonanz in den Medien wie auch in der Industrie haben: mass customization und user innovation.

Firmen entwickeln Produkte oder Dienstleistungen für Kunden, die oft unterschiedliche Bedürfnisse haben. Daher besteht ein großes Interesse der produzierenden

2
Free, open, social

Firmen, diese Bedürfnisse zu erkennen und adäquat zu befriedigen. Da dies jedoch oft nicht oder nur schlecht funktioniert, an den vielen »Flops« neu eingeführter Produkte zu erkennen, werden andere Strategien gesucht, um die Bedürfnisse der Verbraucher befriedigen zu können.

Durch die viel versprechende Entwicklung der Open-Source-Szene in der Softwarewelt wird nun seit den 1990er Jahren der Versuch unternommen, die gleiche Vorgehensweise auch in den Bereich der materiellen Produktwelt zu übertragen, was mit dem Schlagwort Open-Design bezeichnet wird.

In der Wirtschaftsgeschichte wurden schon oft durch die Schlüsselbranchen, neue Arbeitsweisen eingeführt, die sich dann auf andere Bereiche ausweiteten. So wurde die Fließbandarbeit durch das Vorbild der Automobilindustrie in viele Bereiche unserer heutigen Wirtschaft aufgenommen.[2] Es stellt sich die Frage, ob die Softwarebranche, die zweifellos zu den Schlüsselbranchen unserer Zeit gehört, mit der Open-Source-Praxis Vorreiter für andere Bereiche der Wirtschaft sein kann und ob diese auch die zukünftige Arbeitsweise für Designer prägen könnte.

Gerade durch den Siegeszug des Internets und die Möglichkeiten der weltweiten Vernetzung, sowie durch neue Produktionsmethoden wie »rapidprototyping« ergeben sich neue Möglichkeiten und Perspektiven, die den Beruf des klassischen Designers beeinflussen und verändern werden. Was diese Entwicklung an Auswirkungen für das Design bringt, soll hier untersucht werden.

Heute kursieren verschiedene Begriffe im Umfeld der Open-Source-Bewegung, wie »Freeware«, »Free-Software«, »Open-Source-Software«, »Social-Software« oder »Open-Content«, die oft unklar sind und deshalb im folgenden geklärt werden sollen.

So meint der Begriff »Free-Software« mit »free« die Freiheit, die der Kunde im Umgang mit der Software hat. Diese besteht bei der Bezeichnung Open-Source besonders darin, den Quellcode (sourcecode) einzusehen.

Auf der Webseite der »Free Software Foundation« (FSF), ist folgende von Richard Stallman, dem ersten Präsidenten und Gründer der FSF, geprägte, anschauliche Beschreibung von Free-Software zu lesen:

»Free-Software is a matter of liberty, not price. To understand the concept, you should think of free as in free speech, not as in free beer.«[3]

Der hier in den Vordergrund gerückte Freiheitsbegriff spiegelt vielleicht die amerikanische Sichtweise Richard Stallmans wider, da diese Art der freien Meinungsäußerung und der Entscheidungsfreiheit das in der Unabhängigkeitserklärung und Verfassung verankerte Grundverständnis der Amerikaner bis heute prägt.

Im Unterschied dazu bezeichnet »freeware« eine Software, die frei im Sinne von kostenlos zu haben ist.

---

[2] vgl.: http://de.wikipedia.org, »Taylorismus/Fordismus«, Stand 01.2010: »Der Fordismus basiert auf stark standardisierter Massenproduktion und -konsumtion von Konsumgütern, mit Hilfe hoch spezialisierter, monofunktionaler Maschinen, Fließbandfertigung, dem Taylorismus, durch den eine Sozialpartnerschaft zwischen Arbeitern und Unternehmern angestrebt wird. Relativ hohe Arbeitnehmerlöhne, welche die Nachfrage ankurbeln, sind ebenfalls charakteristisch. Im Jahre 1914 verdoppelte Henry Ford etwa den Tageslohn seiner Arbeiter auf fünf Dollar. Somit zahlte er seinen Arbeitern in drei Monaten soviel, wie eines seiner T-Modell-Autos kostete.«

[3] vgl.: http://www.gnu.org, letzter Zugriff: 12.2009

»Open-Source-Software« fällt also auch unter »Free-Software«, wobei hier eben besonders die Quelloffenheit in den Vordergrund gestellt wird. Die Freiheit die hier gemeint ist, ist die Freiheit des Nutzers, den Quellcode einsehen zu können und auf diese Weise durch Feedback, die Beseitigung von Fehlern zu unterstützen. Desweiteren soll die Anpassung durch die Mitarbeit und Mitsprache des Benutzers direkt unterstützt werden, um ein möglichst genau auf seine Bedürfnisse zugeschnittenes Produkt zu erreichen. Open-Source- und Free-Software sind also als Synonyme zu verwenden, wobei der Begriff Open-Source-Software eingeführt wurde, um die Offenheit anstelle der vermeintlichen Kostenlosigkeit zu betonen.

Open-Source-Software stellt aber auch den Gegenpol zu »Closed-Software« oder »Proprietärer-Software« dar, die den meisten heute gehandelten Softwareprodukten entspricht. Dies sind geschlossene, für den Benutzer nicht zu durchschauende Softwarepakete, die von einem relativ kleinen Stab von Programmierern hergestellt werden und vom Käufer nur so wie sie sind, mit allen Mängeln bezogen und nicht verändert werden können. »Social-Software« bezeichnet laut Wikipedia »Systeme, die der menschlichen Kommunikation, Interaktion und Zusammenarbeit dienen.« Der Begriff bezieht sich im besonderen auf Programme wie Wikis oder Weblogs (Blogs) die über das Internet die Bildung von Plattformen ermöglichen, durch die offene Gemeinschaften aufgebaut und entwickelt werden können. Der bekannteste Vertreter dieser Wiki-basierten Projekte ist, wie der Name schon vermuten lässt, Wikipedia. Damit sind sie wertvolle Werkzeuge zur Bearbeitung von Open-Source-Projekten, weil hier leicht offene Plattformen erstellt werden können, über die die Kommunikation während der Projektbearbeitung abgewickelt wird.

Der Begriff »Open-Content« ist wiederum als Synonym für Open-Source zu sehen, wobei der Fokus auf dem Inhalt (content) liegt und weniger auf der Quelle (source). Die Übertragung der zuerst entwickelten Ideen der Open-Source- und Free-Software-Szene auf materielle Produkte wird mit »Open-Design« bezeichnet. 1998 bemerkte Dr. Sepher Kiani als PhD in mechanical engeneering am MIT, dass auch Designer von der Open-Source-Vorgehensweise profitieren könnten und gründete zusammen mit Dr. Ryan Vallance und Dr. Samir Nayfeh die »Open Design Foundation«. In den folgenden Jahren verbreitete sich dieser, durch die neuen Vernetzungsmöglichkeiten des Internet naheliegende Ansatz und es wurden verstärkt Projekte ins Leben gerufen, die den Benutzer in den Entwicklungsprozess einbeziehen. Diese reichen von künstlerisch partizipatorischen Experimenten, wie die »do create« Projekte der niederländischen Droog Gruppe, über Versuche, Internet-Plattformen zu diesem Thema zu etablieren bis zu Projektbearbeitungen nach den Vorgehensweisen aus der Open-Source-Software, wie »www.theoscarproject.org« zu übernehmen.

Da sich diese Neuerungen durch die Open-Source-Szene dezentral und von der Basis her entwickelt haben, lohnt es sich, diese basisorientierte Strategie der Projektarbeit ohne Führung näher zu betrachten.

3

Top Down vs. Bottom Up

Unsere Gesellschaft wird in den Medien oft als Kommunikations- oder Informationsgesellschaft, postindustrielle Wissensgesellschaft, vernetzte Weltgesellschaft oder Mediengesellschaft bezeichnet. Welche Beschreibung die zutreffendste ist und letztendlich in die Geschichte eingehen wird, muss sich erst noch zeigen. Doch eines ist in der heutigen Sichtweise auf die Gesellschaft zu erkennen: Sie wird als System begriffen. Diese Betrachtungsweise hat ihren Ursprung in der Kybernetik, die maßgeblich in ihren Anfängen, zu Beginn des 20. Jahrhunderts, durch Norbert Wiener geprägt wurde und unter anderem aufzeigt, dass die Funktionsweisen von organischen und anorganischen Systemen gleich verlaufen. Diese Art der Betrachtungsweise und Analyse von rückgekoppelten Systemen brachte mit sich, dass die Begrifflichkeiten der Informatik in andere Bereiche transferiert wurden. So bezeichnet man heute die beiden entgegengesetzten Pole von Realisierungsstrategien mit Begriffen aus der Informatik, sie werden aber auch auf gesellschaftliche Wirkungsrichtungen übertragen. Auf der einen Seite steht die Bezeichnung »Top Down« für die Ausführung in einer strengen Hierarchie von oben nach unten. Dieser Richtung kann man im weitesten Sinne Modelle wie die Monarchie, das Militär, den Kommunismus oder Religionen zuordnen. Die entgegengesetzte Strategie wird mit »Bottom Up«, oder »grassroots Bewegung« bezeichnet, der die Begriffe Evolution, Demokratie oder »do it yourself« nahestehen. Dass diese »Bottom Up« Vorgehensweise erfolgreich sein kann, ist am Beispiel der Evolution zu erkennen, die ja auch ohne vorgefertigten Plan auskommt. Die Entwicklung unserer Gesellschaft zeigt ebenfalls, dass sich die Organisationsformen in politischen Systemen wie auch wirtschaftlichen Unternehmen, weg von den historischen, totalitären »Top Down« Mustern entwickeln. Trotz dieser offensichtlichen Indikatoren scheint die Leistungsfähigkeit frei organisierter Gruppen, die ja die Grundlage eines jeden Open-Source-Projekts darstellen, problematisch zu sein, da sie auf die bekannten hierarchischen Strukturen verzichten und eher anarchistisch und kollaborativ anmuten. Warum diese trotzdem Erfolge erzielen, soll im folgenden veranschaulicht werden.

Dabei ist die Leistungsfähigkeit dieser Modelle oder ihrer Mischform im Entwurfsprozess von besonderem Interesse. Lassen sich die Erkenntnisse aus gesellschaftlichen Tendenzen auch in der Organisation von Entwurfsaufgaben durchsetzen?

In seinem Buch »Die Weisheit der Vielen« geht James Surowiecki[4], der Frage nach, ob Gruppen unter bestimmten Umständen intelligenter sind als einzelne Personen. Sein erstes Beispiel hatte sich im Jahre 1906 zugetragen und ist vielleicht eines der frühesten, bei dem ein Wissenschaftler zu der Vermutung kam, dass Gruppen klüger als einzelne handeln können.
Surowiecki beschreibt den Wissenschaftler Galton, der die Meinung vertrat, dass eine Gesellschaft nur leistungs-

[4] James Surowiecki ist Journalist und publiziert unter anderem im »New Yorker« dem »Wall Street Journal« oder der »New York Times«. James Surowiecki, »die Weisreit der Vielen«, C. Bertelsmann Verlag, München 2005

fähig und gesund bleiben kann, wenn sie durch einige Auserwählte, eine Elite, die sich an ihre Spitze setzt, gelenkt wird. Der Wissenschaftler versuchte, durch Studien auf einer Tier- und Fleischbeschauungs-Messe seine Theorie zu festigen. Dort wurde ein Wettbewerb veranstaltet, bei dem sämtliche Besucher der Messe die Möglichkeit hatten, das Schlachtgewicht eines Ochsen zu schätzen. Er untersuchte diesen Wettbewerb, da er die bunt gemischten Teilnehmer der Messe als gute Analogie zu einer demokratischen Gesellschaft auffasste. Er errechnete unter anderem das durchschnittliche Wettergebnis aller Teilnehmer, in der Erwartung, dass dieser Wert weit neben dem eigentlichen Wettergebnis läge. Tatsächlich war der Wert 1197 Pfund: das Gewicht des geschlachteten Ochsen lag bei 1198 Pfund. Das Gesamturteil der Wettgesellschaft war also erstaunlich genau und auch deutlich präziser als die besten Schätzwerte von Einzelnen. Dieses historische Ereignis war kein Einzelfall, sondern zeigt, dass unter bestimmten Umständen die Entscheidung einer Gruppe genauer sein kann als die der Besten in ihrer Mitte.

Auch die Untersuchungen von Pferdewetten liefern ein ähnliches Ergebnis. Jeder, der schon einmal eine solche Wette abgeschlossen hat, weiß, dass ein richtiger Tipp durchaus nicht garantiert ist und selbst erfahrene Teilnehmer oft falsch schätzen. Doch die Auswertung der Wettquoten, die durch die gemittelte Meinung der Wettteilnehmer berechnet wird, zeigt, dass diese den Gewinner in dreiviertel aller Fälle am genauesten vorhersagt. Soziologen haben ebenfalls die Beobachtung gemacht, dass die gemittelte Meinung einer Masse von gleich kompetenten (oder gleich dummen) Beobachtern zuver-

lässigere Vorhersagen macht, als die eines einzelnen willkürlich ausgesuchten Beobachters.

Diese Beobachtung, die zunächst eigenartig erscheinen mag, wird jedoch bei näherer Betrachtung verständlicher. So muss man sich laut Surowiecki vergegenwärtigen, dass jede Aussage von einer Person, die über Informationen zu einem Thema verfügt, immer aus Information und Fehler besteht. Hat man sehr viele Aussagen zu diesem Thema, von heterogenen, diversen Personen, so verfestigt sich durch das Überlagern dieser Aussagen die Information, da der Fehler in diesen Aussagen in alle Richtungen gestreut ist und sich sozusagen heraus kürzt.

Diese Beobachtung wurde unter der Bezeichnung »Delphi-Effekt« bekannt. Die Leistungsfähigkeit des Modells Wikipedia wird unter anderem auf dieses Phänomen zurückgeführt.

Die Qualität solcher dezentralen Gruppenentscheidungen kann laut Surowiecki jedoch nur hergestellt werden, wenn funktionierende Methoden und Kommunikationsstrukturen zur ihrer Bündelung bereitgestellt werden. Die Strategie ist also, wenn auch wirkungsvoll, kein Patentrezept und erfordert eine richtige Anwendung. Andererseits gesteht er ein, dass Gruppen unter besonderen Umständen zu fatalen Entscheidungen neigen können.

Mit dem Thema Top Down gegen Bottom Up beschäftigt sich auch Eric S. Raymond in seinem Aufsatz »The Cathedral and the Bazaar«[5]. Eric S. Raymond ist einer der Begründer der Open-Source-Initiative und durch die Teilnahme an vielen Open-Source-Projekten bekannt geworden. Er initiierte selbst viele dieser Projekte und war unter anderem verantwortlich für das Programm

[5] Eric S. Raymond, »The Cathedral and the Bazaar«, O'Reilly Media Verlag, 2001

»Fetchmail«. Er ist Programmierer, Hacker und Autor. In seinem Text »The Cathedral and the Bazaar«, der einer der bekanntesten zur Open-Source-Bewegung geworden ist, schreibt er über seine Ansichten zu Open-Source, seine Sichtweise von Linux und Linus Thorvalds und erläutert seine eigenen Erfahrungen im Open-Source Bereich anhand seines Projektes »Fetchmail«.

Er stellt hier, wie der Titel schon sagt, das Modell des Kathedralenbaus dem des Aufbaus eines Basars gegenüber. Der Bau einer Kathedrale spiegelt hier die herkömmliche Arbeitsweise des Aufbaus von Software wider. Die Kathedrale wird von einigen Experten, die nach einem strengen, vorher angelegten Plan vorgehen, aufgebaut. Im Gegensatz hierzu steht das Vorgehen der Open-Source-Gemeinde, die wie auf dem Basar wild durcheinander gemischt, mit scheinbar verschiedenen Zielsetzungen und Ansätzen arbeitet. Trotz des scheinbaren Durcheinanders werden gute Resultate durch diesen Entwicklungsstil erzielt.

Die Grundregeln, auf denen diese Arbeitsweise begründet ist, beschreibt Raymond in 19 Regeln, die seiner Meinung nach für den Erfolg eines Open-Source-Projekts maßgeblich sind. Einige dieser Regeln sind durchaus nicht auf den Softwarebereich beschränkt und geben Hinweise, was bei der Bearbeitung von offenen Projekten zu beachten ist.

Raymond geht von dem bei der Linux Entwicklung gängigen Modell aus, dass es trotz der freien Mitarbeit vieler doch einen kleinen Stamm Programmierer gibt, die die Aufnahme von neuem Code in eine neue Linux-Version überwachen, also einen Koordinator des Projekts, der jedoch im Gegensatz zur klassischen Vorgehensweise nicht den Inhalt bestimmt, sondern eher die Rahmenbedingungen absteckt. Besonders wichtig ist ihm dabei, die Leistungen der Einzelnen zu bündeln. Laut seiner achten Regel, wird mit einem ausreichend großen Stamm an Betatestern und Mit-Entwicklern, jedes Problem schnell identifiziert und die Lösung jedem offensichtlich sein.

Um dies zu erreichen, fordert er, dass der Entwicklungskoordinator ein Medium zur Verfügung hat, das wenigstens so gut ist wie das Internet und dieser Koordinator weiß, wie man ohne Zwang führt, dann werden viele Köpfe zwangsläufig besser arbeiten als nur einer. Auch die Motivation der Teilnehmer ist für ihn von größter Wichtigkeit. Um diese zu erreichen fordert er in seiner Regel 10: wenn man seine Beta-Tester wie die wertvollste Ressource behandelt, werden sie als Reaktion darauf zur wertvollsten Ressource werden.

Besonders aber weist er darauf hin, dass die Leistungsfähigkeit dieses Modells darauf beruht, nicht alles von Grund auf neu und selbst entwickeln zu müssen. Die Kooperation einer großen Zahl interessierter, engagierter Menschen und die Ergänzung ihrer Fähigkeiten stellt die Basis der Leistungsfähigkeit dar. Das wird an seinen Regeln 2, 6, 7 und 11 deutlich:
Gute Programmierer wissen, welchen Code sie schreiben sollen. Großartige Programmierer wissen, welchen Code sie umschreiben (und recyceln) können. [Regel 2]
Die Anwender als Mit-Entwickler zu sehen, ist der Weg zu schnellen Verbesserungen und Fehlerbehebungen, der die geringsten Umstände macht. [Regel 6]
Früh freigeben. Oft freigeben. Seinen Anwendern zuhören. [Regel 7]

Das Zweitbeste nach eigenen guten Ideen ist das Erkennen von guten Ideen von Benutzern. Manchmal ist Letzteres sogar das Bessere. [Regel 11]

Auch Surowiecki schildert die Bündelung der einzelnen Informationen aus der Arbeit einer dezentralen Gruppe und eine geeignete Kommunikationsstruktur als eine der Grundvoraussetzungen für das Gelingen offener Zusammenarbeit. Diese Bündelung muss jedoch nicht zwangsläufig durch eine oder mehrere Personen stattfinden, sondern kann wie man am Modell Wikipedia sieht, auch durch die Kontrolle vieler in einem transparenten Prozess, von den Teilnehmern selbst durchgeführt werden. Doch auch Wikipedia verfügt über wenige aber strikt einzuhaltende Regeln, nach denen der Inhalt in einem Artikel verfasst werden muss.

Das Prinzip »Bottom up« entfaltet also erst dann seine Leistungsfähigkeit, wenn die Möglichkeit besteht, die von der Basis kommenden Informationen in sinnvoller Weise zu bündeln und für ein Ziel einzusetzen. Die angesprochene Definition des Ziels stellt in der Bearbeitung von Gestaltungsprojekten eine große Herausforderung dar, da Nutzer unter Umständen stark divergieren. Und doch liegt gerade hier die Chance, durch die Öffnung der Quellen und den Zugang von vielen, wie auch im Bereich der Software, angepasste, in die verschiedensten Richtungen ausdifferenzierte Produkte zu schaffen, die von den einzelnen Nutzern genau auf ihre Bedürfnisse angepasst werden können und damit über den Standard, das eine für alle gültige Ziel, hinaus zu wachsen.

Eine weitere wichtige Grundvoraussetzung für das Gelingen eines grassroots-Projektes ist, dass die Menge der Teilnehmer einen gewissen Schwellenwert überschreiten muss, um gute Ergebnisse zu erreichen. Viele der neu gestarteten Projekte kämpfen mit der kritischen Masse, da sich die Vorteile der offenen Bearbeitung erst ab einer gewissen Beteiligung entfalten. Diese Mindestmenge existiert auch in den Naturwissenschaften und wird dort als Schwellenwert bezeichnet. Ziel muss es also sein, von Beginn an möglichst viele partizipierende Personen zu erreichen.

Wie so oft sind die angesprochenen gegensätzlichen Pole, »Top Down« und »Bottom Up«, in ihrer Reinform zwar starke Modelle, aber als Strategien nicht so zu benutzen. Am erfolgversprechendsten erweist sich die Anwendung einer Mischform.

Wie schon Norbert Wiener in seinem Buch »Kybernetik«[6] dargelegt hat, kann man dieses Wechselspiel an kybernetischen Modellen und dem Unterschied zwischen »regeln« und »steuern« erkennen, es findet zum Beispiel beim Einsatz von Flugabwehrraketen Verwendung. Hier wird deutlich, dass eine Rakete, die ein Flugzeug treffen soll, eine Zielvorgabe hat und dort hin gesteuert wird, wo das Flugzeug zum Zeitpunkt der Kollision vermutet wird. Da das Flugzeug wie auch das Geschoss von verschiedenen Einflussgrößen abhängig sind (Wind, Lenkverhalten des Piloten, Geschwindigkeit des Flugzeugs), lässt sich das Ziel besser treffen, wenn die Rakete über Rückkopplungen geregelt wird. Das heißt, dass ein Ziel nicht nach den angenommenen Mustern verfolgt wird, sondern, dass immer wieder der Istwert mit dem Sollwert verglichen wird und während des ganzen Prozesses die Differenz Einfluss auf die Verwirklichung des angestrebten Ziels

[6] Norbert Wiener, »Kybernetik«, Rohwolt Verlag, 1968

hat. Je besser diese beiden Werte verknüpft werden und je mehr Einflüsse in einem offenen System berücksichtigt werden, desto genauer wird das verfolgte Ziel erreicht. Damit ein Softwareprojekt, oder auch ein Designvorhaben letztendlich seine Zielvorgaben präzise erfüllt, kann die Einbeziehung der Massen in den Steuer- und Regelkreislauf des Arbeitsprozesses wichtige Vorteile bringen. Durch die weite Verbreitung des Internets ist die dafür notwendige Infrastruktur bereits in fast jedem Haushalt angekommen. Die große Herausforderung ist die klare Formulierung des gemeinsamen Ziels, sowie die Bündelung der eingehenden Information.

Fest steht, dass die Menge an Wissen und Beiträgen, die von der Masse der Gesellschaft geleistet werden kann, nur schwerlich durch die Kompetenz einer kleinen Elite zu ersetzen ist.

4

Wem gehört was?

Betrachtet man nun einmal ein Open-Source-Produkt nicht aus dem Blickwinkel der Machbarkeit, sondern der Quelloffenheit und der Freiheit des Nutzers, dieses Produkt zu verändern und weiter zu entwickeln, stellt sich auch immer die Frage nach dem geistigen Eigentum und dessen Schutz, also die Frage nach dem Urheberrecht. Die Vorstellung, dass Entwicklungen oder Ideen als Eigentum angesehen werden und diese deswegen schützenswert sind, ist zwar als Idee tief in unserer Kultur verwurzelt, kann aber in der gängigen Praxis immer seltener verwirklicht werden. Der Schutz des geistigen Eigentums des Urhebers ist ein Anreiz, neue Innovationen oder Werke zu schaffen und gegen Entlohnung der Gesellschaft zugänglich zu machen, um diese damit zu bereichern. Das Schaffen und die Arbeit Einzelner soll damit belohnt und ein Anreiz geboten werden, Neues zum Wissenspool der Gesellschaft beizusteuern, um den Lebens- und Wissensstandard zu heben. Als Gegenleistung wird diese Arbeit geschützt, um der geistigen Leistung einen Wert zuzuweisen, da erst durch diesen Schutz die Möglichkeit besteht, den Zugriff anderer auf dieses Eigentum zu kontrollieren und es somit in einen materiellen Wert umzuwandeln. Diese Vorgehensweise stellt eine klassische »Win-Win« Situation dar. Die Ausführung dieser Idee verkehrt jedoch in jüngerer Zeit die Praxis dieses Schutzes zusehends in das Gegenteil des angestrebten Ziels.

Das in Deutschland etablierte Patentrecht half dem wirtschaftlichen Aufschwung des Landes bis zu seiner heutigen Stellung als einem der höchst entwickelten Industrieländer. In verschiedenen Branchen spielte das Patentrecht eine essentielle Rolle. Das kann man an Firmen wie Siemens nachvollziehen, die durch ihre geschützten Erfindungen und Entdeckungen im Bereich der Kommunikations- und Elektrotechnik die Wirtschaft förderten. Auch die gängige Arbeitspraxis eines Designers lebt von der Idee, dass die geistige gestalterische und innovative Arbeit, die geleistet wird, geschützt ist, somit verkauft werden kann und nicht der freien Verfügung aller preisgegeben wird.

das globale Agieren von Firmen immer stärker unterlaufen. So ist heute in einer Welt, die zwar als »global village« wahrgenommen wird, jedoch keinesfalls einen einheitlichen Rechtsraum bildet, keiner mehr in der Lage, seine Ideen oder Entwicklungen wirklich zu schützen. Besonders im Design-Bereich schrecken viele davor zurück, ihre geschützten Geschmacksmuster einzuklagen, da die Aussichten auf Erfolg im Verhältnis zu den entstehenden Kosten ein solches Unterfangen meist als riskant oder geschäftlich ruinös erscheinen lassen.

Dies klingt erst einmal paradox, zeigt aber, dass der Spielraum der kleinen Unternehmen, die legal arbeiten möchten, extrem klein geworden ist. Die Bestrebungen eines Schutzes sind nur noch zu einer Beruhigung und Bestätigung des Urhebers geworden, da ihm die Möglichkeiten fehlen, diesen auch durchzusetzen. Wie uneffektiv ein solcher Schutz heute ist, wird an folgenden Beispielen deutlich. Die große Flut von Kopien oder Plagiaten, die nicht nur aus China auf den deutschen Markt drängen, zeigt sehr deutlich, wie sehr der rechtliche Schutz des geistigen Eigentums inzwischen zu einer Illusion verkommen ist.

Dieser rechtlichen Hilflosigkeit verlieh schon 1977 der Designer Rido Busse mit der öffentlichen Ächtung von Plagiaten Ausdruck, indem er den Negativpreis »Plagiarius« für die dreistesten Plagiate in Form eines schwarzen Zwerges mit goldener Nase verlieh. Bis heute wird dieser Preis jährlich auf der Messe »Ambiente« für Kopien von Design-Produkten vergeben. Diese Plagiate sind keinesfalls Einzelfälle und auch nicht auf chinesische Kopien begrenzt, sondern ein gängiges Phänomen, das auch in den Sortimenten von Tchibo bis Ikea zu finden ist. Der

Doch andererseits wird immer deutlicher, dass die Möglichkeit, sein geistiges Eigentum schützen zu lassen, sich auf wenige beschränkt, die die Macht und die Mittel haben, dies durchzusetzen. So ist die Anmeldung eines Patentes eine kostspielige Sache und bleibt größeren Firmen vorbehalten, die sich einen solchen Schutz leisten können. Dies bedingt, dass große Firmen, die über die nötigen Mittel verfügen, regelrecht Patente horten, ohne darauf zu achten, ob sie umgesetzt werden oder nicht, nur um die Option für das Patent zu erhalten, den Bereich des Marktes für andere zu sperren und sich damit den nötigen Spielraum für ihre zukünftigen Entwicklungen zu sichern. Die Bezeichnung »Sperrpatente« für Patente, die mit diesem Ziel angemeldet werden, verdeutlicht die Absurdität dieser Praxis. Solch strategisches Patentieren bedingt in wirtschaftlich relevanten Bereichen eine regelrechte Blockade des Wettbewerbs der Innovationen. Letztendlich wird nicht mehr entwickelt, was möglich oder sinnvoll wäre, sondern was das Patentrecht noch erlaubt. So haben große Firmen etwa zur Herstellung eines Mobiltelefons hunderte von Patenten angehäuft, deren Nutzung sie zwar untereinander in großen Paketen austauschen, anderen Unternehmen damit jedoch den Zugang zum Markt versperren. Damit wird die eigentliche Idee des Patentrechts verfehlt und Patente werden zum Machtmittel der großen Konzerne, die sich damit eine Monopolstellung für einen ganzen Industriezweig sichern. Deutlich wird die Fragwürdigkeit dieser Praxis an der Diskussion um die zunehmende Patentierung von biologischen Organismen. Können sich einige Firmen das gesamte Erbgut der Welt schützen lassen?

In umgekehrter Richtung ist der Schutz aber immer schwieriger aufrecht zu erhalten und wird gerade durch

In diesem Zusammenhang bietet das im Softwarebereich praktizierte Open-Souce-Modell und die hierfür entwickelten freien Lizensierungsmöglichkeiten eine alternative Strategie, da auf das kostenintensive Beharren, auf die rigide Praxis des alt hergebrachten, inzwischen überholt erscheinenden Copyrights verzichtet wird. Anstelle dessen tritt die freiwillige Lockerung dieser Einschränkungen, die die Anfertigung von Kopien oder Veränderungen bis hin zum völligen Verzicht auf Copyrights ermöglicht.

Hierfür gibt es verschiedene Modelle und Verträge, die in Abstufungen die Rechte des Urhebers festlegen.

Sicher ist es nicht möglich oder erstrebenswert von heute auf morgen alles freizugeben, dazu ist ein langer Prozess nötig, aber eine Öffnung der ohnehin nicht einzuhaltenden Schutzrechte könnte einen Ansatz zum Umgang mit der sich wandelnden Situation bieten.

Um eine differenzierte Freigabe von Urheberrechten und Entwicklungen, Werken oder Designs zu ermöglichen, gibt es in der Zwischenzeit verschiedene Modelle. Das älteste, aber immer noch weit verbreitete Modell, ist das GNU/GPL (General Puplic License), der von Richard Stallman gegründeten Free Software Foundation, unter dem auch Linux lizensiert ist. Wie oben beschrieben, ist GNU der Versuch von Richard Stallman, ein auf Unix basierendes Betriebssystem unter freier Lizenz einzuführen, die GPL gewährt jedermann die folgenden vier Freiheiten als Bestandteile der Lizenz[7]:

1. Das Programm darf ohne jede Einschränkung für jeden Zweck genutzt werden. Kommerzielle Nutzung ist hierbei ausdrücklich erlaubt.

immer schnellere Wettlauf zwischen den Raubkopierern und der Software-, Film- und Musikindustrie zeigt, dass es sich um ein Rennen handelt, das sich sowohl mit technischen Mitteln des Kopierschutzes, als auch mit rechtlichen Mitteln nicht mehr zugunsten der Industrie gewinnen lässt. Die Aufrechterhaltung des Schutzes ist zu einer Sisyphos-Aufgabe geworden. Kaum existiert der neue Schutz, ist er schon wieder gecrackt. Die Folge dieses Wettrüstens ist, dass die immer drastischeren Mittel, mit denen ein Kopierschutz temporär durchgesetzt wird, die Rechte der Benutzer immer weiter einschränken. So trat im Jahre 2003, in Deutschland eine Reform des Urheberrechtsgesetzes in Kraft, nach der es dem Verbraucher nicht mehr gestattet ist, eine Kopie für den Privatgebrauch eines mit einem Kopierschutz versehenen Produkts anzufertigen. Damit ist es einem Konsumenten nicht mehr möglich, die durchaus nicht für die Ewigkeit geschaffenen Daten auf einer gekauften CD/DVD für sich zu sichern.

Umgekehrt werden die strikteren Reglementierungen des Urheberrechts einfach nicht befolgt. So kommt die ganze Musikindustrie ins Wanken, weil der Vertrieb und der Schutz ihrer Produkte nicht mehr auf herkömmliche Weise zu bestreiten ist.

Die bevorzugte Strategie der Industrie in Reaktion auf die oben beschriebenen Entwicklungen besteht darin, an der althergebrachten Auffassung von Urheberrecht festzuhalten und ihre Rechte mit drastischen Mitteln durchzusetzen. Aber gerade durch diese Vorgehensweise, die momentan häufig praktiziert wird, ist eine Vielzahl von Menschen der Kriminalisierung ausgesetzt, ohne dass das eigentliche Problem eingedämmt werden könnte.

[7] vgl.: www.gnu.org, letzter Zugriff: 12.2009

2. Kopien des Programms dürfen kostenlos oder auch gegen Geld verteilt werden, wobei der Quellcode mit verteilt oder dem Empfänger des Programms auf Anfrage zum Selbstkostenpreis zur Verfügung gestellt werden muss. Dem Empfänger müssen dieselben Freiheiten gewährt werden – wer z. B. eine Kopie gegen Geld empfängt, hat weiterhin das Recht, diese dann kommerziell oder auch kostenlos zu verbreiten. Lizenzgebühren sind nicht erlaubt. Niemand ist verpflichtet, Kopien zu verteilen, weder im Allgemeinen, noch an irgendeine bestimmte Person – aber wenn er es tut, dann nur nach diesen Regeln.
3. Die Arbeitsweise eines Programms darf studiert und den eigenen Bedürfnissen angepasst werden.
4. Es dürfen auch die gemäß Freiheit 3 veränderten Versionen des Programms unter den Regeln von Freiheit 2 vertrieben werden, wobei dem Empfänger des Programms der Quellcode der veränderten Version verfügbar gemacht werden muss. Veränderte Versionen müssen nicht veröffentlicht werden; aber wenn sie veröffentlicht werden, dann darf dies nur unter den Regeln von Freiheit 2 geschehen.

Eine weitere prominente Variante ist die Creative Commons Lizenz, abgekürzt CC, die von einer Non-Profit-Organisation zur Verfügung gestellt wird. Im Gegensatz zur GNU/GPL bezieht sich diese Lizenz, obwohl ähnliche Inhalte verfolgt werden, nicht nur auf die Lizensierung von Software. Hier wird der Versuch unternommen, einem Autor mehr Alternativen zur Lizenzgebung zu eröffnen. Bisher hatte der Autor hauptsächlich die Möglichkeit, eine Veröffentlichung überhaupt nicht zu schützen oder sich alle Rechte daran vorzubehalten. Da die Erstellung von gültigen Lizenzverträgen jedoch nicht von ungeübten Personen ohne juristische Vorkenntnisse ausgeführt werden kann, bietet CC dem Lizenzgeber einfache Möglichkeiten, den Grad der Freigabe an die eigenen Bedürfnisse anzupassen. Den einzelnen Lizenzen wird der Grad der Freigabe aufgrund von Meta-Informationen deutlich erkennbar mitgegeben und kann anschließend von Suchmaschinen, aber auch jedem Nutzer leicht erkannt werden.

Diese Vorgehensweise soll die aufwändigen Einzelabmachungen mit den Lizenzgebern vereinfachen. Die Möglichkeiten der Freigabe sind dabei nach dem Baukastenprinzip aufgebaut. Es steht einem frei, die verschiedenen Einschränkungen und Freigaben zu kombinieren und dadurch zu einer Vielzahl verschiedener Arten der Lizensierung zu kommen. Trotzdem können bei Arbeiten, die zum Beispiel unter »Namensnennung und keine Bearbeitung« veröffentlicht werden, durchaus auch für einzelne Ausnahmen erweiterte Freigaben eingerichtet werden.

Für die Beweggründe, warum die CC Lizenz verwendet wird, gibt »CreativeCommons.de« noch andere Motive an. Diese reichen von einem einfachen Statement für freien Zugang zu den Kulturgütern über die Möglichkeit, dass Dritte die Chance haben, an den Entwürfen und Arbeiten weiterzuarbeiten bis hin zur »reziproken Vermehrung des Materialpools«, was heißen soll, dass oft auf bereits bestehendes Material für Collagen oder Samplings zurückgegriffen wird, das aber mit der teilweisen Freigabe von Lizenzen, die Möglichkeit besteht, etwas zu diesem »Materialpool« beizusteuern. Eine weitere nachvollziehbare Motivation, ist die rasche Verbreitung der eigenen Arbeiten durch ihre Freigabe zu unterstützen. Durch die einhergehende

Namensnennung des Urhebers kann so schneller ein größerer Bekanntheitsgrad erreicht werden. Diese Praktik ist ja aus der Wissenschaft bekannt, wo frei publiziert wird und die Wissenschaftler von dem Bekanntheitsgrad ihres Namens profitieren.

5
Sie entwickeln, wir kaufen

Die Idee, dass neue Produkte und Dienstleistungen immer von Firmen und Herstellern den Benutzern zur Verfügung gestellt werden, ist tief in unserem Denken verwurzelt. Wenn man Probleme oder Erwartungen an ein Produkt hat, denkt man oft, dass »sie« das verbessern oder entwickeln sollten. Auch die Begriffe »Verbraucher« oder »Konsument« implizieren, dass der Benutzer nicht aktiv am Prozess der Produktentwicklung teilnimmt, sondern das Bereitgestellte konsumiert.
Die scheinbare Loslösung der Kunden aus der Produktionskette ist noch nicht so alt wie man heute vielleicht annehmen möchte. Sie ist ein Kind der Industrialisierung. Es ist allgemein bekannt, dass eines der Hauptmerkmale der Industrialisierung darin lag, dass durch die maschinelle Produktion große Warenmengen mit weniger Arbeitskräften hergestellt werden konnten. Durch Werkzeuge, die schnell und in guter Qualität große Mengen herstellten, wurde die Spezialisierung der Maschinen und der Arbeitskräfte verstärkt. Das führte dazu, dass die Flexibilität der produzierenden Betriebe durch die Unflexibilität ihrer Werkzeuge und Maschinen stark eingeschränkt wurde. Da aber ein und das selbe Produkt in Massen produziert wurde, mussten es auch den Bedürfnissen einer großen Zahl von Konsumenten entsprechen. Die Benutzer divergieren jedoch stark in ihren Bedürfnissen und Anforderungen, so dass die Einführung von Standards nötig wurde, um eine grundlegende Kompatibilität zu erreichen. Walter Gropius kämpfte 1926 am Bauhaus in Dessau für die Einführung der damals nicht üblichen Standards »Die Schaffung von Typen für die nützlichen Gegenstände des täglichen Gebrauchs ist eine soziale Notwendigkeit«.[8] Kleidungsstücke bekamen standardisierte Maß-Kategorien, Einbauküchen Standardarbeitshöhen, Schuhe Standardgrößen usw. Dies ermöglichte ein höheres Niveau an materiellem Wohlstand, da durch die massenhafte Produktion die Kosten minimiert werden konnten und eine breitere Masse Zugang zu den Annehmlichkeiten der modernen Welt bekam. Doch selbstverständlich bedeutet einen Standard einzuführen, viele individuelle Möglichkeiten auszuschließen und damit ein Produkt zu schaffen, das den kleinsten gemeinsamen Nenner der Konsumenten befriedigt, also bei weitem nicht die optimale Lösung für jeden Einzelnen bedeutet. Trotz aller positiven Effekte auf die Entwicklung und die Lebensweise der Menschen in einer industrialisierten Gesellschaft wurde dadurch die Distanzierung des Konsumenten vom Produzenten vergrößert. Wo früher der Kunde mit seinen persönlichen Anforderungen, Bedürfnissen und Vorstellungen zum Schneider kam und sich seine angepasste Kleidung anfertigen ließ, muss der Kunde heute das Angebot der Läden durchforsten und

---

[8] Volker Fischer, Anne Hamilton, »Theorien der Gestaltung«, Verlag Form, Frankfurt am Main, 1999, aus dem Text: Walter Gropius; »Grundsätze der Bauhausproduktion« 1926

FREE DESIGN!

die gängigen Herstellungsmethoden wurde ebenfalls von Walter Gropius gefordert, auch wenn er zu seiner Zeit zu dem Schluss kam, dass die Standardisierung das beste Modell sei: »Nur durch dauernde Berührung mit der fortschreitenden Technik, mit der Erfindung neuer Materialien und neuer Konstruktionen gewinnt das gestaltende Individuum die Fähigkeit, die Gegenstände in lebendige Beziehung zur Überlieferung zu bringen und daraus die neue Werksgesinnung zu entwickeln.«[9]

Diese neue Werksgesinnung könnte in der heutigen Zeit die stärkere Einbindung des Konsumenten in den Produktionsprozess darstellen. Dabei könnten die von Gropius angesprochenen Materialien und Konstruktionen so gewählt werden, dass eine individualisierte Produktion möglich wird.

Einen weiteren Grund für die Anerkennung der Mündigkeit der Konsumenten zeigt Prof. Eric von Hippel[10] in seinen Forschungsarbeiten auf.

Er verdeutlicht, dass das »manufacturer-active paradigm«[11] unvollständig ist und kommt zu dem Ergebnis, dass ein großer Teil der Innovationen auf die Konsumenten entfällt. Laut seinen Studien schwanken die Innovationsaktivitäten, die auf die Ideen oder auf Prototypen der Nutzer zurückgehen, je nach Branche zwischen 20 und 80%.[12]

Selbst wenn man mit einem niedrigen Prozentsatz von 5 oder 10% der aktiven Benutzer rechnet, so ist das bei den Millionen von Konsumenten weltweit immer noch eine beachtliche Anzahl von Personen, die einen Beitrag zur Innovation der Produktwelt leisten.

Die so entstehenden Weiterentwicklungen sind laut von Hippel nicht immer die großen Entwicklungssprünge, nach Artikeln, die seinen Anforderungen und Vorstellungen entsprechen, suchen. Trotz des inzwischen unüberschaubaren Angebots aller Arten von Produkten kommt man, wie die meisten von uns wohl selbst schon erfahren mussten, oft in die Situation, dass nichts von dem, was man angeboten bekommt, mit den eigenen Vorstellungen übereinstimmt und dass viele Produkte auch nicht die Möglichkeit bieten, sie nach den eigenen Vorstellungen zu modifizieren. Um bei dem Beispiel der Bekleidung zu bleiben: Man kann zwar noch zu einer Änderungsschneiderei gehen, um Anpassungen machen zu lassen, aber die Kleidung von einem Schneider fertigen zu lassen ist so teuer, dass sich das nur wenige leisten können. Spätestens bei alltäglichen Elektronikprodukten oder Fertigungstechniken wie Spritzgießen ist die Möglichkeit des Anpassens an Kundenwünsche nicht mehr möglich, da diese nur bei höheren Auflagen erschwinglich sind.

Selbstverständlich sind Produzenten oder Dienstleister auf die Zufriedenheit der Kunden angewiesen. Deswegen bemühen sich Marketing-Strategen, Trendforscher und nicht zuletzt Designer, Lösungen zu finden, die möglichst die Bedürfnisse der Konsumenten voraussehen. Dass diese Methode jedoch nur teilweise befriedigend funktioniert, sieht man an den Unmengen von »flops« und der später noch ausführlicher dargestellten Menge an Innovationen, die nicht von den Firmen, sondern von den Benutzern ausgehen.

Mit neuen Produktionsmethoden und der Wiedereinbeziehung des Kunden in den Herstellungs- und Innovationsprozess besteht heute die Möglichkeit, angepasstere und flexiblere Produkte herzustellen als dies noch vor einigen Jahren möglich war. Die Möglichkeit der Anpassung an

---

[9] Volker Fischer, Anne Hamilton, »Theorien der Gestaltung«, Verlag Form, Frankfurt am Main, 1999, aus dem Text: Walter Gropius; »Grundsätze der Bauhausproduktion« 1926

[10] Professor Eric von Hippel leitet die Technological Innovation and Entrepreneurship Group an der MIT Sloan School of Management.

[11] »Der Hersteller ermittelt durch den Einsatz klassischer Marktforschungsinstrumente potenzielle Kundenbedürfnisse, transferiert diese Bedürfnisinformationen der Kunden durch eigene Anstrengungen oder formale Kooperationen mit Partnern in Lösungsideen und testet deren Akzeptanz und Potenzial iterativ in den nachfolgenden Innovationsphasen bis zur finalen Markteinführung der Leistung. Der Abnehmer wird als repräsentative statistische Durchschnittsgröße interpretiert. Ihm fällt die Aufgabe zu, Innovationsideen des Herstellers mit seinen Bedürfnissen abzugleichen und seine individuelle Nutzenfunktion zu artikulieren. Bedürfnisse des Kunden werden als latent (Bedürfnisinformationen) angesehen. Sie enthalten keine Anhaltspunkte, wie dieses latente Bedürfnis in eine Lösung überführt werden kann (Lösungsinformation). Über Lösungskompetenz verfügt ausschließlich der Hersteller bzw. sein formales Netzwerk an Partnern. Die Organisationsaufgabe (Koordination und Motivation) schließlich wird in diesem Innovationsnetzwerk klassisch durch hierarchische oder marktliche Koordinationsmechanismen gelöst.« vgl. Ralf Reichwald / Frank Piller, « Interaktive Wertschöpfung«, Gabler Verlag, 2006, S. 120

aber in der Summe sind auch diese auf ein Kumulieren von vielen kleinen Entwicklungen zurückzuführen, die meist nicht von den Produzenten, sondern von den Konsumenten eingeführt wurden. Das macht er an den Bereichen des Canyonings, Segelfliegens oder Behindertenradsports deutlich, in denen Großteile der Entwicklung und Einführung der Produktsparten durch sportbegeisterte Amateure getragen wurden. Für diese Leistung der Konsumenten sind aber auch weitere Sportbereiche wie Mountainbiking, Kaitsurfen oder Klettern, die sich heute großer Beliebtheit erfreuen und einen großen Markt bedienen, bekannt.

Das Phänomen ist nicht auf den Sport beschränkt, nach Adam Smith wurden auch die meisten Fertigungsmaschinen durch Beiträge und Einfälle von einfachen Arbeitern entwickelt[13], wie zum Beispiel Drehbank, Fräsen oder Kreissäge.

Von Hippel vertritt die Theorie der »Lead User«, welche besagt, dass es immer Benutzer gibt, die einem wichtigen Markttrend weit voraus sind und durch ihre Modifikation von bestehenden Produkten Bedürfnisse befriedigen, die später bei vielen anderen Benutzern auch bestehen. Dieser Begriff der Lead User ist mit dem Begriff der Avantgarde in der Kunst oder mit dem Begriff des Trendsetters zu vergleichen. Die Lead User haben des weiteren die Charakteristik, dass sie einen sehr großen Nutzen von der Weiterentwicklung bestimmter Produkte haben und diese deswegen in einer Weise verändern, die ihren Bedürfnissen am besten entspricht, was später für viele andere Konsumenten auch attraktiv ist.

Schwierig ist es herauszufinden, wer diese Lead User sind und es ist auch nicht gewährleistet, dass ihre Innovationen immer den Markttrends und Bedürfnissen von anderen entsprechen, da auch Experten nicht durchgehend gute Ergebnisse liefern. Es stellt sich die Frage, warum das Bedürfnis nach angepassten Produkten bei vielen Benutzern so hoch ist?

In vielen Bereichen haben Benutzer Bedürfnisse und Anforderungen an Produkte, die sich nur im Detail unterscheiden. Je größer die Heterogenität der Bedürfnisse der Benutzer ist, umso mehr steigt auch die Bereitschaft, für die Anfertigung eines genau passenden Produktes Geld zu bezahlen. Im Gegensatz dazu stehen die Anforderungen der in Masse fertigenden Firmen. Sie sind dazu gezwungen, Waren herzustellen, die für viele Benutzer von Interesse sind, damit sie ihre festen Kosten möglichst klein halten können. Was für die restlichen Benutzer, die nicht mit den Standardprodukten zufrieden gestellt werden können, bleibt, ist die Beauftragung von Firmen die ihnen diese angepassten Produkte entwickeln oder die Entwicklung oder Anpassung selbst in die Hand zu nehmen.

In einer Welt, in der Benutzer und Hersteller ihre Innovationen nicht teilen oder austauschen, werden Innovationen überflüssigerweise mehrfach stattfinden. Aber wie das Sprichwort sagt, »muss man das Rad nicht immer wieder neu erfinden«.

Obwohl Forschung und Entwicklung als die letzten Kerndisziplinen europäischer Unternehmen gelten, sind laut Prof. Dr. Ralf Reichwalt und Prof. Dr. Frank Pillar[14], 50% der neuen Produkte Flops, trotz aller Anstrengungen in Form von Marktforschung und Trendanalysen.

Der Futurologe Alvin Toffler wies in seinem 1970 erschienenen Buch »future shock«[15] darauf hin, dass die

12 vgl.: Eric von Hippel, »Democratizing Innovation«, MIT Press Verlag, 2006, Kapitel 2 Development of Products by Lead Users

13 vgl.: Eric von Hippel, »Democratizing Innovation«, MIT Press Verlag, 2006, S.21

14 vgl.: Ralf Reichwald / Frank Pillar, »Interaktive Wertschöpfung«, Gabler Verlag, 2006

15 vgl.: Alvin Toffler, »Future Shock«, Bantam Verlag, 1984

Grenzen zwischen Produzent und Konsument immer stärker verwischen. Wissen setzt sich als Basis der industriellen Wertschöpfung immer stärker gegen die alten Potentiale industrieller Wertschöpfung, menschliche Arbeitskraft und der Zugang und Besitz von materiellen Ressourcen, durch. Das ist ein logischer Schluss, weil Wissen im Prinzip von jedem beigesteuert werden kann und damit die durch Zugang zu Produktionsmitteln und Kapital festgelegten Grenzen zwischen Produzent und Konsument aufgelöst werden. In seinem 1980 erschienenen Buch »The Third Wave«[16] prägte Toffler deshalb den Begriff des »Prosumers«, um die Verbindung von »Producer« und »Consumer« zu verdeutlichen. Der Prosumer hat jedoch auch eine höhere Verantwortung als der Consumer, weil er als Teil der Produktion auch einen Teil der Verantwortung am Endprodukt trägt.

Im Gegensatz zu den klassischen Organisationsformen in einem Unternehmen, in dem Hierarchie und Koordination der Arbeit durch die Vorgesetzten strukturiert wird, praktizieren neue, offenere Unternehmen eine andere Form der Organisation der Arbeitsteilung. Die klassischen Mechanismen werden durch Selbstmotivation und Selbstorganisation der Mitwirkenden ersetzt. Dadurch kann jeder einen Beitrag in dem Bereich leisten, in dem er sich am besten auskennt oder über Wissen verfügt, das zur Problemlösung beitragen kann. Dazu müssen einige Grundvoraussetzungen erfüllt sein. Die Zugänglichkeit und Offenheit zu Informationen muss gewährleistet sein. Von Hippel unterstützt die schon im Text geäußerte Hypothese, dass das bestehende Patentrecht diese Voraussetzung deutlich einschränkt. Im Gegensatz dazu sind Open-Source-Projekte besonders leistungsfähig, da der freie Zugang zur Ressource Wissen durch die freiere Lizensierung gewährleistet ist. Um dieses Phänomen also nutzen zu können, muss wenigstens teilweise ein freier Zugang zu den Informationen, die zu Problemlösungen benötigt werden, gewährleistet sein. Außerdem ist die Motivation der Mitwirkenden von entscheidender Bedeutung, da sie ja den Hauptteil der Arbeit übernehmen.

Wie bereits von Eric S. Raymond (siehe oben) dargelegt, muss die Struktur schließlich auch so beschaffen sein, dass sie modular in möglichst kleine Teile zerlegt werden kann, um die Arbeit auf viele zu verteilen und zu gewährleisten, dass sich jeder nach seinem Können und Wissen einbringen kann. Heute erkennen immer mehr Firmen, dass die momentan noch gängige Struktur der Wertschöpfungskette nicht zwingend der einzige Weg zum Erfolg sein muss. Der enorme Erfahrungs- und Wissenspool über den die Konsumenten verfügen, wird erkannt und in die Entwicklung ihrer Produkte einbezogen. Dabei müssen die Produzenten nicht passiv bleiben und abwarten bis neue Innovationen von Benutzern an sie herangetragen werden, sondern können Mittel und Plattformen entwickeln, die den Konsumenten Möglichkeiten und Wege bieten sich aktiv mit ihrem jeweiligen Wissen in die Entwicklung einzubringen und sie so als »Prosumer« zu etablieren. Die Hersteller beschränken sich darauf, die Plattformen und die Koordination der Aktivitäten bereitzustellen, wobei ein Großteil der eigentlichen Arbeit von vielen Personen außerhalb des Unternehmens vorgenommen wird.

Hier wird eine große neue Aufgabe für Designer deutlich: Die Gestaltung dieser Plattformen, die die Schnittstellen zwischen »Konsumenten« und »Produzenten« darstellen

16 vgl.: Alvin Toffler, »The Third Wave«, Bantam Verlag, 1984

und damit den »Prosumer« erst ermöglichen. Diese Aufgabe müssen produzierende Unternehmen im Zusammenarbeit mit kompetenten Designern verwirklichen, da diese Schnittstellen essentiell sind und Kompetenzen im Interfacedesign, im Kommunikationsdesign, der Prozessgestaltung und im Produktdesign bedürfen, sie müssen benutzerfreundlich und attraktiv gestaltet werden, um zu funktionieren.

6
Warum mitmachen?

Der »American Dream« hat sich nach Richard Florida, Professor of Business and Creativity an der Rotman School of Management, University of Toronto, geändert. Früher ging es darum, Arbeit zu bekommen und viel Geld zu verdienen, heute wird eher auch die Qualität der Arbeit oder die Lebensqualität, die durch die erfüllende Arbeit erreicht wird, in den Vordergrund gestellt. Das ist auch einer der Gründe, warum, wie schon im vorigen Absatz besprochen, viele Menschen den Drang haben, kreativ tätig zu werden. Diese Kreativität ist für Florida auch in den wissenschaftlichen Bereichen zu finden und stellt in der von ihm in unserer Gesellschaft beschriebenen »kreativen Klasse« einen Großteil der Bevölkerung dar. Seit dem Beginn der Industrialisierung sinkt durch die fortlaufende Automatisierung und Rationalisierung der Bedarf an Arbeitskräften. Damit entsteht immer mehr Raum für Menschen in der Forschung und den sogenannten kreativen Berufen. Es ist eine Qualität unser Zeit, dass nicht nur das sture Abarbeiten von routinierten Prozessen verlangt wird. Negativ daran ist, dass sich viele Menschen in die erzwungene Arbeitslosigkeit oder Teilbeschäftigung gedrängt fühlen. Dass diese Freiheit jedoch auch die Möglichkeit bietet, sich frei in offenen Projekten je nach Möglichkeiten oder Vorlieben einzubringen, ist eine Perspektive, die neue Arbeitsmodelle und Erfüllungen verspricht.

Fakt ist, dass, auch wenn immer weniger Menschen durch die Automatisierung in den Fertigungsprozess als klassische »Arbeiter« eingebunden sind, die Wertschöpfung trotzdem vollzogen wird. Das heißt, es wird ein hoher Gewinn in unseren westlichen industrialisierten Gesellschaften erwirtschaftet. Das Problem liegt eher in der Verteilung dieser Gelder. Die kontrovers diskutierten Varianten eines Grundgehalts für jeden, beschreiben einen solchen, aus meiner Sicht durchaus interessanten, Umgang mit der beschriebenen Situation. Das Potential an Teilnehmern, die sich an der Generierung der immer wichtiger werdenden Ressource Wissen beteiligen können, ist also besonders in automatisierten, industriellen Gesellschaften hoch.

Dass die Motivation, an einem interessanten Projekt teilzunehmen, groß ist, auch wenn der materielle Profit daran relativ gering ausfällt, wird an Studien deutlich, die von Hippel in seinem Buch »Democratizing Innovation« zitiert. Diese beschäftigen sich mit der Motivation zu einer unentgeltlichen Teilnahme an Open-Source-Projekten. Teilnehmer, die für ein solches Projekt Codes geschrieben haben, wurden dort zu ihren Gründen für die Teilnahme befragt.

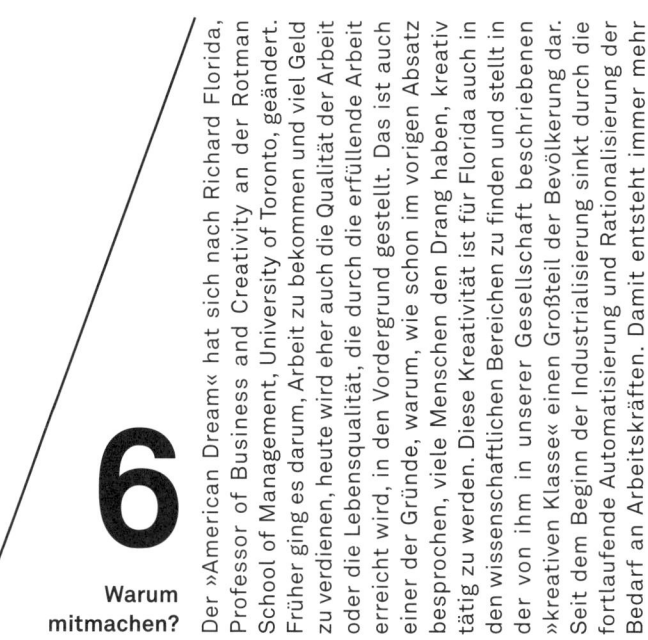

Von den Befragten gaben 45% an, dass einer ihrer Hauptgründe intellektuelle Stimulation war. 41% sagten aus, dass sie damit ihre eigenen Programmierfähigkeiten verbessern wollten und für 61% war die Teilnahme an dem Open-Source-Projekt eine kreative Erfahrung. Zusammenfassend kann man sagen, dass die Benutzer, die Innovationen einbringen, vom Prozess genauso profitieren wie vom Ergebnis.

Arbeiter in Firmen haben oft das Bedürfnis, diese Art der Belohnung durch ihre Arbeit zu erfahren oder die »Kontrolle« über ihre eigene Arbeit zu haben, aber bekommen nicht die Chance dazu von ihren Vorgesetzten. Diese Motivation geben viele Programmierer, laut von Hippel, als einen Grund an, neben ihrer Arbeit noch an Open-Source-Projekten teilzunehmen, ohne dafür bezahlt zu werden. Das muss aber nicht heißen, dass Open-Source- oder Open-Design-Projekte unentgeltlich ausgeführt werden müssen. Wie schon oben beschrieben, steht das »free« in »free software«, für die Freiheit im Umgang mit dem Produkt und dem freien Zugang zu den Quellen, nicht für »kostenlos«.

Ein gängiger Weg, mit Open-Source-Projekten Geld zu verdienen, liegt darin, die grundlegenden Produkte umsonst bereit zu stellen, aber die Dienstleistungen, die im Zusammenhang mit diesen stehen, vom Kunden bezahlen zu lassen. Also individuelle Anpassungen, die Betreuung und Beratung zu diesen Produkten, werden kundenspezifisch ausgeführt und in Rechnung gestellt. Auch Modelle, bei denen die Finanzierung auf freiwilliger Spendenbasis gehandhabt wird, sind zu finden. Im Ganzen lässt sich sagen, dass bei einer vollzogenen Wertschöpfung, dieser Wert auf die eine oder andere Weise gerecht verteilt werden muss, da sonst Spannungen auftreten, die der positiven Entwicklung einer Gesellschaft entgegen stehen.

7

Pioniere

Bisher wurde die offene und freie Bearbeitung von Projekten theoretisch diskutiert. Wie sich diese jedoch in der Praxis der wenigen momentan laufenden Open-Design-Projekte darstellt, soll an ausgewählten Beispielen gezeigt werden. Die hier aufgeführten Arbeiten erheben keinen Anspruch auf Vollständigkeit, bilden aber durch ihre verschiedenen Herangehensweisen und die unterschiedliche Einbeziehung dritter einen Anhaltspunkt, wie momentan die Open-Source-Idee in den Entwurf materieller Objekte umgesetzt wird.

Das wohl bekannteste Open-Design-Projekt, das eine enorme Presseaufmerksamkeit auf sich zieht, heißt Oscar und steht für Open-Source-Car. Es ist ein ambitioniertes Projekt, das maßgeblich von Markus Mertz, der vorher bei BMW angestellt war, ins Leben gerufen wurde. Schon beim ersten Anlauf gab es im Januar 2001 über eine halbe Million Zugriffe auf die Seite www.theoscarproject.org. Ziel des Vorhabens ist es, das Auto sozusagen »neu zu erfinden«. Laut Markus Mertz ist das Auto, wie wir es heute kennen, am Ende. Er geht davon aus, dass etwas Neues kommen wird und muss.

Das Oscar soll ein robustes, praktisches Auto sein, das sich von der, durch die Automobilindustrie propagierten, »emotionalen Aufladung« befreit. Es soll laut Mertz ein Innovationsträger für neue Technologien und unkonventionelle Lösungen sein und eine ökologisch nachhaltige Form der Mobilität darstellen.

Von vielen wird dieses Vorhaben als unrealistisch abgetan und es bleibt abzuwarten wie sich der inzwischen zweite Anlauf des Oscar-Projekts entwickeln wird. Aber mit dieser kritischen Einschätzung wurden auch die Vorbilder in der Open-Source-Software Szene konfrontiert. Es will einiges heißen, dass die in der Krise gekommene Automobilindustrie das Vorhaben zwar argwöhnisch, aber doch mit großem Interesse verfolgt. Hier registrierte man beim ersten Projektstart die Automobilhersteller mit knapp 12000 Besuchen von BMW.de und 6500 von daimler-benz.com, aber auch die Mitarbeiter von Audi, Volkswagen, Porsche und Ford auf der Oscar- Seite. Oscar soll nicht nur neue Wege in der Automobilherstellung weisen, die sich die etablierten Hersteller nicht zu beschreiten trauen, sondern auch das erste Auto sein, das ausschließlich über das Internet entworfen wird. Noch reizvoller als das Thema Automobil ist für Mertz der Open-Source-Ansatz, dass also »Menschen gemeinsam an Produkten arbeiten, die sie brauchen, die nach ihren Bedürfnissen gestaltet sind«[17]. Sollte es Oscar nicht auf die Straße schaffen, so wird es zumindest eine »Sensibilisierung der Tool-Landschaft erreichen, die sich dann für vielleicht weniger komplexe Kollaborationen einsetzen lässt. Das werden wir sicher schaffen.«[18]

Mit dieser vorsichtigen Einschätzung bringt Mertz die vielleicht wichtigste Leistung des Oscar-Projekts auf den Punkt. Die momentane Open-Design-Szene bedarf der Erfahrungen im Aufbau von Projekten, die über das Internet bearbeitet werden. Besonders für den Bereich des Produkt-Design und Engineering müssen Standards im Austausch und der Bewertung von CAD-Daten so wie anderer Darstellungsarten etabliert werden. Die Erfahrungen die in diesem Projekt unabhängig vom Ergebnis gewonnen werden, können einen wichtigen Beitrag für die Bearbeitung von kommenden Open-Design-Projekten leisten.

Ein Beispiel mit einer anderen Strategie kommt aus der Modebranche: Das Unternehmen Threadless aus Chicago verkauft im Jahr mehr als 50 000 bedruckte T-Shirts. Dabei besteht es hauptsächlich aus einer Internet Plattform, auf die eigene Entwürfe gestellt werden können. Anschließend werden die Entwürfe von den Teilnehmern bewertet und dadurch Favoriten ermittelt. Von diesen werden pro Monat drei bis vier wirklich produziert. Die Teilnehmer stellen ihre Entwürfe unentgeltlich zur Verfügung, nur die ausgewählten bekommen für ihren Entwurf 2000 $. Die T-Shirts werden anschließend für 18 $ verkauft. Trotzdem fühlen sich die Teilnehmer offensichtlich nicht ausgenutzt, sondern nehmen gerne und in großer Zahl an diesem System teil. Sie bringen laut Prof. Dr. Frank Piller darüberhinaus viele Vorschläge zur Optimierung der Internetplattform oder der Kommunikation ein. Die Firma Threadless beschränkt sich auf die Bereitstellung der Internet- und Kommunikations-Plattform, die Honorierung der ausgewählten Entwürfe und die Produktion und Distribution der Produkte.

Eine ähnliche Strategie verfolgt das Europäische Unternehmen Spreadshirt, wobei dort die Prämierung von

17 vgl.: Markus Honsig, »Das offenste aller Autos«, Zeitschrift: Technology Review 02/2006

18 vgl.: Markus Honsig, »Das offenste aller Autos«, Zeitschrift: Technology Review 02/2006

Entwürfen verzichtet wird, sondern vielmehr alle Entwürfe online gestellt werden können. Diese Art der Einbeziehung der Konsumenten unterscheidet sich grundlegend von der Methode, die beim Oscar-Projekt verfolgt wird. Hier wird eine Vielzahl einfach zu verwirklichender Produkte von einer Firma produziert. Obwohl die Projektbearbeitung ähnlich offen ist, wird beim Oscar-Projekt von vielen an einem Entwurf gearbeitet. Das macht die oben beschriebene Bündelung der Information ungleich schwieriger.

Auf dem Sektor der menschlichen Prothesen gibt es ein weiteres junges, viel versprechendes Projekt namens »Open Prosthetics«, in dem versucht wird, innovative Prothesen zu entwickeln und herzustellen. Der komplette Prozess und die Kommunikation werden wie beim Oscar-Projekt offengelegt und von allen Partizipierenden vorangetrieben. Prothesen eignen sich besonders für diese Art der Entwicklung, da die Konsumenten in diesem Bereich besonders individuelle und spezielle Anforderungen haben und eine Minderheit sind, die auf der ganzen Welt verteilt doch eine große Anzahl von Personen darstellt. Die Kommunikation und der Austausch über das Internet können hier also besonders sinnvoll genutzt werden, da die Nutzer der Prothesen auf die individuelle Anpassung und Weiterentwicklung der Produkte angewiesen und oftmals ohnehin sozial wie materiell benachteiligt sind. Viele Personen die eine Prothese benötigen, sind durch Kriege invalide geworden und besonders in Krisengebieten auf den preiswerten Bezug von guten Prothesen angewiesen. Auf dieser Plattform können also Entwickler und Nutzer weltweit im Entwicklungsprozess zusammenarbeiten und in enger Kooperation zu sinnvollen Lösungen kommen.

Dabei unterteilt sich das Projekt in verschiedenste Kategorien, in denen Möglichkeiten des Prototypenbaus für den Prothesenentwicklungsprozess aber auch Fertigungsmethoden und Steuerungen untersucht werden.
So sind hier Entwicklungsbaukästen und Anleitungen für komplexe Prothesen bereitgestellt worden, die teilweise nur mit Standard-Legobausteinen auskommen. Aber auch Herstellungsverfahren mit modernstem Rapidprototyping werden untersucht, die einen hohen Grad an Individualisierung zulassen. Trotz des ernsten Themas scheint die Entwicklung ambitioniert und humorvoll abzulaufen, was am Titel der Entwicklungskategorie »pimp my arm« deutlich wird.

Ein Gebiet, in dem traditionell der offene Austausch der Projektbearbeitung vollzogen wird, ist die Küche, auch wenn es laut »www.opensourcefood.com« ein ungeschriebenes Gesetz ist, dass man den Chefkoch in einem Restaurant nicht nach der genauen Zubereitung der verkosteten Speisen fragt. Der Austausch von Kochrezepten ist seit jeher kollaborativ, auf einer dem Open-Source-Prinzip ähnlichen Art und Weise von Hausfrauen und Hausmännern und Profiköchen praktiziert worden. Hier wurde schon immer modifiziert, weitergegeben und wieder den persönlichen Bedürfnissen angepasst ohne sich mit Patenten oder Geschmacksmustern absichern zu müssen.
Die Plattform »opensource food« bietet hier unter vielen anderen Plattformen dieser Art, eine Möglichkeit den Austausch in neuer Qualität zu praktizieren und erfreut sich großen Zuspruchs. Die Rezepte werden oft unter der Creative Commons Lizenz veröffentlicht und bewertet.
An diesem Beispiel ist auch deutlich zu sehen, dass, obwohl jeder sein eigenes Süppchen kocht und seine

Rezepte offen tauscht, der Beruf des Kochs, der eine besonders qualifizierte Leistung anbietet, nicht an Relevanz verloren hat.

Neben dem Bereich des Essens, gehört auch das Produzieren von Getränken nach Open-Source-Vorbild zu den Vorreitern der Bewegung. Das noch kleine Open-Cola-Projekt ist interessant, weil hier das Cola-Rezept frei zur Verfügung steht und zur freien Bearbeitung offen ist. Das steht im krassen Gegensatz zum Coca-Cola-Rezept, das zu den am besten gehüteten Geheimnissen der Welt zählen dürfte.

Zu den humorvollen, aber doch etablierten Vertretern der Open-Source-Getränke gehört auch Free Beer. Es ist ein Projekt, das ursprünglich von dem dänischen Künstlerkollektiv Superflex in Zusammenarbeit mit der Kopenhagen IT University enwickelt wurde. Die Idee entstand daraus, die Vorgehensweise von freier Software auf ein materielles Produkt zu übertragen. Free Beer ist nach dem traditionellen Bierbrauverfahren hergestellt, aber zusätzlich mit Guarana versetzt, um eine anregende Wirkung zu erreichen. Das Bier und das Branding des Biers werden unter einer CC Lizenz veröffentlicht, was heißt, dass jeder das Rezept benutzen und modifizieren kann, es dann aber unter der gleichen Lizenz veröffentlichen und die Urheber nennen muss. Free Beer ist momentan in der Version 3.0 bei dansk mikrobryg zu erhalten. Eine Version 3.3 hat Copyshop Knoxville in Tennessee in Kooperation mit everything mushrooms abgefüllt, die das Rezept mit Pilzen verfeinert haben. Außerdem braut jetzt Cervejaria Germanica Free Beer Version 3.4 in Sao Paulo. Aber auch auf verschiedenen Ausstellungen wird Free Beer angeboten. Leider ist das Bier noch nicht in Deutschland erhältlich, kann aber bei Dansk mikrobryg über das Internet bestellt werden.

Richard Stallman, hat wie schon erwähnt in seiner Beschreibung von Free Software den Satz »Free software is a matter of liberty, not price. To understand the concept, you should think of free as in free speech, not as in free beer.« geprägt. Auf der Free Beer Webseite gab das Anlass zu Wortspielen, da das »free« in Free Beer ja hier wie in free speech zu verstehen ist. So kann man dort zum Beispiel lesen: »Its free as in free beer, but not as in free beer.«

Zusammenfassend lässt sich über die vorgestellten Projekte sagen, dass sich alle noch in einem relativ frühen und größtenteils experimentellen Stadium befinden. Ambitionierte Projekte wie Oscar, aber auch die teilweise etwas hilflos wirkenden Versuche, Open-Design-Plattformen zu etablieren, haben noch mit Schwierigkeiten zu kämpfen, wobei man ihnen fairer Weise zugute halten muss, dass es sich um Pioniervorstöße handelt, die sich auf noch unergründetem Terrain vorwärts tasten.

Es stellt sich die Frage, warum das zwar noch junge Open-Design mit mehr Schwierigkeiten zu kämpfen hat, als die schon etablierte Open-Source-Software oder lässt sich das Prinzip doch nicht so einfach ins räumliche Design übertragen?

8
Virtuell, materiell

Eine der größten Herausforderungen beim Open-Design steckt in der Frage, wie die Daten und Ideen, die in den eben beschriebenen Projekten generiert werden, aus der virtuellen Welt der Computerdaten und des Internets aus dem Rechner kommen, um sich in materiellen Objekten zu manifestieren. Hier liegt auch einer der entscheidenden Unterschiede zum bisher stimmigen Vergleich der Vorgehensweise bei Open-Source-Software.

Der Erfolg der Open-Source-Software begründet sich hauptsächlich auf der weiten Verbreitung des Personal Computers. So kann jeder durch die Anschaffung eines billigen PCs und eines in den Industrienationen fast überall verfügbaren Internet-Zugangs an der Entwicklung und Nutzung dieser Art von Software teilnehmen.

Hierbei stellt der Computer sowohl die Plattform zur Entwicklung, Modifikation aber auch Nutzung der Software zur Verfügung. Das Problem wird aber schon durch das Wort »Software« deutlich. Ihr gegenüber steht die »Hardware«, die sich durch ihre Materialität von der virtuellen Welt der Bits und Bytes unterscheidet.

Der Computer als Datenverarbeiter stellt eine hochflexible Plattform dar, die auf der Ebene der Programmverarbeitung jede beliebige Form annehmen kann. Er kann ein Zeichenbrett, eine Schreibmaschine, ein Hochleistungsrechner, ein Fernseher, eine Stereoanlage und vieles mehr sein. Auf der Ebene der Datenverarbeitung lässt sich so fast jede Art der Anwendung, solange sie in mathematische Funktionen übersetzt werden kann, annehmen.

Bei der Ausgabe der Daten wird das Problem schon deutlicher. Heute ist fast jeder PC mit einem Bildschirm ausgestattet, der auf visueller 2-dimensionaler Ebene die verschiedensten Zustände annehmen kann und somit vieles, was sich 2-dimensional darstellen lässt, darstellen kann. Auch der Drucker bietet die Möglichkeit die virtuellen Daten in ein materielles flaches Bild zu übersetzen, das sich jeder erschwinglich bis zum A3-Format zu Hause erstellen kann.

Möchte man jedoch in der Herstellung eines Objekts die 2. Dimension verlassen und ein 3-dimensionales Gebilde erstellen, gestaltet sich die Situation ungleich schwieriger. Die hier gängigen Verfahren sind teurer und erfordern oft hochspezialisiertes Wissen. Nur ein kleiner Teil der angewendeten Produktionsverfahren lässt überhaupt eine sinnvolle, erschwingliche Fertigung für Kleinserien oder Einzelstücke zu. Spätestens bei gängigen industriellen Verfahren wie Spritzgießen sind die Kosten so hoch, dass sie nur für große Stückzahlen Anwendung finden können.

Auch wenn die Benutzer oder Konsumenten sinnvollerweise in den Entwicklungsprozess einbezogen werden und die Daten für diese Produkte frei für jeden zugänglich sind, benötigt man letztendlich den Zugang zu Produktionsmitteln, um Entwürfe aus ihrer Immaterialität zu befreien und in materielle Objekte umzusetzen.

Einen Ansatz zur Lösung dieses Problems bietet die durch die Vernetzungsmöglichkeiten des Internets zu neuem Leben erweckte »Do it your self«-Gemeinde. Hier werden

Erfahrungen, Bezugsquellen, Anleitungen und Methoden zur Heimproduktion von verschiedensten Gegenständen frei getauscht und gemeinschaftlich weiterentwickelt. Die neuen Entwicklungen und Projekte dieser Szenen sind hoch interessant, taugen jedoch nicht zur massiven Verbreitung, da ein großes Budget an Zeit, Motivation und technischem Verständnis mitgebracht werden muss, um zu Ergebnissen zu kommen.

Sucht man in den herkömmlichen Methoden der Produktion, findet man auch einige, wie Blechbiegen oder Drücken, die sich zumindest durch Drittanbieter in kleinen Serien bewerkstelligen lassen. Grundsätzlich kann man feststellen, dass die traditionellen Herstellungsverfahren, die im manufakturellen und handwerklichen Bereich verwendet werden, auf bezahlbare, kleinere Stückzahlen ausgelegt sind, und noch Möglichkeiten bieten um, wenn auch teurer, eigene Entwürfe zu verwirklichen.

In den existierenden Projekten wird unterschiedlich mit dieser Herausforderung umgegangen. Die Strategien beginnen am einen Ende mit dem Einfluss der Benutzer auf die Entwicklung von neuen Produkten, bei der die Fertigung jedoch traditionell in der Hand von großen spezialisierten Unternehmen bleibt und somit nach der Entwicklung in der Herstellung nur eine minimale Flexibilität ermöglicht, über modulare Baukastensysteme, die zumindest im Rahmen des Baukastens mögliche Kombinationen und Anpassungen zulassen, bis hin zu modernen Verfahren wie lasercutten, die individuelle Einzelstückanfertigungen ohne zusätzliche Werkzeugkosten ermöglichen.

Bei der Beschäftigung mit diesem Thema liegt das aus den 1980er Jahren stammende Bild des Replicators aus der zweiten Staffel der Science-Fiction-Serie Raumschiff Enterprise nahe, welcher der Besatzung in Sekunden genau das herstellt, was ihr gerade in den Sinn kommt. Diese Art der Produktion wäre geradezu ideal, da sie wie heute der 2-Dimensionale Ausdruck am Computer höchste Flexibilität und an individuelle Bedürfnisse angepasste, jederzeit veränderbare Gegenstände ermöglicht. Dieser Utopie ist man heute durch die Verfahren des rapid-prototyping, rapid-manufacturing und rapid-tooling schon deutlich näher gekommen. Da sich diese Verfahren und das Potential, das sie für die Zukunft bergen, für die Verwirklichung von Open-Design-Projekten anbieten, soll hier ein kurzer Überblick über die entstehenden und bestehenden Verfahren gegeben werden.

Die Entwicklung dieser »Rapid« Verfahren (rapid-prototyping, rapid-manufacturing, rapid-tooling) [19] entstand in den 1980er Jahren und entsprang dem Wunsch die damals schon gängigen CAD-Daten [20] schnell in materielle Objekte verwandeln zu können, um im Prototypenbau die aufwendigen, langwierigen und teuren konventionellen Herstellungsverfahren umgehen zu können, die eben hauptsächlich in der Massenfertigung rentabel, im Prototypenbau aber sehr kostspielig sind.

Der Wunsch nach billigen einfachen Produktionsmethoden für Einzelstücke entspricht genau den Anforderungen, die weiter oben als wünschenswert für individuelle Anfertigungen in Open-Design-Projekten dargestellt wurden, wenn auch aus einer anderen Motivation heraus.

Die Umwandlung der Steuerung von herkömmlichen Drehbänken oder Fräsen, weg von manueller Bedienung nach technischen Zeichnungen, hin zur digitalen Steuerung nach am Computer definierten Datensätzen, in der indus-

19 Rapid prototyping, sind generative Verfahren, die CAD Modelle ohne Handarbeit in Material umsetzen und damit einen schnellen Prototypenbau ermöglichen. Rapid manufacturing ist der Einsatz der rapid prototyping Verfahren zur Erstellung von Serien oder Kleinserien, nicht nur für Prototypen, sondern zur eigentlichen Produktion. Rapid tooling bezeichnet den Einsatz dieser Verfahren zur Herstellung von Werkzeugen, die damit sehr schnell erstellt werden können und als Grundlage von herkömmlichen Produktionsmethoden dienen.

20 CAD (Computer Aided Design) ist die gängige Bezeichnung für rechnerunterstützte Konstruktion.

triellen Fertigung, haben die analog gesteuerten Drehmaschinen und Fräsen völlig ersetzt. Trotzdem war man bei diesen subtraktiven Verfahren, bei denen mit einem Werkzeug Material von einem Rohling entfernt wird, noch immer in der Geometrie der Bauteile an die technischen Möglichkeiten des Herstellungsprozesses gebunden. Das ist natürlich auch bei den additiven rapid-prototyping Verfahren, in denen schichtweise Material hinzugefügt wird, nicht anders, aber der Grad der Freiheit steigt enorm, da sich prinzipiell jede beliebige Geometrie erzeugen lässt, ohne dass die Eigenheiten der Produktionsmaschine beachtet werden müssen.

Die Grundlage der erzeugten Modelle basiert auf einem am Computer generierten CAD-Modell, das mithilfe einer CAD-Software erstellt wird. Es wird eine beliebige Geometrie im Programm eindeutig beschrieben. Nach dieser Vorgabe erzeugt anschließend die rapid-prototyping Maschine ein materielles Abbild. Die Methoden, nach denen dieses Modell aufgebaut wird, sind unterschiedlich. Eine gängige Methode ist das selektive Lasersintern, bei dem dünne Schichten eines Materialpulvers auf einen Arbeitsbereich aufgetragen werden. Dabei können die verschiedensten Materialien verwendet werden, sie müssen nur thermoplastisch sein. Schicht für Schicht wird dann von einem Laser das Materialpulver zusammengeschmolzen und so ein zusammenhängender Körper erzeugt, der aus dem Arbeitsraum der Maschine herausgenommen werden kann. Bei der Verwendung von Metallpulver können mit dieser Methode hochfeste, gebrauchsfertige Teile wie Zahnräder oder Zylinderköpfe für Motoren erzeugt werden. Aber auch Kunststoffe mit den verschiedensten Eigenschaften, elastisch, plastisch, in verschiedenen Härtegraden, können so verarbeitet werden. Da mit solchen Verfahren eben nicht mehr nur Prototypen hergestellt werden können, sondern auch Kleinserien, spricht man in der Zwischenzeit auch vom rapid-manufacturing.

Bei anderen Verfahren wie dem Stereolithografie-Verfahren, werden zwei Laserstrahlen auf einen Punkt in einem Kunstharzbecken fokussiert und härten das Harz an der betreffenden Stelle aus. So entsteht wiederum Punkt für Punkt ein Abbild des Computermodells. Auch dieses Verfahren kann Kunststoffteile in hoher Auflösung und mit verschiedenen Eigenschaften erzeugen.

Eine dritte, weit verbreitete Technik ist 3D-Drucken. Wie beim Tintenstrahldrucker, wird tröpfchenweise aushärtendes Material appliziert und das wiederum Schicht für Schicht. Somit wächst langsam ein räumlicher Gegenstand, bei dem allerdings, im Gegensatz zu den vorher beschriebenen Verfahren, Stützkonstruktionen mitgedruckt werden müssen, damit im Konstruktionsprozess freistehende Teile oder die gesamte Konstruktion nicht umfallen können. Diese Stützen werden nachträglich entfernt. Mit diesem Verfahren können verschiedene Kunstharze und Thermoplaste, aber auch Schokolade verarbeitet werden.

Diese Art der Herstellung findet immer mehr Eingang in die verschiedensten Bereiche. So werden medizinische Implantate, Design- und Architekturmodelle, Maschinenteile, Prototypen und vieles mehr heute auf diese Weise hergestellt.

In der Zwischenzeit steht auch immer mehr freie Software zur Verfügung, um CAD-Daten zu erzeugen, auch wenn diese noch hinter den Leistungen der proprietären Soft-

Branchen nur eine Milliarde Euro aus, was im Bereich der neuen Technologien vergleichsweise wenig ist. Die Branche schafft es noch nicht, die nötigen Stückzahlen abzusetzen, um die Geräteentwicklung voranzutreiben und den Stückpreis deutlich zu senken.

Der Vergleich mit der frühen Computerindustrie liegt nahe. Als in den 1970er Jahren der Computermarkt noch von extrem teuren, großen Mainframe Rechnern dominiert war, konnte sich kaum einer vorstellen, dass es möglich sein könnte, eines Tages Computer im Taschenformat und zu erschwinglichen Preisen anzubieten. Das verdeutlichen die inzwischen berühmt gewordenen Zitate von Experten, deren Fehleinschätzungen heute noch belächelt werden.

Thomas Watson, der Chairman von IBM prognostizierte im Jahr 1943: »I think there is a world market for maybe 5 Computers.« Und die Zeitschrift »popular mechanics« publizierte im Jahre 1949: »Computers in the future may weight no more than 1.5 Tons«. Nicht zuletzt vermutete Kennet Olsen von der »Digital Equipment Corporation« noch im Jahre 1977: »there is no reason anyone would want a Computer in the home«.[21]

Der eigentliche Durchbruch des Computers kam eben erst mit der Einführung von preiswerten Home-Computern. Die Zitate zeigen aber auch wie unerwartet das Potential einer Entwicklung durch die richtigen Änderungen freigesetzt werden kann.

Dasselbe Potential könnte auch in der Entwicklung der Heimfabrik oder des Fabber stecken. Die Annahme ist einfach, wenn man es schafft auf die Spirale der Entwicklung aufzuspringen, indem man erst einmal kleine, billige Maschinen zur Verfügung stellt, dann kann sich das

ware zurückbleibt. So ist die erhältliche freie CAD-Software wie »blender« schon geeignet, komplexe Projekte zu bearbeiten und auch kostenlose proprietäre Software wie »alibre express« kann die Voraussetzungen einer frei zugänglichen Plattform erfüllen und die erstellten Daten für alle zugänglich machen.

Der Erste, der in dieser Technologie mehr als nur eine Rationalisierung im industriellen Prototypenbau sah, war Marshal Burns. Seit den 1990er Jahren propagiert er die Heimfabrik für jedermann, die er »fabber« nennt. Dieses Modell der Heimfabrik erscheint vor dem Hintergrund der Industrialisierung besonders interessant, da sie im völligen Gegensatz zur bisherigen Entwicklung, die Umkehrung in ein dezentrales System vorschlägt. Diese Maschine soll wie der Replicator im Raumschiff Enterprise, einen Haushalt mit allen nützlichen Gegenständen wie Geschirr, Zahnbürsten und anderen Alltagsgegenständen versorgen. Burns sah schon im Jahr 2008 viele Familien mit einer solchen Maschine ausgestattet.

Doch bisher hat sich diese Technologie noch nicht für den Privatgebrauch durchsetzen können. Ist die Idee des Fabber also doch nur eine Fiktion wie der Replicator? Das Problem liegt weniger im Potential der Technologie als am Preis. Heute liegt der Preis einer rapid prototyping Maschine zwischen 20000 und 500000 Euro. Das ist deutlich zu teuer für eine nicht zur kommerziellen Nutzung gedachte Anschaffung. Und dabei sind die laufenden Kosten nicht mitberechnet. Die Druckköpfe, das zu sinternde oder druckende Material und die Wartung verursachen noch einmal erhebliche Kosten. Zur Zeit macht laut Rudolf Meyer von der »Fraunhofer-Allianz Rapid Prototyping« der weltweite Jahresumsatz der gesamten

21 vgl.: Christian Wurster, »Der Computer. Eine illustrierte Geschichte«, Taschen Verlag, Köln, 2002

Potential, das in der Technologie steckt entfalten und macht die Maschinen dadurch von selbst leistungsfähiger, billiger, besser und weiter verbreitet.

In der Zwischenzeit ist es normal, dass jeder seine eigene CD Produktion, seine eigene Druckerei oder sein eigenes Musikstudio zu Hause haben kann (desk top publishing / home recording), warum sollten diese Möglichkeiten nicht auch für die Produktion von räumlichen Objekten möglich sein?

Der Mitbegründer des Fabricator-Projekts RepRap, Adrian Bowyer, hält die Technik für wesentlich markttauglicher als sie von der Industrie im Moment dargestellt wird. Er sieht den Flaschenhals der Entwicklung in den Patenten der Industrie, die eine freie Weiterentwicklung blockieren und die Kosten künstlich hoch halten. Er ist der Meinung, dass viele der Maschinen nicht so kompliziert sind, als dass man sie nicht preiswerter produzieren könnte.[22]

Den ersten großen Vorstoß hin zu billigen, kleinen Heimgeräten unternehmen zur Zeit die beiden Projekte »Fab@home« an der Cornell University mit seinem »fabber« und das Britische »RepRap« Projekt von Adrian Bowyer, Ingenieur an der Universität von Bath. So kostet der von fab@home Projekt entwickelte personal fabricator nur noch 2000 Euro und kann von jedem mit einfachem Werkzeug wie Schraubenzieher und Lötkolben zusammengebaut werden. Er kann schon mit verschiedensten Materialien wie Kunststoffen, Silikon, Knetmasse aber auch Schokolade betrieben werden und bietet damit ein breites Experimentierfeld. Das Parallelprojekt »RepRap« verfolgt eine weitere Strategie, um für eine große Verbreitung der Maschine zu sorgen. So steht der Name RepRap für self-replicating rapid prototyper und kann wichtige Teile seiner Konstruktion selbst herstellen, wenn auch Elektronikkomponenten und Standardteile zugekauft werden müssen. Der Versuch, eine Maschine zu erstellen, die sich selbst vervielfältigen kann, ist vielversprechend. Der Bausatz für einen RepRap kostet schon heute nur 400 Euro. Noch bleibt die Qualität dieser billigen Heimfabriken weit hinter den teuren Profimaschinen zurück, doch durch den breiten Zugang zu diesen sind schon jetzt viel mehr Personen mit der Weiterentwicklung der Technik beschäftigt, als noch vor einigen Jahren. Das lässt hoffen, dass schon bald fortgeschrittene billige Maschinen für den Heimgebrauch erhältlich sein werden.

Eine andere Strategie, die vielleicht noch vielversprechender als die Heimfabrikation ist, ist die der Copyshops. So benötigen wenige Haushalte einen Kopierer, weil man in urbanen Räumen zu jeder Uhrzeit qualitativ hochwertige Kopien und Drucke in den Copyshops erstellen lassen kann. Diese Dienstleistung scheint sich auch bei den rapid-Technologien durchzusetzen. Firmen wie Speedpart, Rpworld, Hördler und viele mehr, bieten alle Arten von rapid-prototyping, rapid-manufacturing und rapid-tooling an. Dabei verfügen sie über einen modernen Maschinenpark, mit dem auf qualitativ hohem Niveau gearbeitet werden kann. Die CAD Daten werden vom Kunden per mail geschickt, ein Kostenvoranschlag für die verschiedensten Produktionsmethoden wird erstellt und innerhalb von einigen Tagen werden die fertigen Produkte an den Kunden per Post zurückgesandt. Die Preise für die so gesinterten oder gedruckten Teile liegen immer noch weit entfernt von denen gängiger Ladenprodukte, die mit herkömmlichen Fertigungsmethoden hergestellt wurden. So muss man für einen Kunststoffkugelschreiber, je nach

[22] vgl.: Niels Boening, »eine für Alles«, Zeitung: Die Zeit, 14.09.2006

Herstellungsverfahren mit bis zu 500 Euro rechnen. Diese Art der Dienstleistung rentiert sich also noch nicht für den Heimgebrauch. Sie ist aber in Nischenbereichen wie dem Modellbau, auch im industriellen Prototypenbau bereits sehr beliebt, da die Kosten eines professionellen Modellbauers weit höher liegen und dieser nicht mit so kurzen Lieferzeiten arbeiten kann. Weitere Fortschritte werden auf dem Feld der gedruckten Materialkombinationen gemacht. So können schon mit Heimgeräten wie dem Fabber elektrische Schaltkreise einfach ausgedruckt werden. Aber auch elektronische Bauteile wie einfache Transistoren oder Batterien können schon auf diese Weise hergestellt werden. Es zeichnet sich also auch ein Weg ab: Durch diese Fortschritte könnte es schon bald möglich sein, komplette elektronische Produkte wie mp3-Player oder Mobiltelefone in einem Stück auszudrucken. Die aus einem Stück gefertigten Produkte können im Moment jedoch noch schlechter als herkömmliche Elektronik recycelt werden. Dieses Problem muss für die so positiv erscheinende Fertigungstechnik noch gelöst werden. Der sonst so vorteilhafte Aufbau aus einem Stück stellt sich bei der Entsorgung oder beim Disassembling noch als Problem dar.

Es wird also deutlich, dass die weitere Entwicklung des Open-Design maßgeblich an die zur Verfügung stehenden Produktionsmethoden gekoppelt ist und dass die Demokratisierung des Entwerfens auch eine Demokratisierung der Produktion mit sich bringen muss. Doch auch wenn die Entwicklung der rapid-Technologien nicht in der Geschwindigkeit voranschreitet wie sie noch vor einigen Jahren prognostiziert wurde, so entwickelt sich die Szene doch kontinuierlich weiter und wird die Welt der Produktion nicht unberührt lassen. Vom Replicator des Raumschiffs Enterprise wird diese Technologie noch für längere Zeit weit entfernt bleiben, weil sich bis jetzt nur ein Teil der Werkstoffe zur Verarbeitung mit rapid-Technologien eignet. So kann zum Beispiel Holz nicht gedruckt werden und auch der von Captain Piccard so geliebte Earl Grey wird nicht in absehbarer Zeit frisch gebrüht aus dem privaten Replicator kommen.

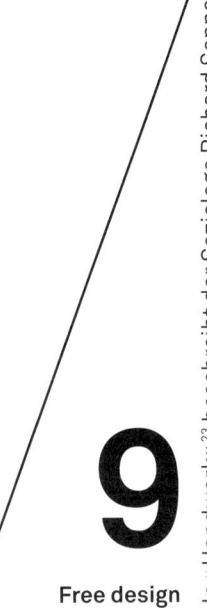

9
Free design

In »Handwerk«[23] beschreibt der Soziologe Richard Sennet den Begriff Handwerker als gespalten.
Er zitiert eine Homersche Hymne auf Hephaiston, den Schutzgott der Handwerker. Dort wird der Handwerker als demioergos bezeichnet, eine Wortschöpfung, die sich aus (demios) öffentlich und (ergon) produktiv zusammensetzt. Später war eher die Bezeichnung cheirotechnon, die einfach Handarbeiter bedeutet, gebräuchlich. Überträgt man diese antiken Bezeichnungen auf die als moderne Handwerker zu verstehenden Designer, ist es an der Zeit, sich wieder stärker auf die »öffentlich« und »produktiv« arbeitenden demioergos zu besinnen, als auf die im Design weit verbreiteten Herangehensweisen der rein ausführenden cheirotechnon.
Durch die Bereitstellung der Entwurfsmittel an viele Einzelne, die nach ihren eigenen Vorstellungen oder nach

23 Richard Sennett, »Handwerk«, Berlin Verlag, 2008

ihren eigenen Bedürfnissen entwerfen und entwickeln, entsteht eine Flut von Entwürfen, mit denen umgegangen werden muss. Es ist denkbar, dass viele frei an einem einzigen Projekt arbeiten und dass durch die große Diversität der Teilnehmer das Ergebnis verbessert wird, wie das bei dem Oscar-Projekt oder Wikipedia der Fall ist. Aber wer sortiert die Beiträge und nach welchen Kriterien? Das Modell Wikipedia zeigt, dass hier wie bei »Wisdom of the Crowds« beschrieben, durch die große Diversität und Anzahl der Teilnehmer die Qualität des Gesamtentwurfs zunimmt. Die Einträge korrigieren und ergänzen sich gegenseitig zu einem vollständigen Bild ergänzen. Der »Delphi Effekt« zeigt hier seine Wirkung. Dies ist nur ein Modell wie die Benutzer in den Entwurfsprozess einbezogen werden können.

Am Beispiel der elektronischen Musikproduktion wird ein anderes Modell anschaulich. Durch das »homerecording«, die Möglichkeit Musik mit einem Computer zu produzieren und diese auch ohne ein teures Musikstudio aufnehmen und veröffentlichen zu können, verbreitet sich eine Flut von selbst gemachten Musikproduktionen über das Internet. Auf Seiten wie »my space« veröffentlichen Tausende ihre hausgemachte Musik. Doch hier wird das Problem deutlich: Wie soll man sich in diesem Datendschungel noch zurechtfinden? Da das meiste des Publizierten für den Suchenden zweifellos unbrauchbar ist, benötigt man Hilfsmittel mit denen man die »wertvollen« oder dem Geschmack des Suchenden entsprechenden Titel herausfiltern kann. Im Internet begegnet man diesem Problem mit Suchmaschinen, die gezielt die angebotenen Informationen nach Schlagworten klassifizieren. In aktuellen Datenbanken findet man eine andere Möglichkeit, die Tags. Die jeweiligen Daten, also in diesem Fall die Musikstücke werden mit Schlagworten versehen, die diese verschiedenen Kategorien zuordnen. So kann man nach unterschiedlichen Kriterien suchen und die Ergebnisse eingrenzen. Suchmaschinen wie Google untersuchen hingegen unter anderem den Inhalt einer Webseite und vergleichen ihn mit den Suchbegriffen, die man eingegeben hat. Trotzdem findet man oft nicht das Gewünschte in den Suchergebnissen, da diese riesige Mengen an Treffern ausgeben können.

Die meisten Menschen vertrauen eher einem menschlichen Filter, jemandem, der Erfahrung mit dem Thema hat und die Informationen schon nach seiner Sichtweise nachgefiltert hat. Das kann ein Freund sein, der einem ein Musikstück empfiehlt oder aber auch ein Blog, den man gerne liest, weil man dem Urteilsvermögen der Personen vertraut, die dort schreiben, oder die Möglichkeit, wie bei Amazon, zu sehen, was Personen, die ein spezielles Buch gekauft haben, noch interessiert hat, in der Annahme, dass bei ähnlichen Interessen diese Information von Nutzen sein kann.

Diese Filter, um bei unserem Musikbeispiel zu bleiben, sind aber auch die Disc Jockeys, die in einem Club auflegen. Man vertraut dem Disc Jockey, von dem man annimmt, dass er am Abend die Musik auflegt, die dem persönlichen Geschmack entspricht. In diesem Fall fungiert der Disc Jockey als Filter, der nach einem bestimmten Muster Informationen aus einer großen Flut von Daten herausfiltert. Er ist Experte, verfügt über den besten Zugang, kann die anderen vorgeschalteten Filter wie Suchmaschinen, Freunde und Blogs nutzen und generiert daraus am Ende die passende Mischung.

Wenn man annimmt, dass durch die Demokratisierung der Designtools eine Flut von Entwürfen entsteht, die gefiltert werden muss, kann dies eine zusätzliche zukünftige Aufgabe für Designer werden: die Plattformen des gemeinschaftlichen Entwerfens zur Verfügung zu stellen oder aber eine Filterrolle als Experte für Design zu übernehmen. Dass dies keineswegs eine vom Entwerfen getrennte Tätigkeit darstellen muss, wird ebenfalls am Beispiel der Musikszene deutlich. DJs können durchaus auch Musiker sein und durch eigene Entwürfe das Netzwerk bereichern oder durch sampling gefundene Musikschnipsel zu neuen, anderen, eigenen Stücken zusammenbauen oder live die aufgelegte Musik überlagern, vermischen, verändern oder frisch generieren.

Die entwerfende Tätigkeit und die selektierende haben sich also hier verschränkt und auch die strenge Sicht auf das eigene Werk hat sich gelockert. Es ist durchaus legitim, zu samplen, also sich anderer Module (gefundener Versatzstücke) zu bedienen und diese auf die eigenen Bedürfnisse zurechtzuschneiden, zu zitieren, aber auch zu remixen, wie dies in der Open-Source-Softwareszene auch praktiziert wird. Prinzipiell wird dies im Design ja auch so gehandhabt, da unsere heutige Kultur nicht auf den Leistungen einiger weniger Einzelner beruht, sondern sich ständig wandelt und sich auf eine Jahrtausende alte Entwicklung von Beiträgen kreativer Menschen begründet, die ständig hinterfragt und überarbeitet, zitiert und weiterentwickelt werden. Dieser Pool an Informationen, Gütern und Gedanken kann und darf schließlich nicht in den Händen Einzelner liegen. Es sollte als eine Art Kollektivwissen angesehen werden.

Die vorliegende Arbeit will nicht das bisherige Wirtschafts- oder Designverständnis auf den Kopf stellen, sondern vielmehr Tendenzen in der Gesellschaft und im Design verdeutlichen, die die auf Anhieb oft skurril anmutenden Open-Design-Projekte in einem anderen Licht erscheinen lassen. Auch die noch bestehenden nicht unerheblichen Probleme können hier nicht gelöst werden. Es soll aber aufgezeigt werden, dass die in der Zwischenzeit stark gewordene Demokratisierung und Einbeziehung der Konsumenten in den Wertschöpfungsprozess weiter fortschreiten wird und diese Entwicklung enormes positives wie auch negatives Potential für Design und Wirtschaft in sich birgt, das erkannt und genutzt werden muss. Das aktuelle Beispiel der Musikindustrie zeigt weiterhin auf, dass ein Ignorieren dieser Entwicklungen ganze Wirtschaftszweige ruinieren kann. Es ist deshalb eine frühzeitige Auseinandersetzung mit diesem Thema, auch im Design, unbedingt nötig.

Die Anerkennung der Mündigkeit der Konsumenten und deren Beteiligung am Entwurfsprozess scheint erstrebenswert. Die egozentrische Position des Designers als alleinigem Experten im Entwurf ist als totalitärer Mechanismus nicht wünschenswert. Die Praxis in der Küche gibt einen kleinen Ausblick wie die Aufteilung der Rollen zwischen Experte und Laie sein könnte. Viele Menschen kochen zu Hause in regem Austausch ihren Bedürfnissen entsprechend, und trotzdem existieren professionelle Köche als beliebte Experten, die auf hohem Niveau Dienstleistungen anbieten und ihren Teil zur kulinarischen Welt und deren Entwicklung beisteuern. Die Expertenattitüde

der Designer ist ihnen fremd, so ist hier kaum die Angst vorhanden, dass sich Abgründe auftun könnten, wenn jeder unqualifizierte Laie sein eigenes Süppchen kocht. Vielmehr herrscht eine friedliche Koexistenz, in der die verschiedenen Positionen geachtet werden.
Auch Otl Aicher beschreibt in seinem Buch »die welt als entwurf« die heimische Küche als einen Bereich, in dem es keinen Absolutheitsanspruch der Richtigkeit im Entwurf geben kann. Vielmehr zeichnet er ein Bild der hier vorherrschenden Vorgehensweise, die dem beschriebenen Open-Source-Prinzip ähnelt: »diese kultur [der Ernährung] hat unzählige traditionen und unzählige initiativen. jeden tag beteiligen wir uns an ihr mit wünschen, bewertungen und versuchen. und doch gibt es keine autoritäten. es gibt keine wahrheit des kochens. es gibt so viele küchen wie es herde gibt. und die großmutter ist keine geringere autorität als der gourmetpapst aus lyon.«[24]
Das Zusammenspiel von vielen und die Öffnung der Quellen könnte zur Lösung unserer heutigen globalen Probleme beitragen. Die Bewältigung dieser Aufgaben sollte nicht durch die wirtschaftlichen Interessen einzelner bestimmt werden.

[24] Otl Aicher, »die welt als entwurf«, ernst & sohn Verlag, 1991

BIBLIOGRAFIE

Aicher Otl, »die welt als entwurf«, ernst & sohn Verlag, 1991

Benjamin Walter, »Das Kunstwerk im Zeitalter seiner technischen Reproduzierbarkeit«, Suhrkamp Verlag, 2007

Drossou Olga / Krempl Stefan, »Die wunderbare Wissensvermehrung«, Telepolis Verlag, 2006

Fischer Volker / Hamilton Anne, »Theorien der Gestaltung«, Verlag Form, Frankfurt am Main, 1999

Florida Richard, »the rise of the creative class«, Basic Books Verlag, 2005

Friebe Holm / Lobo Sascha, »Wir nennen es Arbeit«, Heyne Verlag, 2006

Friebe Holm / Thomas Ramge, »Marke Eigenbau«, Campus Verlag, 2008

Gladwell Malcom, »Blink die Macht des Moments«, Piper Verlag, 2005

Gladwell Malcom, »Tipping Point«, Goldmann Verlag, 2000

Hippel Eric von, »Democratizing Innovation«, MIT Press Verlag, 2006

Kant Immanuel, »Über den Gemeinspruch Das mag in der Theorie richtig sein, taugt aber nicht für die Praxis«, Meiner Verlag, 1992

Lehmann Kai / Schetsche Michael, »Die Google Gesellschaft«, Transcript Verlag, 2005

Lessing Lawrence, »the future of Ideas«, Random House Verlag, 2001

McLuhan Marshal, »Das Medium ist Massage«, Ullstein Verlag, 1996

Lutterbeck Bernd / Bärwolff Matthias, »Open Source Jahrbuch« Lehmanns Media Verlag 2006

Lutterbeck Bernd / Bärwolff Matthias, »Open Source Jahrbuch« Lehmanns Media Verlag 2007

Sennett Richard, »Handwerk«, Berlin Verlag, 2008

Sterling Bruce, »shaping things«, media work Verlag, 2005

Surowiecki James, »die Weisheit der Vielen«, C. Bertelsmann Verlag, München 2005

Raymond Eric S.,»The Cathedral and the Bazaar«, O'Reilly Media Verlag, 2001

Reichwald Ralf / Pillar Frank, »Interaktive Wertschöpfung«, Gabler Verlag, 2006

Toffler Alvin, »The Third Wave«, Bantam Verlag, 1984

Toffler Alvin, »Future Shock«, Bantam Verlag, 1984

Wiener Norbert, »Kybernetik«, Rohwolt Verlag, 1968

Wurster Christian,»Der Computer eine illustrierte Geschichte«, Taschen Verlag, 2002

Zeitschriften

Gundolf S. Freyermuth, »Offene Geheimnisse«, Zeitschrift: c't, 20/2001

Honsig Markus, »Das offenste aller Autos«, Zeitschrift: Technology Review 02/2006

Boening Niels, »eine für Alles«, Zeitung: Die Zeit, 14.09.2006

Internet letzter Zugriff 01.2010

http://www.openprosthetics.org
http://opendesignclub.com
http://www.machsdirselber.ch
http://mass-customization.blogs.com
http://goldprodukt.de/individualized
http://en.wikipedia.org/wiki/Open_design
http://www.osv.org
http://www.theoscarproject.org
http://www.velomobile.de
http://www.opensource.org
http://www.threadless.com
http://reprap.org
http://de.creativecommons.org
http://factory.lego.com
http://www.rapidprototypinghomepage.com
http://fabathome.org
http://www.speedpart.de

http://www.florianalexanderschmidt.de
http://www.opensourcefood.com
http://www.ronen-kadushin.com
http://www.freebeer.org
http://www.opendesign.org
http://www.minimaal.eu
http://www.heise.de/tp/r4/artikel/23/23822/1.html

Immanuel Kant, »Über den Gemeinspruch Das mag in der Theorie richtig sein, taugt aber nicht für die Praxis«, Meiner Verlag, Hamburg 1992, S.21-22

vgl.: http://de.wikipedia.org, »Taylorismus / Fordismus«, Stand 01.2010:

»Der Fordismus basiert auf stark standardisierter Massenproduktion und -konsumtion von Konsumgütern, mit Hilfe hoch spezialisierter, monofunktionaler Maschinen, Fließbandfertigung, dem Taylorismus, durch den eine Sozialpartnerschaft zwischen Arbeitern und Unternehmern angestrebt wird. Relativ hohe Arbeitnehmerlöhne, welche die Nachfrage ankurbeln, sind ebenfalls charakteristisch. Im Jahre 1914 verdoppelte Henry Ford etwa den Tageslohn seiner Arbeiter auf fünf Dollar. Somit zahlte er seinen Arbeitern in drei Monaten soviel, wie eines seiner T-Modell-Autos kostete.«

vgl.: http://www.gnu.org, letzter Zugriff: 12.2009

James Surowiecki ist Journalist und publiziert unter anderem im »New Yorker« dem »Wall Street Journal« oder der »New York Times«.

James Surowiecki, »die Weisheit der Vielen«, C. Bertelsmann Verlag, München 2005

Eric S. Raymond, »The Cathedral and the Bazaar«, O'Reilly Media Verlag, 2001

Norbert Wiener, »Kybernetik«, Rohwolt Verlag, 1968

vgl.: www.gnu.org, letzter Zugriff: 12.2009

Volker Fischer, Anne Hamilton, »Theorien der Gestaltung«, Verlag Form, Frankfurt am Main, 1999, aus demText: Walter Gropius; »Grundsätze der Bauhausproduktion« 1926

Volker Fischer, Anne Hamilton, »Theorien der Gestaltung«, Verlag Form, Frankfurt am Main, 1999, aus dem Text: Walter Gropius; »Grundsätze der Bauhausproduktion« 1926

Professor Eric von Hippel leitet die Technological Innovation and Entrepreneurship Group an der MIT Sloan School of Management.

»Der Hersteller ermittelt durch den Einsatz klassischer Marktforschungsinstrumente potenzielle Kundenbedürfnisse, transferiert diese Bedürfnisinformationen der Kunden durch eigene Anstrengungen oder formale Kooperationen mit Partner in Lösungsideen und testet deren Akzeptanz und Potenzial iterativ in den nachfolgenden Innovationsphasen bis zur finalen Markteinführung der Leistung. Der Abnehmer wird als repräsentative statistische Durchschnittsgröße interpretiert. Ihm fällt die Aufgabe zu, Innovationsideen des Herstellers mit eigenen Bedürfnissen abzugleichen und seine individuelle Nutzenfunktion zu artikulieren. Bedürfnisse des Kunden werden als latent (Bedürfnisinformationen) angesehen. Sie enthalten keine Anhaltspunkte, wie dieses latente Bedürfnis in eine Lösung überführt werden kann (Lösungsinformation). Über Lösungskompetenz verfügt ausschließlich der Hersteller bzw. sein formales Netzwerk an Partnern. Die Organisationsaufgabe (Koordination und Motivation) schließlich wird in diesem Innovationsnetzwerk klassisch durch hierarchische oder marktliche Koordinationsmechanismen gelöst.« vgl. Ralf Reichwald/ Frank Pillar, » Interaktive Wertschöpfung«, Gabler Verlag, 2006, S.120

vgl.: Eric von Hippel, »Democratizing Innovation«, MIT Press Verlag, 2006, Kapitel 2 Development of Products by Lead Users

vgl.: Eric von Hippel, »Democratizing Innovation«, MIT Press Verlag, 2006, S.21

vgl.: Ralf Reichwald/ Frank Pillar, » Interaktive Wertschöpfung«, Gabler Verlag, 2006

vgl.: Alvin Toffler, »Future Shock«, Bantam Verlag, 1984

vgl.: Alvin Toffler, »The Third Wave«, Bantam Verlag, 1984

vgl.: Markus Honsig, »Das offenste aller Autos«, Zeitschrift: Technology Review 02/2006

vgl.: Markus Honsig, »Das offenste aller Autos«, Zeitschrift: Technology Review 02/2006

rapid prototyping, sind generative Verfahren, die CAD Modelle ohne Handarbeit in Material umsetzen und damit einen schnellen Prototypenbau ermöglichen. Rapid manufacturing ist der Einsatz der rapid prototyping Verfahren zur Erstellung von Serien oder Kleinserien, nicht nur für Prototypen sondern zur eigentlichen Produktion. Rapid tooling bezeichnet den Einsatz dieser Verfahren zu Herstellung von Werkzeugen, die damit sehr schnell erstellt werden können und als Grundlage von herkömmlichen Produktionsmethoden dienen.

CAD (Computer Aided Design) ist die gängige Bezeichnung für rechnerunterstützte Konstruktion

vgl.: Christian Wurster, »Der Computer eine illustrierte Geschichte«, Taschen Verlag, Köln, 2002

vgl.: Niels Boening, »eine für Alles«, Zeitung: Die Zeit, 14.09.2006

Richard Sennett, »Handwerk«, Berlin Verlag, 2008

Otl Aicher, »die welt als entwurf«, ernst & sohn Verlag, 1991

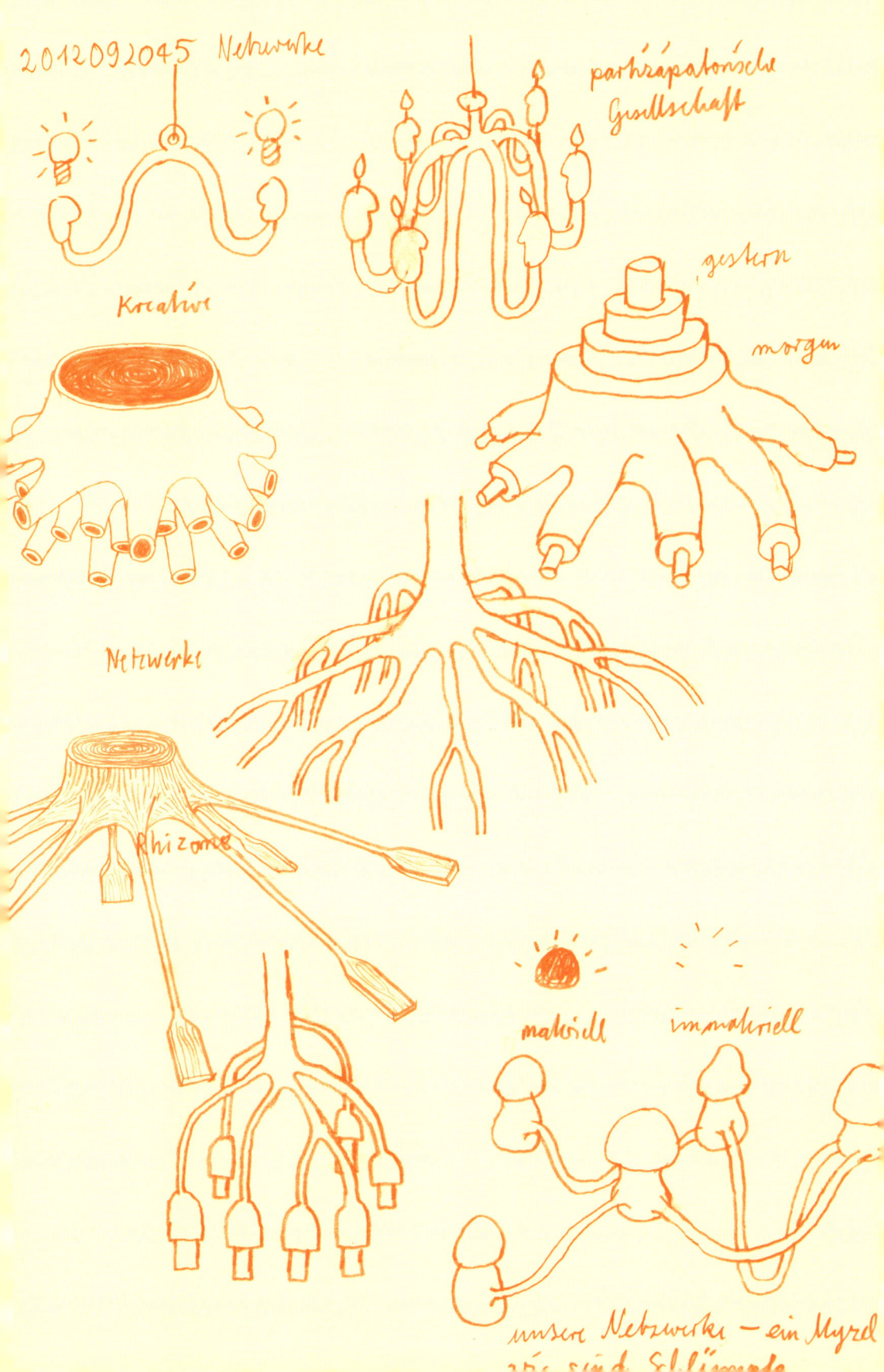

20120920 45 Netzwerke   partizipatorische Gesellschaft

Kreative

gestern

morgen

Netzwerke

Rhizome

materiell   immateriell

unsere Netzwerke — ein Myzel

SUSANNE STAUCH

Hiérarchie

MME (Produktion mit Mitteln vernetzter Systeme)

KREATIVE ENTFESSELUNG VOM PARALYSIERTEN EMPFÄNGER ZUM PARTIZIPATORISCHEN SENDER

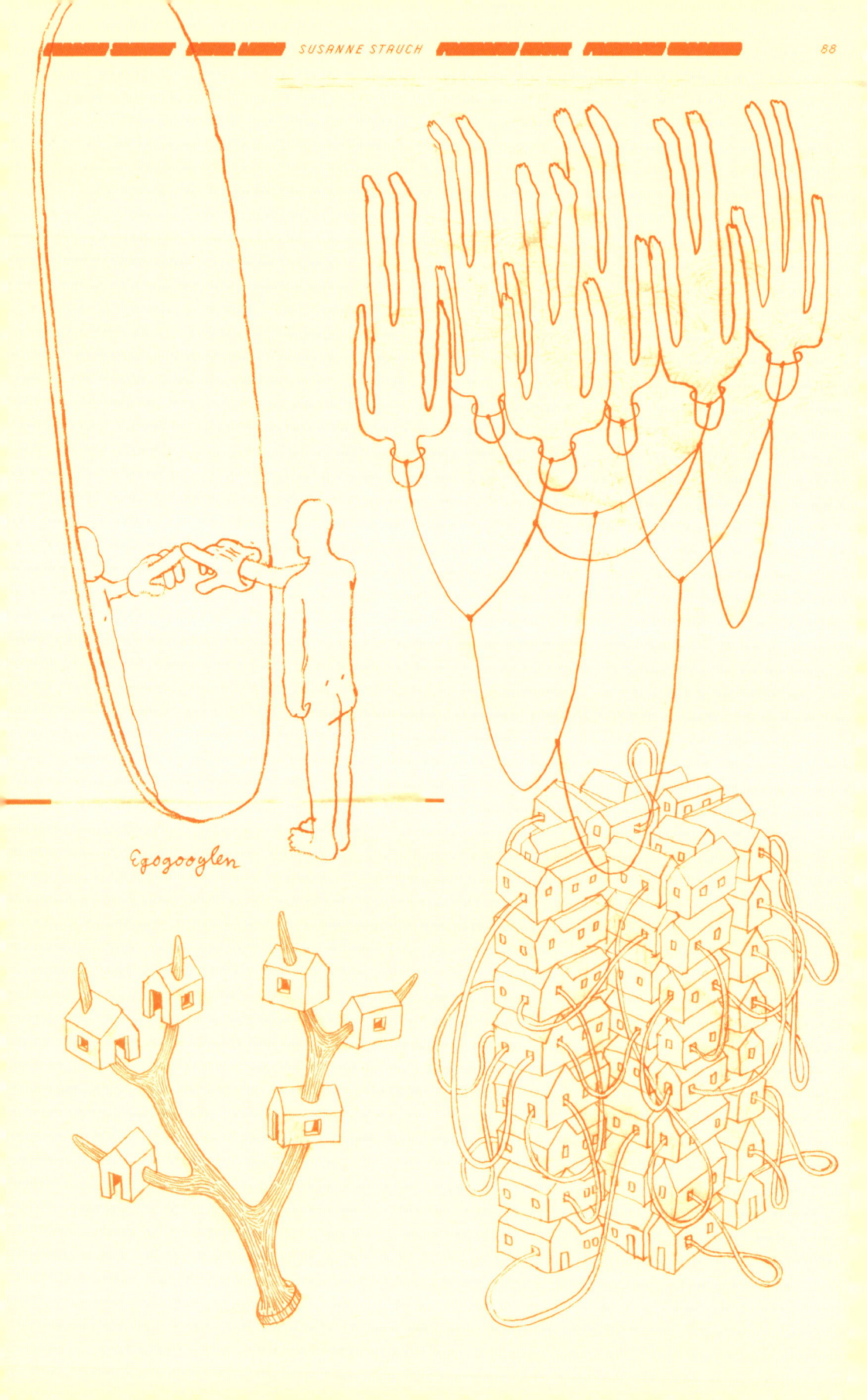

SUSANNE STRAUCH

Egogooglen

KREATIVE ENTFESSELUNG
Vom paralysierten Empfänger zum partizipatorischen Sender

Susanne Stauch

»Eine neue (wissenschaftliche) Wahrheit pflegt sich nicht in der Weise durchzusetzen, dass ihre Gegner überzeugt werden und sich als belehrt erklären, sondern vielmehr dadurch, dass die Gegner allmählich aussterben und die heranwachsende Generation von vornherein mit der Wahrheit vertraut ist.« Max Planck

SUSANNE STRAUCH

25 600 000 ANTWORTEN

1 IST ES NOCH ZU BEGREIFEN?
1.1 Autarkie vs. Diktatur
1.2 Entfremdende Automation
1.3 Passivierung und suggestive Manipulation
1.4 Design als Chance

2 DIGITALE BESCHLEUNIGUNG
2.1 Alles nur Prothese?
2.2 Multiple Optionen
2.3 Proteische Fragmentierung

3 DER PARTIZIPATORISCHE MENSCH
3.1 Das pluralistische Rhizom
3.2 Sozialisierungsprozesse
3.3 Richtungswechsel
3.4 Wie die Kinder
3.5 Unterwegs
3.6 Zuckerbrot und Peitsche

4 MADE@HOME
4.1 Oxymoron
4.2 Analoge Authentizität
4.3 DIY 2.0
4.4 Auf dem Weg zum Spime: isopt
4.7 Einfach Komplex

5 LITERATURVERZEICHNIS

25 600 000 ANTWORTEN

Die Frage »Was will ich wirklich?« wird immer öfter gestellt. Gibt man sie bei Google ein, erhält man 25 600 000 Links. Ob diese zu substantiellen Antworten führen, ist eine andere Frage. Klar wird jedoch, dass durch die zu bröckeln beginnenden Strukturen der Bedarf an neuem Halt wächst. Unsere Realität geht in eine postindustrielle über, der Sozialstaat stößt an seine Grenzen, Lohnarbeit und Vollbeschäftigung gehen zurück. Was will ich wirklich? – eine Frage, die sich primär Menschen mit kreativer Bildung stellten, die nun aber ihre Kreise zu ziehen beginnt. Gestalter, Künstler und Wissenschaftler spekulieren schon lange neugierig über das Morgen, denken flexibel und offen, pfeifen auf Hierarchien, Autoritäten und Regelwerk – Voraussetzungen für das Aufbrechen erstarrter Strukturen.

Die Frage nach Wollen impliziert Können: Je reicher an Erfahrung, Bildung und Übung jemand ist, umso umfangreicher ist sein potentielles Können. Das gezielte Wollen fällt damit leichter, auch das von Neuem. Das eigenständige Können wurde jedoch in der Konsumgesellschaft manipuliert, um dem Konsumenten immer neue Waren vorzusetzen, dem Arbeiter sinnentleerte Übungen zuzumuten, und so das Wirtschaftswachstum anzutreiben.

Wollen und Können, das heißt Kopf und Hand, Denken und Tun, werden in der Symbiose zum Be-Greifen von Welt. Das frühe Handwerk hatte diesen ganzheitlichen Ansatz, zu dem wir in veränderter Form wieder zurückzufinden scheinen. Wie hat sich gesellschaftliche Freiheit und Selbstbestimmtheit unter ›der Herrschaft der Mechanisierung‹[1] entwickelt? Ein stetiges Mehr an Komplexität fordert eine gleichzeitige Umverteilung auf Teilkompetenzen – der Designer erscheint auf der Bildfläche. Die Kreativität wird zur außergewöhnlichen Begabung von Eliten erklärt und aus dem Bildungssystem verbannt, denn sie gefährdet die Formierung von Bedürfnissen, die Voraussetzung von Massenproduktion ist. Diese überschwemmt uns mit Dingen, deren Bedarf erst geweckt werden muss.

---

[1] vgl. Sigfried Giedeon, Die Herrschaft der Mechanisierung, Frankfurt a.M., Athenäum, 1987

Technologischer Fortschritt leitet aber aus seiner zunehmenden Komplexität auch eine gegengerichtete Bewegung ein: Er wird zum Multiplikator von Optionen materieller und ideeller Art. Immer schneller wird das Neue obsolet und der Mensch verliert sich zwischen Virtualität und einem Zuviel an Möglichkeiten, das Wollen läuft Gefahr, beliebig zu werden. Entfremdet und den prothetischen Errungenschaften der digitalen Epoche kaum gewachsen, stolpert er der Vision einer besseren Welt hinterher; Pessimisten zeichnen apokalyptische Bilder der Übersättigung.

Mit dem Web 2.0 hat der Cyberspace jedoch einen Weg geöffnet, den zu beschreiben wir gerade erst lernen. Das Virtuelle bietet Raum für Interaktion und Individualisierung. Es entstehen Netzwerke und Kommunikationswege, die als Basis der Arbeit von Morgen gedeutet werden können. Vereinfachter Zugang regt insbesondere jüngere Generationen zu fantasievoller und punkrockartiger Aneignung im Grafik-, Foto- und Musikbereich an. Die Möglichkeiten kreativer Beschäftigung mit Bits und Bytes und ein gesteigertes Interesse am Austausch von Wissen kündigen einen Paradigmenwechsel an. Konsumtion hat sich auf die immaterielle Welt verlagert, Erlebnisse und die individuelle Entwicklung fördernde Erfahrungen sind wichtiger geworden. Aus der industriellen Massenproduktion entwickelt sich dank neuer CAD und CAM Technologien gezielte, individualisierte und nachhaltige Fertigung. Das wachsende Potential von Soft- und Hardware macht klassische Lohnarbeit immer überflüssiger. Was für eine Befreiung! Was für ein Albtraum?

Gesellschaftlicher Wandel beginnt immer in kleinen, elitären Kreisen. Es sind die Kreativen, die in der postindustriellen Epoche die Abnabelung von den zunehmend dysfunktional werdenden Versorgungseinheiten Staat und Konzern geschafft haben, da sie schon immer selbstbestimmt, suchend und verwerfend, ohne Sicherheiten, gearbeitet haben. Die passivierenden Strategien einer auf Profit und Wachstum ausgelegten Industrie haben sie in der Regel durchschaut und sich widersetzt. Ihre Methoden und ihre Leidenschaft, ihre Suche nach sinnfälligen Antworten können als Maßstab für das Funktionieren neuer Arbeit und neuer Bildung in einer partizipatorischen Gesellschaft dienen.

Kreativität dient allerdings nicht allein als entwicklungs- und bildungstheoretische Methode für eine humanere Welt, angewandte Gestaltung dient nach wie vor einer Auseinandersetzung mit neuen Anforderungen. Design versteht sich in erster Linie als eine problemlösende Disziplin und findet neue Wege der Umsetzung. In einer Welt, wo Wollen und Können künftig Allgemeingut sind, wo Jeder den Mut hat zu fragen: Was will ich wirklich?, kann Design als strukturgebender Mentor dienen, indem es das Gestalten eigener Wünsche zu einer positiven Erfahrung werden lassen kann. Mit dem Fokus auf Rahmenbedingungen, Prozesse und Metastrukturen können neue Handlungsräume geschaffen werden, die weder überfordern noch bevormunden.

1/

IST ES NOCH ZU BEGREIFEN?

»in einer kultur der entwürfe entsteht ein prozeß, den man die dezentralisierung des wahrheitsanspruchs nennen könnte. die allgemeine vernunft würde zurückkehren zur individuellen vernunft, zur eigenen anschauung und urteilskraft.«[2]

2 Otl Aicher, Die Welt als Entwurf, in: Die Welt als Entwurf..., S. 191

1/1

AUTARKIE VS. DIKTATUR

Der Mensch unterscheidet sich vom Tier durch seine Kapazität, ein zukünftiges Ziel zu antizipieren und für dessen Erfüllung entweder sein eigenes Greifwerkzeug Hand einzusetzen, oder durch sie Hilfsmittel [Werkzeuge] zur Realisierung dieses Ziels zu erzeugen. Diese potentiell instinktfreie Handlung ist Arbeit, Hand-Werk. Der Mensch als Mängelwesen verfügt über rationale und intuitive Fähigkeiten zur Lösung von Problemen. Damit kann er sich von Fixierungen der Natur lösen und Humanität und Kultur entfalten. Die Entstehung der Polytechniken, also das kombinatorische Einsetzen verschiedener Werkzeuge, ist immer auf einen erfinderischen Geist zurückzuführen, der prothetische Hilfsmittel zur Realisierung von Aufgaben ersinnt, die die menschliche Basisausstattung Hand nicht alleine ausführen kann. Verstand, Wissen und Kreativität interagieren in der ursprünglichen menschlichen Arbeit also immer mit der Hand, dem Be-Greifen und dem Tun, es ist ein offenes und flexibles Wechselspiel und kann als Basis für ein autarkes Arbeiten betrachtet werden.

Dieses ganzheitliche Prinzip des selbstbestimmten Einzelnen und seiner Werkzeuge wird im Laufe der Geschichte durch ein konträres, autoritäres Arbeitsmodell ergänzt und weitgehend verdrängt. Bereits der von Lewis Mumford als *Megamaschine*[3] bezeichnete Vorläufer aller später folgenden, komplexen Maschinen und Maschinerien definiert das bis heute gültige Bild von herrschaftlicher Macht und vertikaler Hierarchie. Mumford schreibt, dass diese aus Menschenkraft bestehende Maschine ihre Entstehung dem Anspruch auf Universalität der Monarchen des Altertums und dem Mythos des Gottkönigtums verdanke. Nur aufgrund solcher Überhöhung der Persönlichkeit und kollektiver Versklavung hätten Bauwerke wie die ägyptischen Pyramiden in der bekannten Exaktheit und Erhabenheit von Menschenhand entstehen können. Ähnliches trifft auf Mesopotamien, Indien, China, Yucatán und Peru zu, in deren Hochkulturen die unsichtbare Maschine gleichgerichteter Handarbeit unter königlicher Diktatur die unglaublichsten Werke vollbrachte. Nicht minder gewaltig war die Militärmaschine, in der nicht nur die nötigen Hierarchien, Befehlsketten und Gewaltinstanzen auf ihre Effizienz erprobt wurden, sondern die vor allem das Modell Megamaschine von einer Kultur zur nächsten getragen hat. Moderne Großprojekte wie Straßen oder Bewässerungssysteme wären ohne dieses Prinzip nicht denkbar gewesen.

Konnte sich die eigenständige, handwerkliche Arbeitsweise insbesondere in kleinen Gruppen, Gemeinschaften und Dörfern etablieren, deren Mitglieder einen engen, auf Gleichberechtigung basierenden Kontakt pflegten, so konnte sich das Prinzip der diktatorischen Megamaschine besonders in Städten entfalten, wo Anonymität und Menschenmassen nach einer zentralisierten Autorität verlangten. Selbstbestimmte Tätigkeit und entmündigende Versklavung haben also als Arbeitsmodelle immer nebeneinander und gegeneinander existiert, sich abhängig vom herrschenden Glauben und System stets abgewechselt oder sind ineinander übergegangen.

Schon hier zeichnen sich die Konsequenzen für die lokal orientierte und damit weitaus verletzlichere, demokratische Arbeitsweise des Handwerks ab. Trotz der Zusammenschlüsse in Zünfte hatten sie gegen die Folgen der aufkommenden Aufklärung, die systematisierenden und kontrollierenden Strategien der Wissenschaften und die daraus resultierenden Mengen an technischen Erfindungen keine Chance, dauerhaft Widerstand zu leisten. Die Begeisterung für Automaten, Mechanisierung der Arbeitsprozesse, das Ersetzen von Menschenkraft durch Maschinen und die Effizienzsteigerung mit dem Ziel der Gewinnmaximierung, des Überflusses und der Konsumtion hat die weitere Entwicklung der polytechnischen, nicht automatisierten Produktion unterdrückt und weitestgehend verdrängt.

---

[3] vgl. Lewis Mumford, Mythos der Maschine – Kultur, Technik und Macht, Frankfurt a.M, Fischer Taschenbuch Verlag, 1977

1/2

ENTFREMDENDE AUTOMATION

Mit Beginn der Industrialisierung wurde die umfangreiche und hochspezialisierte Ausbildung der zünftigen Handwerker mehr und mehr durch das Anlernen einfacher Arbeiter abgelöst, die lediglich auf arbeitsteilige Prozesse spezialisiert wurden. Das hatte zur Folge, dass die Arbeiter weder einen Bezug zum fertigen Produkt hatten, noch genügend Sachverstand, um dieses Produkt selbständig herzustellen. Entfremdung breitete sich aus, deren Aufkommen stellte allerdings nur die Wiederkehr der Megamaschinen in der mächtigeren Form der real existierenden Industriemaschinerie dar. Nicht nur das. Mit der Arbeitsteilung verloren die Arbeiter ihre individuelle Ganzheitlichkeit, es wurde die Technik von der Kunst, der Handwerkskunst getrennt. Diese Zerlegung der Wissensentwicklung sowie der Arbeit und Produktionsvorgänge in Teilprozesse und deren Konsequenzen sind das Wesen der Mechanisierung. Dadurch ließ sich nicht nur effizienter produzieren, die maschinengestützten Arbeitsprozesse konnten dank ihrer wesentlichen Vereinfachung austauschbare Teile produzieren: die Geburtsstunde der Norm. Bis zum Beginn der Industrialisierung widersprach es der kulturellen Mentalität, ästhetische Phantasie oder funktionale Richtigkeit einem beschleunigten Produktionsprozess zu opfern. Mitte des 19. Jahrhunderts musste man schließlich auf der Weltausstellung in London realisieren, dass es eine Kluft zwischen den differenzierten Mechanisierungen und dem zurückgebliebenen, immer noch schwerfälligen Handwerk gab. Davon überzeugt, dass der Arbeiter zum Sklaven der Maschinen geworden ist, hat sich John Ruskin gemeinsam mit William Morris für die Würde und geistige Förderung und gegen die Erniedrigung des Menschen eingesetzt. Sie plädierten für den Reiz des Unperfekten als Bedingung für menschliche Tätigkeit und lehnten sich damit auf gegen die Maschine mit ihren Attributen Kraft, Geschwindigkeit, Bewegung, Standardisierung, Massenproduktion, Quantifizierung, Reglementierung, Präzision, Gleichförmigeit und vor allen: Kontrolle.

Ihren Höhepunkt findet die entfremdete Arbeit mit der Einführung des Fließbandes durch Henry Ford Anfang des 20. Jahrhunderts. Günther Anders vergleicht die Tätigkeit mit Leibesübungen: »*In der Tat wäre es auch falsch und zuviel Ehre für unser damaliges Tun gewesen, dieses ›Arbeiten‹ zu nennen. Da es zielblind vor sich ging, war es eher eine Art von Gymnastik, die wir täglich 8 Stunden lang zu treiben gezwungen waren; eine Gymnastik, die aus sich immer gleich bleibenden Freiübungen bestand, oder richtiger: aus ›Unfrei-Übungen‹, denn was an diesen, vom Fließband diktierten, Bewegungen wäre denn noch ›frei‹ gewesen?*«[4]

Arbeit wird zum Herrschaftsinstrument der kapitalistischen Industrie. Wer einstellen und entlassen kann, übt Macht über das Leben anderer und auf die Politik aus. Der Mensch als Ware Arbeitskraft definiert sich nur noch über die Maxime *Ich arbeite, also bin ich.* Damit erzeugt die Megamaschine eine Selbstwahrnehmung und gesellschaftliche Konstellation, die nicht ohne Konsequenzen bleibt.

1/3

PASSIVIERUNG UND MANIPULATION

Um die Massen willig und unkritisch zu halten, wird laut Mumford ein riesiger Apparat von manipulativen und einschüchternden Strategien erdacht. *Erst die Arbeit, dann das Vergnügen* verdeutlicht die moralisierende Haltung, die den Arbeiter zu einem pflichtbewussten, angepassten und wenig fordernden Rädchen in der Maschinerie machen soll. In erster Linie gilt es, gehorsam zu sein, sich zu unterwerfen und nicht am System zu zweifeln. Aber nicht nur die Arbeiter müssen bei der Stange gehalten werden, das Produzierte muss auch verkauft werden. Das große Paradoxon sowohl der frühen Mechanisie-

---

[4] Günther Anders, Die Antiquiertheit des Menschen..., S. 92

rung als auch ihres in der Automation erreichten Endstadiums ist die fehlende Nachfrage nach den massenhaft produzierten Gütern, die der Unternehmer faktisch erst schaffen muss. Um die großen Kapitalinvestitionen für Maschinen und Fabriken wieder einzuspielen, musste dem potentiellen Käufer der Bedarf überhaupt erst suggeriert werden, mussten Strategien erdacht werden, um die Menschen zum Kaufen zu motivieren, ihr ganzes Sein am Haben von materiellem Eigentum zu orientieren. Dieses Verhältnis von »*Überredendem und Überredetem*«[5], von Produzent und Konsument, nennt Umberto Eco ein paternalistisches, ja politisches Verhältnis des Machtgebrauchs und der Herrschaft.

Eine dieser Methoden ist das Erzeugen von künstlicher Kurzlebigkeit. Diese unerfreuliche Arbeit wird dem Designer anvertraut, der – ganz im Sinne der arbeitsteiligen Strukturen – allein mit der visuellen Erscheinung, der Steigerung der Anziehungskraft der Waren und somit geschmacksbildend beschäftigt ist. Er gestaltet Wegwerfprodukte, deren Aktualität über die Werbung gesteuert wird. Die Kurzlebigkeit der Waren wird auf unterschiedlichen Stufen kontrolliert. Ästhetisch-modische Entscheidungen fallen umso stärker ins Gewicht, je geringer die [technische] Sachkenntnis seitens des Käufers ausfällt. Aber auch diese will gefüttert werden, sodass der Markt immerzu mit funktionaleren und optimierten Produkten überschwemmt wird. Jean Baudrillard bringt es auf den Punkt: »*Nicht zuletzt wird dem Konsumenten der Wunsch nach Neuem durch die verminderte Qualität aufgezwungen, denn sollte er gegen den gelenkten Modewechsel und den technisch-funktionalen Verschleiß immun sein, wird ihn spätestens der eingebaute Konstruktionsfehler zu einem Neukauf veranlassen. Der Gegenstand soll aber gar nicht dem Verderb und den Modeschwankungen entrinnen. Das ist nun das grundsätzliche Charakteristikum der Serie: Der Gegenstand wird hier dem organisierten Verschleiß unterworfen. In einer Welt des [relativen] Überflusses tritt an die Stelle des Mangels die Vergänglichkeit der Waren als Faktor der Nachfrage.*«[6]

Das manipulative Gerüst stützt sich auf das Wecken von Wünschen, die dem Funktionieren des Systems zuträglich sind, sowie auf das Unterdrücken von Neigungen, die ihm schaden könnten. Passivierungsmechanismen vernichten Kreativität und damit eigenständiges Handeln. Schaut man sich die Struktur von Bildungsinhalten an, so wird man feststellen, dass die Schulen nach einem ganz bestimmten, veralteten Prinzip ausbilden: nämlich Arbeiter und Akademiker zu produzieren, die sich in das kapitalistische System der Industriegesellschaften integrieren lassen. Da das kreative Denken hierfür nicht gebraucht wurde, ja sogar hinderlich war, wurde es programmatisch aberzogen. Ken Robinson weist in seinem Vortrag[7] auf diese Zusammenhänge hin und verlangt, dass der Förderung kindlicher Kreativität die gleiche Bedeutung beigemessen werde wie dem Erlernen von Lesen und Schreiben.

Um sich gegen die multiplen Manipulationsversuche von Wirtschaft [Marketing] und Politik zu schützen, ist der erste Schritt, sich die eigene Beeinflussbarkeit einzugestehen, was der natürlichen *Unbeeinflussbarkeitsillusion* widerspricht. Das heißt jedoch nicht, gegen jeden und alles mißtrauisch zu sein sondern vielmehr, echte Signale von vorgetäuschten zu unterscheiden, zu überprüfen und aufmerksam zu sein. Bewusster Entscheidungen zu treffen und aktiv, gestaltend am Leben teilzunehmen reduziert die Gefahr, unbemerkt ferngesteuert zu werden. »*Worauf es [...] ankommt, ist, das Verhältnis zwischen Produzenten und Benutzern von einem paternalistischen in ein dialektisches zu verwandeln – die einen interpretieren die Forderung und Ansprüche des anderen.*«[8]

1/4

DESIGN ALS CHANCE

Design stand immer im Dienste des Massenprodukts, versteht sich als Gestaltgeber vom *Löffel*

---

5 Umberto Eco, Apokalyptiker und Integrierte..., S. 49
6 Jean Baudrillard, Das System der Dinge..., S. 180
7 Do schools kill creativity? TED-Konferenz 2007
8 Umberto Eco, Apokalyptiker und Integrierte..., S. 51

bis zur Stadt [Max Bill] und ist damit zu einem gewissen Teil ästhetisch-autoritäres Organ. Die demokratisierende Tendenz des Funktionalismus relativiert dabei das manipulative Potential der häufig ideologisierenden, stilistischen Gestaltung als gesellschaftsbildende Kraft nur geringfügig. Ganz im Sinne des Soziologen Pierre Bourdieu, der im Geschmacksurteil des Einzelnen das sozial Distinktive sieht, wirkt bewusste und gezielte Gestaltung auf der selben, allerdings autoritären Ebene. Sie bietet ein geplantes und inszeniertes Quantum an vermeintlichen Wahlmöglichkeiten, durch die sich dann der Einzelne im soziokulturellen Kontext verorten kann [oder muss]. Otl Aicher sieht in eben dieser Erhebung des Objekts zum Symbolträger die Gefahr der menschlichen Passivierung und die verunsichernde Macht einer vom System mißbrauchten Gestaltung.

Hier manifestiert sich die grundlegende Dialektik der Gestaltung: Programmatische Vielfalt, wechselnde Moden als vordergründige Freiheit selbstbestimmter Entscheidungen auf der einen Seite oder optimierte, funktionale, reduzierte und vorweggenommene Interaktion, vorkonstruiertes Leben als Befreiung aus dem Überfluss. In beiden Fällen liegt der Fokus auf dem Produkt, wird der Konsument passiv und unmündig gehalten, bleibt die geschmackliche, ästhetische und funktional-begreifende Kompetenz bei der gestaltenden Elite. Um es mit den Worten Adrienne Goehlers zu sagen: »*Uniforme und geschlossene Systeme sind kontraproduktiv.*«[9]

Hans Gugelot hat das sehr früh verstanden und ist mit dem Prinzip des systematischen Moduls einen wichtigen Schritt in Richtung Freiheit des Anwenders gegangen, den Otl Aicher so beschreibt: »*in einem variablen möbelsystem aus elementen sah er einen höheren gebrauchswert im sinne einer selbstbestimmung als in der ansammlung von schränken, wie schön und handwerklich sie auch immer sein mochten.*«[10] Wird Design also im Sinne des Anwenders und nicht des statischen Endprodukts verstanden, dann hat es das Potential, Handlungsspielräume zu schaffen, die über den bloßen Konsum hinausgehen und die Kreativität, das Interagieren und selbständige Denken des Einzelnen anregen können. Aicher steht in seiner Sicht auf Gugelots Ansatz noch in der Tradition des Funktionalismus: »*methodologisch eröffnete sich die beziehung von konstanten zu variablen, von der normierung zur beliebigen endgestalt, vom element zum programm. erst das akkurate element, erst die strenge methode schafft offenheit, erlaubt kreativität, ermöglicht phantasie.*«[11]

Aicher geht in seinem späten Essay ›die welt als entwurf‹ jedoch noch wesentlich weiter. Das Bild, das er dort zeichnet, muss als Plädoyer für eine anarchistische Gesellschaft verstanden werden. Im Gegensatz zum streng rationalen, an Produkt und Ergebnis orientierten Ansatz der HfG Ulm, dessen Rektor Aicher war, schlägt er nun als zentrales Moment das Machen, den Entwurf selbst vor. Nur im autonomen schöpferischen Entwurf des Einzelnen, in der Vielzahl individueller Anschauung und in der Dezentralisierung der allgemeinen Vernunft auf die eigene Urteilskraft kann der Mensch zu einem mündigen und selbstbestimmten Wesen werden. Erst als solcher – durch die am Machen orientierte Tätigkeit von entmündigender Arbeit befreit – kann er sich als mündiges Mitglied der Gesellschaft etablieren. Wir leben ohnehin bereits in einer gemachten, konstruierten Welt, haben uns der Natur enthoben. Nun gilt es, den autoritären Entwürfen eigene entgegenzustellen. »*nur das schöpferische machen ist wirkliche arbeit, ist entfaltung der person. der entwurf ist das signum der kreativität, durch ihn wird aktivismus und job erst human. eine humane welt setzt eine arbeit und ein machen voraus, die durch den entwurf gekennzeichnet sind, weil im entwurf das motiv der person erscheint.*«[12] Als Verfechter der Funktionalität und Zweckmäßigkeit sieht Aicher deren Erfüllung nur in der Pluralität, in der Variation. Erst durch den Gebrauch erweist sich, welche Lösungen tragfähig sind. Es ist offensichtlich, hier gibt es nicht mehr das eine autoritäre Modell, die eine geheiligte Lösung, die Anspruch auf universale Gültigkeit erheben kann. »*entwürfe machen autonom, entwerfer sind gefährlich, gefährlich für jede hoheitliche autorität. die ver-*

---

9 Adrienne Goehler, Verflüssigungen..., S. 15
10 Otl Aicher, Hans Gugelot in: Die Welt als Entwurf..., S.75
11 Ebenda, S.76
12 Otl Aicher, Die Welt als Entwurf, in: Die Welt als Entwurf..., S. 191

nunft als prinzip der ausschließlichkeit wurde zur bevorzugten denkkultur erhoben, um das prinzip autorität zu sichern.«[13]

Die einzige Chance für eine Realisierung dieser Vision liegt im Kommunizieren des Prinzips. Der dem autoritären System immanente, von den Machthabern gezielt gesetzte Fehler ist der circulus vitiosus, in dem sich der Großteil der Gesellschaft befindet. Angst und Konsum, Fremdbestimmung und Abhängigkeiten erzeugen die gewünschte Willenlosigkeit, die für das Funktionieren eines auf Erhaltung um seiner selbst willen gerichteten Systems nötig zu sein scheint. Das haben bereits Ruskin und Morris vorhergesehen. Erst wenn diese Tatsachen verstanden werden, erst wenn eine bewusste, kritische Masse erreicht ist, kann es Veränderung geben. Das sozial abgrenzende Denken der Bildungs- und [ehemaligen] Finanzelite ist geplante Konsequenz des programmatischen Konzepts des Kapitalismus. Indem möglichst viel Verantwortung und Kontrolle in die Hände möglichst Weniger gelegt wird, kann die Masse weiterhin fremdgesteuert und für die Zwecke Weniger mißbraucht werden. Die Arbeitsteilung beweist, dass es in unserer Gesellschaft inzwischen kaum noch ganzheitlich verantwortliche Instanzen gibt. Jegliche Entscheidung unterliegt immer wieder irgendeiner anderen Kontrollinstanz, die wiederum der nächsten zur Rechtfertigung verpflichtet ist. Man könnte es wagen, dem System kapitalistischer Warenproduktion Diktatur unter demokratischem Deckmantel vorzuwerfen, zumindest aber handelt es sich um einen bürokratischen und marketingorientierten Apparat der Verhinderung und massenwirksamer Einrede von Wollen, die das individuelle Artikulieren von Bedürfnissen zu gesellschaftlichem Nischendasein reduziert. Daraus folgt zwangsläufig ein Mißtrauen gegenüber der Masse als Kaleidoskop individueller Existenzen und das Vorurteil, diese sei nicht imstande, eigenverantwortlich zu handeln.

Der positive Gegenentwurf ist hier die Öffnung von Handlungsräumen und Partizipation am eigenen Lebensumfeld des Individuums. Je mehr in diesem Sinne Möglichkeiten geboten und Anregungen geschaffen werden, umso größer ist die Chance, Otl Aichers Gesellschaftsvision zu realisieren. »der entwurf ist das erzeugen von welt.... im entwurf nimmt der mensch seine eigene entwicklung in die hand.«[14]

2/

DIGITALE BESCHLEUNIGUNG

»Doch verneinen, dass die Anhäufung von Information [›informazione‹] in eine Bildung [›formazione‹] münden kann, heißt generell bestreiten, dass die Eröffnung quantitativer Daten einen qualitativen Wandel der Wirklichkeitswahrnehmung immerhin begünstigen kann.«[15]

2/1

ALLES NUR PROTHESE?

Jedes vom Menschen erschaffene Medium gilt aus Sicht Marshall McLuhans als eine prothetische Erweiterung des Körpers. Prothese, das ist

---
13 Ebenda, S.191
14 Ebenda, S. 196
15 Umberto Eco, Apokalyptiker und Integrierte..., S. 46

Ersatz für etwas, das fehlt, verlorengegangen ist oder nie da war. Es muss nicht zwangsläufig eine Amputation vorangegangen sein, besagt doch die Medientheorie, dass jedes neue Medium die bereits existierenden ergänzt und eben nicht [vollständig] ersetzt. Trotzdem kann die Auswirkung eines Mediums auf Mensch und Umwelt, die sogenannte Botschaft, amputativ wirken. Amputation gesehen als dissoziatives Moment tritt im Digitalen zum ersten Mal mit dem Bildschirm ins Blickfeld unserer Wahrnehmung. Der Fernseher, der die Welt mit einem ersten großen Schritt in Richtung globales Dorf befördert hat, besitzt neben seinen informativ-demokratisierenden und damit positiven Eigenschaften auch großes passivierendes Potential, dessen Wirkungen hinlänglich bekannt sind. Ein Segen für die Fortführung des paternalistischen Verhältnisses zwischen Herrschenden und der Masse, dient der Fernseher doch als bis dato effektivstes Massenmedium der Verbreitung von Wünschen, Vorbildern, Ideen und Suggestionen jeglicher Façon. Die durch das Medium erzeugte Passivierung führt nicht nur zu einer fortschreitenden Aufgabe des Selbst, sondern auch zu einer Reduktion physischer Teilhabe an der Welt. Der Weg ist geebnet für das Klischee der arbeitslosen, entfremdeten »*Proletarier, die im Nichts stehen, oder [...] vor dem Bildschirm sitzen [...]; und [...] gezwungen wären, sich täglich durch den sich immer neu vor ihnen aufstauenden Zeitbrei durchzufressen.*«[16] Dieses drastische, apokalyptische Bild, das Günther Anders zeichnet, wird traurige Wahrheit mit dem Einsatz von Computern in der Industrie und später auch im Dienstleistungssektor. Die totale Automation – Segen und Verhängnis zugleich – trennt die Welt in zwei Klassen, anstatt sie zu vereinen. Die lebenserleichternde, befreiende Chance für die Menschheit, von stumpfsinniger Arbeit zunehmend entbunden zu sein, wird zu Beginn der digitalen Revolution vertan. Automation mit den Zielen Profit, Beschleunigung – also das Erreichen immer neuer Maximen – hat in steigendem Maße beschränkte Geister produziert, die außer Stande sind, die Ergebnisse ihrer Tätigkeit zu beurteilen. Die in den Manufakturen zu Beginn der Industrialisierung geborene Entfremdung des Arbeiters von der Arbeit feiert Ihre digitale Wiederauferstehung. Fachkompetenz wird durch den Einsatz hochspezialisierter Rechner vernichtet – der eigentliche Effekt echter Arbeit, Förderung und Forderung der menschlichen Intelligenz, wird mit steigender technologischer Komplexität zunehmend von stumpfsinniger Monotonie verdrängt.

Grundsätzlich läßt sich an dieser Stelle vorweg nehmen, dass sich jede [technische] Errungenschaft, unabhängig von ihrem eigentlichen Potential, gesamtgesellschaftlich lediglich in dem Maße und in der Richtung entfalten kann, wie der geistige und moralische Reifezustand der Menschen es zulässt. So muss Lewis Mumford gelesen werden, der in der digitalisierten Automation vor allem die Gefahr der »*Verdrängung des menschlichen Geistes*« sieht und einen »*automatisierten Organisationsmenschen*«[17] prophezeit, der die Weisungen des Systems erhört, sich keinerlei Abweichung von den vorgegebenen Regelwelten vorstellen kann und damit seine Fähigkeit, Entscheidungen zu treffen, verliert. Der Psychoanalytiker Wolfgang Schmidbauer spricht das gleiche Prinzip auf einer anderen Ebene an: »*Computer digitalisieren unser Denken: sie kennen nur ja und nein, ganz richtig und ganz falsch.*«[18] Demnach muss der Mensch [vorerst] die Gesetze der Maschine, die nicht nach qualitativen und subjektiven Prinzipien funktionieren, akzeptieren. Um sie sich als Arbeitserleichterung untertan machen zu können, muss er sich also selbst zu ihrem Sklaven machen, ihre Sprache lernen und zu seiner eigenen machen. Und trotzdem: Durch neue Techniken entstehen neue Ideen, die ohne die neue Technik nicht mehr auskommen; die neuen Techniken verlangen geradezu nach produktiver Selbsterfüllung. Mit anderen Worten: das Handeln in technischen Zusammenhängen führt zu technikabhängigen Erfahrungen, die wiederum entsprechenden Sachverstand zu dessen Beherrschung bedingen. In diesem Sinne stimulieren die Erfahrungen die mentalen Voraussetzungen. Das heißt im Umkehrschluss, dass serielle [Re-]produktion Ge-

---

16 Günther Anders, Die Antiquiertheit des Menschen..., S. 92

17 Lewis Mumford, Der Mythos der Maschine..., S. 555
18 Wolfgang Schmidbauer, Die einfachen Dinge..., S. 59

schmack und Sprache zwar auf das durchschnittliche Rezeptionsvermögen einstellen müssen, dieser Durchschnitt sich jedoch im Gebrauch qualitativ anhebt. Das impliziert, dass technische Neuerungen – Prothesen – nicht nur amputativ, sondern sehr wohl edukativ und wachstumsfördernd sind. Solange dieses Potential nicht erkannt und genutzt wird, läuft die Entwicklung auf eine Gesellschaft mit extrem wenig Hochspezialisierung und einer breiten Verdummung hinaus.

2/2

MULTIPLE OPTIONEN

Die technologischen Errungenschaften in Mobilität und Kommunikation haben die Welt zum globalen Dorf schrumpfen lassen. Sie haben die Menschen der Metropolregionen weitestgehend von körperlicher Arbeit befreit und tragen dank digitalisierter Alltagsprozesse zu extremer Zeitersparnis bei. Doch die Vereinfachungen wirken nur vordergründig, das Leben wird gerade durch die daraus resultierende Beschleunigung immer komplexer. Die global über die Medien suggerierte *Konsens-Halluzination* [William Gibson] vom Leben in Fülle – dem paradiesischen Glück – steigert die Erwartungen des Individuums ins Unermessliche. Die Suggestion ist diabolisch, gibt sie doch vor, sich am Sein, am Leben, am Erleben zu orientieren, so ist das dahinter liegende Ziel offenkundig der Konsum, also das »Haben« von Erlebnis.

Neben dieser unfokussierten und pauschalen Gier wird der Druck auf das Individuum durch die digitale Simultanität vervielfacht. In einem Mehr an Optionen beginnt die Zeit eine neue Rolle zu spielen. Zeitsparende Geräte beschleunigen die Aktivitäten, verlangen unglaubliche Synchronisationsleistungen und Multitasking-Fähigkeiten, um möglichst viel zur selben Zeit zu erledigen und damit Raum für Neues zu schaffen. Der Termindruck wächst, nicht nur wegen der auszuschöpfenden Fülle an noch zu realisierenden Vorhaben sondern auch aufgrund der digitalen Beschleunigung. Die gnadenlose Schnelligkeit der Maschinen steht in keinem Verhältnis zur menschlichen Langsamkeit. Zeit wird Kommerz, twentyfour-seven wird zum Standard erhoben und der sonntägliche Ruhetag verschwindet in nostalgischer Verklärung einer analogen Vergangenheit. Die rekordartige Beschleunigung und Vervielfaltigung mit der vordergründigen Verlockung einer Individualisierung erzielt ein Gefühl der Orientierungslosigkeit und endet in Oberflächlichkeit und Gleichgültigkeit. Da sich der Mensch, egal wie er sich entscheidet, immer mit einem Leben der verpassten Gelegenheiten abfinden muss, erscheint das Ausweichen in reversible Ad-hoc-Entscheidungen und das virtuelle Leben in der permanenten Multioption als gangbarer Ausweg.

Jede Entscheidung für etwas ist gleichzeitig eine Entscheidung gegen viele Alternativen. Mit den Möglichkeiten steigt also die Wahrscheinlichkeit, das Falsche zu wählen und das Beste zu verpassen. Gesteigerte Ansprüche erzeugen Unzufriedenheit, suggerieren doch zahlreiche Variationen eines Themas die Möglichkeit der perfekten Wahl. Wird diese nicht erzielt, gibt man sich selbst die Schuld. Die Idee der Revision, des Hintertürchens, das offen bleibt, gehört zum Wesen der Option und führt entweder zu einer kompromisslosen Jagd nach dem stets Besseren – dem Update – oder verursacht eine lähmende Angst vor der Konsequenz; davor, dass die Tür zuschnappt, was dann in Entscheidungsverweigerung, in Paralyse enden kann und nichts anderes widerspiegelt als die Angst vor Versagen und Verlust. »*Die scheinbare Freiheit eines Willens, der sich bis zuletzt jeder Festlegung entzieht, ist in Wirklichkeit keine. Wankelmut und Unentschlossenheit können uns die Freiheit nehmen.*«[19]

Je präziser das Wissen um das angestrebte Ziel, je konkreter die Anforderungen formuliert werden können, umso vorteilhafter ist die optionale Vielfalt. Doch leider ist in der Regel das Gegenteil der Fall. Die vage Idee ist eng verwandt mit der Beliebigkeit und endet gerade deshalb eher in Bedauern, da das Vergleichen selbst mit einer Entscheidung nicht beendet ist. Vergleichen

---

19 Peter Bieri, das Handwerk der Freiheit – über die Entdeckung des freien Willens..., S. 82

wiederum, das hebt der amerikanische Psychologe Barry Schwartz hervor, macht unglücklich, sogar depressiv. Das trifft besonders auf den sogenannten *Maximizer* zu, ein Entscheidungstyp, der stets die bestmögliche Option antizipiert, viel Zeit in Recherche und Vergleiche steckt und sich nicht so schnell zufrieden gibt wie der lebensfrohere Typ des *Satisficers*, der nach dem good-enough Prinzip entscheidet, weniger sucht, vergleicht und überlegt. Der Maximizer trifft zwar schlussendlich die besseren Entscheidungen aber zu welchem Preis? Um der drohenden Unzufriedenheit zu entfliehen und Zeit zu sparen nutzen viele Menschen die eigens dafür eingerichteten Beraterorganisationen, Suchmaschinen, Benutzerforen und professionellen Tests, die parallel zu den wachsenden Optionen in Erscheinung treten.

Individuelles Handeln und Entscheiden im Sinne der freien, von sozialem Status und damit tradierten Zwängen unabhängigen Gestaltung des eigenen Lebens wird in einer wandlungsbeschleunigten, diskontinuierlichen, kulturell zerfallenden und von inflationär vielen Möglichkeitsfragmenten überfrachteten Welt häufig als Überforderung empfunden. Um diese Fremdheit ausgleichen zu können, greift das Individuum entweder zu persönlich Vertrautem wie Freunden, der Familie oder einer ihm eigenen Handlungsstrategie. Diese Strategien können im Vertrauen in Überreste von Moral und Wertvorstellung münden, oder aber die bereits genannte, kompensatorische Konsumtion von immer neuen Optionen intendieren. Letztere Option ebnet den Weg zur Beliebigkeit. Diese kann – als Möglichkeitsbündel fehlinterpretiert – in ihrer scheinbaren Austauschbarkeit kein identitätsstiftendes Fundament bilden. Es handelt sich lediglich um Fragmente, die in der Verkleidung eines Erlebnisses konsumiert, aber nicht verinnerlicht werden – und dies auch gar nicht können, da sie sich mit einer Frequenz ablösen, die für das Wachsen einer Identität bei Weitem zu schnell ist. Sinnextensiver Überfluss führt demnach irgendwann zur Verflachung der Ansprüche, zu Gleichgültigkeit, Ekel und zuletzt Erstarrung. »*In der Sättigung der Vielfalt löst sich das Selbst auf.*«[20]

Aber was ist der positive Gegenentwurf? Wie erlangt das Individuum Eigenverantwortlichkeit und Handlungsfähigkeit? Wie kann es sich selbst als autark wahrnehmen und so eigene Regeln setzen anstatt Optionen zu ertragen? Odo Marquard hat es gesagt: Nur wenn das Individuum seine eigene Langsamkeit anerkennt und der Beschleunigung entgegenstellt, hat es eine Chance auf Autarkie. Erst die individuelle Entschleunigung kann genügend realen, also Jetzt-Raum erzeugen, um aktiv an der Welt und damit an sich selbst teilzunehmen – zu partizipieren. »*Es wird zu schnell gelebt*«[21] warnte bereits Thoreau. Erst Konzentration, Geduld und Disziplin ermöglichen den Fokus auf eigene Werte, sorgfältige Auswahl identitätsbildender Inhalte, und das Ziehen der notwendigen, persönlichen Grenzen in der Vielfalt der Optionen. Die Bereitschaft zur Beschränkung eröffnet einen individuellen Lebensrahmen der Beständigkeit und Selbstbestimmtheit, der genügend Stabilität und Rückhalt in der »*wandlungsbeschleunigten*«[22] Welt bietet. Dann fällt es auch nicht mehr schwer, Entscheidungen zu treffen und sich ernsthaft auf die Konsequenzen der getroffenen Wahl einzulassen. Wenn nicht mehr die Perfektion von morgen sondern das Gute von heute angestrebt wird, steigt die Toleranz gegenüber sich selbst und dem Außen.

Das Ablösen hierarchischer, vertikaler Regeln und Differenzen durch ein horizontales, gleichberechtigtes Nebeneinander von Optionen, also »*die Verschiebung der kollektiven Verantwortung auf das Individuum*«[23], ermöglicht eine nie dagewesene Chance, die eigene Persönlichkeit zu entfalten. Eigenverantwortlichkeit in einem real stattfindenden Leben befreit die Phantasie und das Denken und ist damit der erste Schritt zur Mündigkeit. Indem eigenständig beurteilt werden kann, lässt sich Wichtiges von Überflüssigem separieren. Auch dies wußte Thoreau: »*Der Mensch ist umso reicher, je mehr Dinge er liegenlassen kann.*«[24] Eigenständig und mit Vertrauen und Hingabe das Nichts, die Leere zu füllen, ihr

---

20 Peter Gross, Die Multioptionsgesellschaft..., S. 282

21 Henry David Thoreau, Walden..., S. 99
22 Odo Marquard, Zukunft braucht Herkunft..., S.237
23 Hartwig Frankenberg/Monika Kritzmöller, Design Your Life!..., S. 28
24 Henry David Thoreau, Walden..., S. 90

individuelle Struktur zu verleihen und sich damit gleichzeitig von der Angst zu befreien ist eine kreative Methode, die fast als ein Werkzeug, ein Prinzip für den Umgang mit Leben bezeichnet werden kann.

2/3

PROTEISCHE FRAGMENTIERUNG

Aus der digitalisierten Multioptionsgesellschaft erwächst das proteische[25] Individuum sozusagen von selbst, dessen Strategie der Identitätsaneignung mit der treffenden Metapher Patchwork definiert werden kann. Im Spannungsfeld zwischen endlosen Möglichkeiten und echter Identitätsbildung zeichnen sich Anforderungen an das Individuum und die Gesellschaft ab, die Richard Sennett wie folgt auf den Punkt bringt: Die Demontage institutioneller Strukturen, schwindende Arbeitsplatzsicherheit und der Zerfall des grundsätzlichen Vertrauens in Dauer bezeichnet Sennett als *Drift*; von einer langfristigen Ordnung zu einem neuen Regime kurzfristiger Zeit. Durch fortschreitende Deregulierung lösen netzwerkartige Strukturen feste Muster ab. Netzwerke implizieren schwächere, kurzfristigere Bindungen und sind damit flexibler und weniger schwerfällig. Das hat zur Folge, dass feste Charaktereigenschaften verschwinden und das Individuum unter Hinnahme der Fragmentierung seiner selbst und seiner Mitmenschen langfristige Bindungen eher vermeidet.

Da Identität durch eine permanente Anpassungs- und Verknüpfungsarbeit entsteht, zeichnet sich das Individuum durch Offenheit, Spontanität und Toleranz aus und hat in der Regel lernen müssen, selbst Initiative zu ergreifen. Das autonome Selbst wird durch ein relationales Selbst ergänzt und erfüllt damit eine wesentliche Bedingung für soziale Interaktion. *»Der Einzelne findet am besten zu sich selbst in der kreativen Beziehung zu den Anderen«*[26] und nicht als isoliertes Wesen. Dieses relationale Bewusstsein ist auch auf die inzwischen selbstverständliche Anwendung des Computers und die Verbreitung des WorldWideWeb zurückzuführen. Bei den von Jeremy Rifkin *Generation@* genannten jungen Menschen lässt sich am besten ablesen, welchen Einfluss die virtuelle Welt auf das Individuum hat. Im wesentlichen adaptiert an die Aneignung einer fragmentarischen und wandelbaren Identität in multiplen Computerspielen oder etwa Second Life, sowie die Teilnahme in unterschiedlichsten Online-Foren mit selbst entworfenem Alter Ego findet sich hier zunehmend die Angst vor dem Festgelegtwerden, die sogenannte Fixeophobie, denn damit ist direkt der Verlust von Optionen verbunden.

Das Potential der proteischen Persönlichkeit liegt demnach in der fragmentarischen Aneignung von Fähigkeiten, in der geistigen und physischen Flexibilität, der Ablehnung meist tradierter Identifikationen mit Institutionen oder der Familie und einer vermehrten Eigenständigkeit und Selbstbestimmtheit. Damit wird Joseph Beuys mit seinem Imperativ *»Jeder Mensch ist ein Künstler«* zu einem vielversprechenden Hoffnungsträger. Und das Internet als Essenz der digitalen Optionierung ist die Spielwiese der aufkeimenden, kreativen Entfesselung. An die Stelle besitzorientierten Denkens tritt die Wahrnehmung wechselseitiger Abhängigkeiten und Beziehungen. *»Es geht nicht mehr um Wettbewerb, sondern um Kooperation, um Denken in Systemen und um Konsensbildung.«*[27]

3/

DER PARTIZIPATORISCHE MENSCH

»Kreativität gibt es nur, wenn wir bereit sind, täg-

---

[25] Abgeleitet von Proteus, einem Gott in der griechischen Mythologie, der aufgrund seiner prophetischen Begabung immerzu seine Gestalt wechselte, um keine Antworten geben zu müssen – wandelhaft; vielgestaltig

[26] Rainer Holm-Hadulla, Kreativität – Ein Lebensthema…, S. 6
[27] Jeremy Rifkin, Access…, S. 22

lich neu geboren zu werden. Das heißt, die Bereitschaft und den Mut zu haben, das Vertraute aufzugeben und das Neue zu wagen, sich zu emanzipieren, seine eigenen Kräfte freier und vollständiger zu gebrauchen. Eine weitere Voraussetzung für die Kreativität ist die Fähigkeit, die sich aus Polaritäten ergebenden Konflikte und Spannungen zu akzeptieren, anstatt ihnen aus dem Wege zu gehen. Konflikte sind die Quelle des Staunens, der Entwicklung der eigenen Kraft und dessen, was man ›Charakter‹ zu bezeichnen pflegte.«[28]

3/1

DAS PLURALISTISCHE RHIZOM

Hans Magnus Enzensberger stellte bereits 1970 die These auf, dass in der elektronischen Technologie ein emanzipatorisches Potenzial zur nicht-hierarchischen Kommunikation enthalten sei. Für ihn können die Medien, wenn sie nur aus ihrer Zweckentfremdung durch das Kapital befreit werden, als Stimulus und Instrument gesellschaftlicher Umbrüche dienen. Mit dem Internet ist diese These Wirklichkeit geworden. Neben der Substitution hierarchischer Systeme durch das Netz der Möglichkeiten ist deren dezentralisierende Wirkung von großer Bedeutung. Gemeinsam mit Mobiltelefon und Laptop wurden durch die Informationstechnologie Werkzeuge entwickelt, die zentralisierten, vertikalen Machtstrukturen entgegen stehen. Effizienter und schneller zu sein war das Ziel des Kapitalismus. Die Realisierung dieser Ziele in der Technologie werden schlussendlich zu seiner Entmachtung führen, denn sie haben vor allem eine Gemeinsamkeit: sie sind demokratischer und machen mobil.

Allein der Bedeutungswandel des Begriffs Cyberspace von einer Projektion des realen Raums und des menschlichen Körpers in den Datenraum zum aktuellen, allgemein gültigen Bild der Vernetzung aller Kommunikationsstrukturen zeigt, wie stark das Netz bereits in das Selbstverständnis von der Welt integriert ist. Das Internet entsteht erst in der Kommunikation der Teilnehmer. Der hier stattfindende Diskurs ist geringer durch klassische Dominanzinstrumente geprägt und daher potentiell herrschaftsfrei und gleichberechtigt. Die vordergründige Interaktivität zwischen Mensch und Maschine wird im virtuellen Raum wieder zur zwischenmenschlichen Interaktion aller an der *Übermaschine Internet*[29] angeschlossenen Nutzer. Die sich hier abzeichnende Verlagerung von materiellem

---

[28] Erich Fromm, Die Kunst des Lebens – Zwischen Haben und Sein..., S. 98

[29] Dieter Daniels, Strategien der Interaktivität, http://www.hgb-leipzig.de/daniels/vom-readymade-zum-cyberspace/strategien_der_interaktivitaet.html

Streben nach Eigentum zu Streben nach Zugang ist einer der wesentlichen Punkte gesellschaftlicher Veränderung durch das Internet, dem Jeremy Rifkin sein Buch »access« gewidmet hat. Der Zugriff auf die vielfältigen Möglichkeiten, die das Netz bietet, ist zu einem Hauptinteresse der Menschen geworden.

Das Internet funktioniert nach dem Prinzip des *Rhizoms*[30], es gibt keine Linearität, keine Hierarchien, keine Ordnung, alles kann mit allem verknüpft und auch wieder gelöst werden. Die Starrheit der linearen Verankerungswurzel wird durch endlose Vielfalt und Querverbindungen abgelöst, die zu sehen und zu schaffen jeder Zelle an jedem Platz des Wurzelgeflechts obliegt. Diese Struktur verlangt also eine dem proteischen Individuum inhärente Herangehensweise: Mut zur Lücke. Gilles Deleuze und Félix Guattari fordern zur fragmentarischen Wissensaneignung auf, zur Leichtigkeit rhizomartiger Kombinatorik, denn nur so kann starre und verkrustete Struktur aufgelöst werden und Neues entstehen. Diese Forderung findet man bei Aicher wieder: »*der aggregatzustand einer zweckmäßigen welt wäre die pluralität.*«[31]

Seit der Geburt des Web 2.0 steigt die Anzahl von Webseiten mit dynamischem Inhalt und partizipatorischem Potential stetig. Die Einbindung des Users mit seinen Kompetenzen in die online verfügbaren Netzwerke und das freiwillige und unentgeltliche Generieren von Inhalten haben einen gesellschaftlichen Paradigmenwechsel in Gang gesetzt, der unaufhörlich größere Kreise zieht. »*Verantwortung hat etwas mit Antworten zu tun und antworten kann nur, wer gefragt worden ist, auch nach seinen Fähigkeiten und Ideen.*«[32] Die aktive, gestalterische Teilhabe an und Verantwortung für Web-Inhalt seitens der User kann also als Vorreiter und Voraussetzung für die soziale und kulturelle Teilhabe vieler am Umbau der Gesellschaft gesehen werden. Das Individuum beginnt, sein Leben selbst in die Hand zu nehmen, gestaltend einzugreifen und sich vermehrt in sozialer Interaktion zu engagieren. Der Wegfall hierarchischer Strukturen ist hierfür natürlich wesentlich. An die Stelle traditioneller Clubs und Organisationen treten Online Communities, die sich gerade dadurch auszeichnen, dass die Mitglieder ohne das langfristiges Erklimmen hierarchischer Leitern sofort Anerkennung bekommen können.

Das virtuelle Treffen mit Gleichgesinnten bietet hohe Flexibilität, fachbezogene Diskussionen und der Aufbau neuer Netzwerke ist dank Eigeninitiative und wachsender Begeisterung für den Austausch von Wissen so interessant, dass es inzwischen eine endlose Vielfalt an themenbezogenen Sites und Blogs gibt, deren weitere Zunahme die Multioptionsgesellschaft dadurch in ihrer Entwicklung bestätigt. Social Networking hat ebenfalls immens an Bedeutung gewonnen, da sich durch die globale Mobilisierung persönliche Kontakte in der ganzen Welt via Internet einfach und bequem pflegen lassen. Selbstdarstellung und Selbsterprobung nehmen drastisch zu, ganz nach dem Motto: Wer nichts wagt, der nichts gewinnt. Nach all den Jahren medialer Entmündigung televisionärer Prägung und der Entmystifizierung von Medien insbesondere von Film und Musik wollen die Mitglieder der vernetzten Generation ihre Talente unter Beweis stellen – sie sehen sich selbst als Teil des Marktes.

3/2

SOZIALISIERUNGSPROZESSE

Das Internet mit seinen multiplen Interaktions- und Partizipationsmöglichkeiten hat aber nicht nur das Feld der Selbstverwirklichung einem breiten Publikum geöffnet sondern auch ein Netzwerk an sozialen und kollaborativen Prozessen in Gang gesetzt. So sind zum Beispiel

---

30 Rhizom [griech. für Wurzel] ist ein zentraler Begriff der Philosophie von Gilles Deleuze und Félix Guattari. Der Begriff ist der Bezeichnung für Wurzelgeflechte [Rhizome] von Pflanzen abgeleitet. Bei Deleuze und Guattari dient er als Metapher für ein postmodernes, beziehungsweise poststrukturalistisches Modell der Wissensorganisation und Weltbeschreibung, das ältere, durch eine Baum-Metapher dargestellte, hierarchische Strukturen ersetzt. Das philosophische Konzept der Rhizomatik stieß auf großes Interesse in der Wissenschaftstheorie, der Medienphilosophie und den Kulturwissenschaften.
31 Otl Aicher, Die Welt als Entwurf in: Die Welt als Entwurf…, S. 191
32 Adrienne Goehler, Verflüssigungen…, S. 29

unter dem Begriff Social Commerce verschiedene Prinzipien zusammengefasst. Die geläufigsten Elemente sind hier sicher die persönlichen Kaufempfehlungen, welche beispielsweise bei Amazon zum Einsatz kommen und die persönlichen Bewertung von Transaktionen zwischen Usern bei Ebay. Ziel des Social Commerce oder auch der Social Navigation ist es, anderen Usern Hilfestellungen und Unterstützung bei der zeitaufwendigen und vergleichsintensiven Suche nach Produkten und Dienstleistungen zu geben und durch Feedback die Vertrauenswürdigkeit von Anbietern zu bewerten. Diese persönliche Stellungnahme hat großen Einfluss auf Verkäuflichkeit und Erfolg von Produkten und Anbietern und vermittelt den Bewertern das Gefühl, als kompetente Stimme ernst genommen zu werden. Das gleiche Gefühl wird über personalisierte Empfehlungssysteme unter Bezugnahme auf vorherige Einkäufe ausgelöst – die eigenen Interessen werden erkannt und berücksichtigt. Hier kommt das Prinzip des *Long Tail*[33] zum Tragen, bei dem Vorschläge aus den Nischenbereichen in doppelter Weise wirken: Der User bekommt den Eindruck vermittelt, etwas Seltenes und Wertiges gefunden zu haben und die ansonsten zum Tode verurteilten Nischenprodukte finden auf diese Weise zu einer auf herkömmlichen Vertriebswegen unmöglichen Absatzsteigerung.

Eine andere zukunftsweisende Entwicklung der virtuellen Interaktion sind Bewegungen wie Open Source und Crowdsourcing, bei denen es letztendlich um basisdemokratische Arbeitsteilung auf freiwilliger Basis geht. Das zugrundeliegende Prinzip ist simpel: komplexe Aufgaben werden in viele Teilaufgaben zerlegt und zum Schluss wieder zusammengefügt. Da die Kosten für Kommunikation via Internet drastisch gesunken und die Austauschmöglichkeiten durch die Leistungsfähigkeit enorm gestiegen sind, können digital vernetzte Gruppen unabhängig von Ort und Zeit selbstkoordiniert gemeinsame Ziele verfolgen. Die Zahl der Aufgaben, die sich für im Internet organisierte Arbeitsteilung eignen, hat in den vergangenen zehn Jahren rasant zugenommen.

Crowdsourcing, auch Schwarmauslagerung genannt, verbessert in der Konsequenz auch die Beziehung zwischen Unternehmen und Kunden, da diese in Entwicklungsprozesse einbezogen und damit ernst genommen werden. Im Gegensatz zu Outsourcing, das lediglich die Abgabe von Unternehmensaufgaben und -strukturen and Drittunternehmen beinhaltet, nutzt Crowdsourcing die Weisheit der Masse, indem zu lösende Problemstellungen an Freizeitarbeiter im Internet abgegeben werden. So ist beispielsweise das Produkt *Mindstorms NXT* das erfolgreichste in der Geschichte von Lego. Es handelt sich dabei um eine von Lego als Open Source freigegebene Software für den *NXT-Brick* genannten Mikroprozessor, der selbst kreierte Roboter ansteuern kann. Die ganze Produkt- und Software-Entwicklung wurde von technikbegeisterten *Prosumenten*[34] – also Partizipatoren und Beitragenden – begleitet, somit handelt es sich, ebenso wie bei Open Source-Projekten im reinen Sofware-Bereich, um sogenannten consumer created content. Der wesentliche Grund für die Partizipation an solchen Kollaborationen ist die Chance, dabei zu sein, mitspielen und mitreden zu können bei einer Sache, für die man ohnehin begeistert ist und sich dadurch als Teil einer innovativen Gruppe zu fühlen. Das Beispiel zeigt deutlich, wie viel Kompetenz, Interesse, Leidenschaft und Kreativität in der vermeintlich für dumm gehaltenen Masse steckt und belegt eine der wichtigsten Erkenntnisse über Kreativität: Sie entfaltet sich am ehesten in der Kollaboration. Charles Leadbeater bestätigt, dass auch Strukturen wie Wikis neue Formen von Kooperation ermöglichen und zeigen, unter welchen Bedingungen Menschen zusammenarbeiten, kreativ sein, die Ergebnisse ihrer Arbeit teilen und sich selbst organisieren können, ohne auf traditionelle Organisationsstrukturen zurückgreifen zu müssen. Er sieht in der Arbeitskultur der Netzwerkgesellschaft ein Modell für die Umgestaltung von Organisationen überhaupt – ein Modell, das in Anlehnung an das in der Informatik schon lange bekannte Prinzip des *Bottom Up* im übertragenen Sinne das Entwickeln von-unten-nach-oben meint, also die

---

[33] vgl. Chris Anderson, The Long Tail, München, Carl Hanser, 2006

[34] Alvin Toffler, prägte diesen Begriff – eine Zusammenziehung von Produzent und Konsument – bereits 1980 in seinem Buch »Futureshock«, vgl. Literaturliste

3/4

RICHTUNGSWECHSEL

Das Zeitalter der Industrie- alias Organisationsgesellschaft geht zu Ende und mit ihr die Homogenität, Konformität und die Anpassungsfähigkeit, die für die Sicherung der sozialen Ordnung nötig waren. Die Wissensgesellschaft – also jene heute anbrechende Epoche, deren Wirtschaft auf Kreativität beruht – wird nicht mehr durch die reine Nachfrage bestimmt sein, sondern vielmehr durch Angebote, permanente Erneuerungen und Innovationen, für deren Entstehen mehr und mehr Menschen mit verantwortlich sein werden. Neben Verantwortung und Spaß an Herausforderungen, Individualität und Offenheit für Andersartigkeiten, Autonomie, zeitlicher und lokaler Flexibilität, Leistungsbereitschaft und dem Wunsch nach Selbstverwirklichung ist, laut Richard Florida, eines der wichtigsten Merkmale der dabei entstehenden klassenlosen *Kreativen Klasse*[35] die Fähigkeit, weitgehend selbständig und unabhängig von vorgefertigten Arbeitsabläufen zu entscheiden, welche Lösung für ein aktuelles Problem die richtige ist. Dieses selbstbestimmte Denken und initiative Handeln, das sich charakteristisch aus einer selbstbestimmten Arbeitsweise entfaltet, wie das bei Kreativen und Wissenschaftlern der Fall ist, hat sich bereits zu weiten Teilen in Arbeitskreisen des Internets etabliert und ist die entscheidende Voraussetzung für eine effiziente Kreativwirtschaft. Damit setzt der Kopf die Rahmenbedingungen und nicht die Zugehörigkeit zu einem Sektor, einer Branche oder einem definierten Status. Bezeichnender Weise ist sich der Großteil derer, die der Kreativen Klasse angehören, dessen nicht bewusst. »*Sie sind diejenigen, die sich dazwischen fühlen, zwischen den gesellschaftlichen Großgruppen, zwischen Konservativen und Modernisten.*«[36] So ist der Schreiner, der ein noch nie dagewesenes Unikat anfertigt ebenso wie der Chirurg, der eine neue Operationstechnik ersinnt, Mitglied der Kreativen Klasse. Und ein Software-Entwickler ist ebenso als kreativ zu bewerten wie ein Gärtner, der ein ausgeklügeltes Bewässerungssystem ersinnt.

Richard Florida entwirft eine aktualisierte Version einer New Economy, in der Kreativität zum grundlegenden Faktor der ökonomischen Entwicklung geworden ist, wobei es ihm um den veränderten Umgang und die kreativen Lösungsstrategien innerhalb von gemeinhin als reglementiert geltenden Berufsfeldern geht. Er unterteilt seine Creative Class [insgesamt 38 Millionen Menschen in den USA] in die Creative Professionals und den Super-Creative Core – also den Kern der Kreativen – mit immerhin 15 Millionen Menschen [das sind 12 Prozent der gesamten Arbeitskraft Amerikas]. Mitglieder des Super-Creative Core arbeiten in wissensintensiven Bereichen und generieren neue Technologien und Inhalte. Sie sind beschäftigt in Wissenschaft oder in Ingenieurberufen, in Forschung und Entwicklung, in technologiegestützten Industrien, in Kunst, Musik oder Kultur, in den Ästhetik- und Designbranchen oder in wissensbasierten Bereichen wie Medizin, Informatik, Finanzwesen und Recht. Die Creative Professionals beschäftigen sich zwar auch hauptsächlich mit wissensintensiver Arbeit, die eine ausgeprägte selbständige Urteilskraft, ein hohes Bildungsniveau und die Fähigkeit zu kreativer Problemlösung erfordert, jedoch gehört es nicht zu ihrer Hauptaufgabe, Neues zu erschaffen. Laut Florida sind in den entwickelten Industrienationen bereits zwischen 25 und 30 Prozent [in den USA sogar 50 Prozent] aller Erwerbstätigen im kreativen Bereich tätig und damit verantwortlich für die Hauptantriebskraft des ökonomischen Wachstums. In Deutschland erzielt der Kultursektor jährlich eine Wertschöpfung von über 30 Milliarden Euro, also

---

35 vgl. Richard Florida, The Rise of the Creative Class, New York, Basic Books, 2002

36 Adrienne Goehler, Verflüssigungen..., S. 115

genauso viel wie der Energiesektor. Die steigende ökonomische und gesellschaftliche Relevanz der Künste und Wissenschaften belegt Adrienne Goehler mit dem Anstieg der Erwerbstätigen in Kulturberufen um 31 Prozent auf insgesamt 2,2 Prozent [von 1995 bis 2003].

Das kreative unabhängige Individuum, das selbständig und aus sich heraus schöpfen kann, lebt aber nicht isoliert in einem Vakuum sondern ist geradezu darauf angewiesen, mit anderen zusammen zu arbeiten, denn Kreativität, obwohl sie häufig als ein individuelles Phänomen gesehen wird, ist primär in einen sozialen Prozess eingebettet. Der amerikanische Kreativitätsforscher Mihalyi Cszikszentmihalyi stellte fest, dass sie durch menschlichen Austausch und Netzwerke stimuliert wird; in Teams kommt kreatives Denken, wie beispielsweise beim Brainstorming, erst zu seinem vollen Gehalt, selbst der kreative Einzelkämpfer wird irgendwann den Dialog suchen. Obwohl die Kreativen individuelle Werte haben, gehen sie mit einer sehr kooperativen Einstellung an die Arbeit. »*Kreativ kann eine begabte und produktive Person sein, wenn sie sich in einem erfolgversprechenden Gebiet und einem fördernden sozio-kulturellen Kontext betätigt.*«[37]

Sein Kollege Mel Rhodes unterteilte die Kreativität bereits in den 1960er Jahren in die heute noch gültigen *4P*: die kreative Person, den kreativen Prozess, das kreative Produkt und den kreative Ort [Place]. In Anlehnung daran identifiziert Richard Florida die für ihn inzwischen berühmten *3T*: Technologie, Talent und Toleranz. Diese sind Bedingung der ökonomischen Wirkkraft von Kreativität. Technologische Kapazitäten vor Ort werden vorausgesetzt, diese brauchen talentierte, kreative Menschen um einen innovativen Mehrwert zu erzeugen. Diese Menschen wiederum brauchen ein tolerantes Umfeld, also einen unterstützenden, offenen und entwickelten Wirkungskreis mit breitgefächerten sozialen, kulturellen, sowie ökonomischen Anreizen, welches das Entstehen neuer Arbeitsbedingungen, Lebensstile und Wohnkonzepte fördert – ein Umfeld, in dem Ideen entstehen, verstanden und auch realisiert werden können. Kultur, Kunst und Wissenschaft sind die kreativen Motoren ökonomischer Entwicklungsfähigkeit. Anders gesagt: Die Anzahl neuer Arbeitsplätze und die wirtschaftliche Prosperität eines Landes, einer Region, einer Stadt hängen zunehmend vom Stellenwert ab, den die Künste und Wissenschaften in ihnen einnehmen.

Häufig findet sich eine Ballung der Kreativen Klasse an besonders attraktiven Orten. Diese urbanen Nachbarschaften [z.B. Greenwich Village oder der Prenzlauer Berg] zu pflegen und dafür zu sorgen, dass die Lebensbedingungen für die Kreativen stabil bleiben, liegt in der Verantwortung der jeweiligen Stadt und sollte eines ihrer wichtigsten Anliegen sein. Denn, die Mobilität der Kreativen Klasse ist sehr hoch – wenn die Umstände nicht mehr ihren Anforderungen genügen, werden sie weiterziehen, warnt Florida.

Jeremy Rifkin wiederum misst dem Arbeitsplatz und damit dem Lebensort der Kreativen Klasse, von ihm die *Symbolanalytiker* genannt, weit weniger Bedeutung zu, da sie sich als Mitglieder der Hightech-Nomaden eher über das globale Netzwerk definieren als über die Metropolen mit den *3T*, in denen sie leben. Das hat auch zur Konsequenz, dass sie weit mehr mit ihresgleichen zu tun haben als mit ihren Landsleuten. Durch die Omnipräsenz des Internets wird Mobilität sogar ein Stück weit obsolet, zumindest verändert sich ihre Dynamik: einerseits wird die Welt ins Haus geholt, auf der anderen Seite erweitert sich der lokale Handlungsspielraum. So wird das Haus multifunktional genutzt, als Arbeits- und Wohnstätte erfüllt es die Anforderungen des Patchwork-Lebens der kreativen Selbständigen und muss nicht notgedrungen in der urbanen Nachbarschaft stehen. Kunden sind in der Regel sowieso nicht mehr lokal angesiedelt, sodass häufig Phasen der Mobilität beobachtet werden können, die abgelöst werden von verortet-fokussierten Phasen konzentrierter Arbeit – die, ausgerüstet mit Laptop und Mobiltelefon, im Prinzip überall stattfinden kann.

»*People follow jobs? Das war gestern. Jobs follow people. Das ist nach Florida die Dynamik unseres Jahrhunderts. Und dabei sind Talente und Technologien wichtig, gewiss. Aber die allerwichtigste*

---

[37] Mihalyi Cszikszentmihalyi, US-amerikanischer Kreativitätsforscher, Systemische Definition des Begriffs Kreativität

Währung, das große T sozusagen, ist Toleranz. Toleranz erfodet vor allem auch eines: Geduld und Vertrauen.«[38] Und das wiederum, führt Lotter aus, fällt den Gehemmten, also all den unkreativen, konservativen, [in der Regel] Vorgesetzten unheimlich schwer, insbesondere, weil sich kreatives Arbeiten einerseits so schlecht definieren, andererseits so schlecht befehlen lässt. Aber: *»Gehemmte sind geborene Controllettis. Im Industriezeitalter ist Vertrauen nur in Spurenelementen vorhanden. Misstrauen ist der größte Feind der Kreativität.«*[39] Deshalb verabschieden sich auch immer mehr Kreative aus verkrusteten Institutionen und Konzernen, die sich ausschließlich über Werterhaltung definieren und Neuem eher mißtrauisch gegenüber stehen. So bringt Lotter es dann auch lapidar auf den Punkt: *»Wer die Forderung nach Kreativität ernst nimmt, muss vieles hinter sich lassen: Sitzungs- und Zeitpläne, Rituale und Hierarchien, Mehrheitsmeinungen und Hausordnungen – schlussendlich alles, was den Laden der Gehemmten so zusammenhält. Kreativität verlangt nach Menschen mit Selbstorganisation. Unternehmern also.«*[40] Mit anderen Worten: Arbeitsplätze der Zukunft werden zunehmend künstlerisch geprägt sein und damit selbstbestimmter, kompetitiver, in stärkerem Maße projekt- und teamorientiert, zunehmend in Netzwerke und weniger in Betriebe integriert, mit vielfältigen und unterschiedlichen Arbeitsaufgaben, wechselhaft in Art und Umfang des Beschäftigungsverhältnisses, mit schwankender Vergütung und kombiniert mit anderen Einkommensquellen oder unbezahlter Eigenarbeit.

3/5

WIE DIE KINDER

Kreativität – Was ist das überhaupt? Schon der Begriff ist im Grunde nicht klar definiert. Im heutigen Sprachgebrauch ist damit eigentlich alles gemeint, was Neues schafft, also Dinge, Methoden, Verfahren und Ideen, die zuvor noch niemand hatte. Neben tausend anderen Dingen fallen Erfindungen, Optimierungen, Kunstwerke, Literatur, Musik, Software, Design und Blaupausen unter diese weitläufige Definition. Laut Joy Paul Guilford[41] setzt sich Kreativität aus der zeitnahen Lösung [Flexibilität] eines Problems mit ungewöhnlichen, vorher nicht gedachten Mitteln [Originalität] und mehreren Möglichkeiten der Problemlösung [Ideenflüssigkeit] zusammen, die für das Individuum vor der Problemlösung so nicht denkbar war [Problemsensitivität]. Kreative Methoden sind oft spielerisch, so kann Nachdenken zu Ergebnissen führen, die mit dem ursprünglichen Ziel nichts mehr zu tun haben, zu Nebeneffekten, neuen Erkenntnissen, die völlig überraschend sind. Kreative Arbeit ist risikoreich. Sie kann zu gesellschaftlichen oder technischen Revolutionen führen, aber auch völlig im Sande verlaufen. Deshalb sollten kreative Aufgaben ohne Zwang angegangen werden, denn Kreativität enfaltet sich nur in Freiheit, im Spiel – Verbissenheit und Leistungsdruck führen selten zu einfallsreichen Resultaten.

Hier findet sich auch das proteische Individuum wieder, der am Erleben von Unbekanntem interessierte, partizipatorische Mensch. Um jedoch spontan reagieren zu können, sind Ausbildung und Verfeinerung des kreativen Gespürs durch Erfahrung und Reflexion unverzichtbar. Und auch Regeln und Regelmäßigkeiten sind zu beachten, formelle oder informelle, eigene oder die Anderer, die nicht folgenlos verletzbar sind. Gewissenhaft kreatives Spiel schließt die Ernsthaftigkeit mit ein, so ist auch der bekannte Satz Friedrich Schillers gemeint: *»Der Mensch ist nur da ganz Mensch, wo er spielt.«*[42] Denn Schiller bezieht hier auch den spielerischen Umgang mit der Pflicht und dem von außen her bestimmten Schicksal ein. Erst dort gewinnt der spielerische Umgang des Menschen an Bedeutungstiefe, wo er gestaltend mit dem existenziellen

---

38 Wolf Lotter, Die Gestörten, brand 1..., S. 58
39 Ebenda, S. 59
40 Ebenda, S. 60
41 Joy Paul Guilford [1897 – 1987] war ein amerikanischer faktorenanalytischer Persönlichkeits- und Intelligenzforscher, mit dessen Name vor allem das »Structure of Intellect«-Intelligenzmodell verbunden wird.
42 Friedrich Schiller, Über die ästhetische Erziehung des Menschen..., 1795

Ernst des Lebens, also dem Nicht-revidierbaren umzugehen weiß. Spielerisch zu leben bedeutet also immer, den Umgang mit Aufgaben jedweder Art mit einer ernsthaften Leichtigkeit anzugehen und neben der vernunftgesteuerten Rationalität auch den Zufall, die Kreativität zuzulassen, also die Bewusstheit zu erlangen, dass der Mensch ein nicht allein rational denkendes [Homo Sapiens], oder konstruktiv schaffendes [Homo Faber] sondern auch spielendes [Homo Ludens] Wesen ist.

Ohne Kreativität bleibt demnach das Leben stumpf und leer. Der phantasievolle Umgang mit der Realität ist also kein Luxus, sondern verleiht dem persönlichen Erleben Sinn und Struktur. Dies ist sogar politisch von Bedeutung. Der amerikanische Sozialphilosoph Richard Rorty zeigt, dass Menschen sinnvolle individuelle und soziale Strukturen schaffen müssen, um überlebensfähig zu sein. Daran anschließend ist auch die individuelle und soziale Entwicklung des Individuums als Produkt kreativer Tätigkeit anzusehen. Erich Fromm: »*Glücklich wird der Mensch durch die Betätigung seiner eigenen Kräfte; dadurch, dass er sich selbst aktiv in der Welt erlebt. Das Glück für den Menschen liegt in all dem, in dem er seine ihm eingegebenen Fähigkeiten, die teilweise natürlicher und teilweise kultureller Art sind, benutzen kann, etwas zu schaffen.*«[43]

Kreativität ist eine Überlebensstrategie und keine Eigenschaft, die entweder vorhanden oder nicht vorhanden ist. Vielmehr kann sie, wenn auch nicht vollständig, erlernt werden. Vielversprechend drückt dies Richard Florida aus: »*Creativity is a capacity inherent to varying degrees in virtually all people.*«[44] Kreativität basiert auf gewöhnlichen Fähigkeiten wie: Bemerken, Erinnern, Sehen, Sprechen, Hören und Erkennen von Analogien. Das kreative Niveau kann durch bewusstes Praktizieren dieser Fähigkeiten erhöht werden. Je größer allerdings die Informationsmengen und je komplexer der Sachverhalt, desto weniger Menschen können transformative Leistungen vollbringen und Lösungsvorschläge generieren. Kreativität hängt von Begabungen, Motivationen, Originalität und Widerstandsfähigkeit ab. Kreative Persönlichkeiten verfügen über eine hohe Sensibilität für Probleme sowie über Abstraktionsvermögen. Aufgrund ihrer intellektuellen Wissbegierde und dem daraus folgenden, breiten Erfahrungshintergrund verknüpfen sie mühelos weit auseinander liegende Wissenselemente und leiten daraus Ideen ab. Bei kreativen Persönlichkeiten findet sich eine besondere Fähigkeit zu autotelischer Produktivität, d.h. zu konzentrierter Arbeit um der Sache selbst willen und nicht nur wegen potentieller Belohnungen. Sie sind auch meistens bereit, trotz Niederlagen und Enttäuschungen produktiv zu arbeiten. Ihre Einfälle erscheinen drängender und treffen auf ein Ich, das fähiger ist, zu gestalten. Dabei ist dieses Ich nicht notwendiger Weise ein stärkeres, sondern wahrscheinlich ein flexibleres Ich. Dieses flexible Denken verläuft querfeldein, das heißt es setzt sich über feste Strukturen, Zwänge, Konventionen und eingefahrene Verhaltensweisen hinweg, was ein hohes Maß an Selbstsicherheit voraussetzt. Kreative sind häufig subversiv, denn sie halten sich nicht an vorgeschriebene Regeln oder Abläufe, unterwandern bestehende Konformität und typisch adaptive, an Herkömmliches anknüpfende Muster und sind bereit, Risiken einzugehen. Nicht nur passioniertes Interesse sondern eine hohe Frustrationstoleranz sowie Ausdauer zeichnen die kreative Persönlichkeit aus. Die Intensität und Ausgeprägtheit der Kreativität ist demnach abhängig von den individuellen Möglichkeiten kreativer Entfaltung im sozialen Kontext und ihrer Bewertung [Zuspruch oder Ablehnung]. Ein durch diverse Erfahrungen und Eindrücke, durch unterschiedlichstes Wissen und Interesse – verstanden auch als Inter-Esse [Darinnen Sein] – bereicherter Geist wird also ein höheres Maß an Kreativität erzeugen.

Der sogenannte kreative Prozess gliedert sich in vier Phasen: Man wird sich eines Problems bewusst, sammellt Informationen und macht sich intensiv mit der Materie vertraut [Vorbereitung], die absolute Bedingung für eine kreative Erleuchtung: »*Chance favors only the prepared*

---

43 Erich Fromm, Zwischen Haben und Sein..., S. 85
44 Richard Florida, The Rise of the Creative Class..., S. 32

mind«[45]. In der zweiten Phase, der sogenannten Inkubation, hat man häufig das Gefühl, aufgeben zu wollen, man hat Angst, ein schlechtes Selbstwertgefühl, es gärt. Dann plötzlich hat man eine Idee, eine Inspiration [Illumination]. Dieser kreative Funke wird nun in der letzten und aufwendigsten Phase [Realisierung und Verifizierung] umgesetzt. Die Phasen können sich überlagern und ineinander greifen oder erneut auftauchen. Kreativität darf allerdings nicht mit Inspiration verwechselt werden. So sucht das Individuum in erster Linie nach Inspiration, welche im Gegensatz zur Kreativität ein lebenserhöhendes Gefühl, eine Emotion höchster Selbstverwirklichung ist. Kreativität hingegen ist, wie die anthropologische Proportion[46] besagt, in erster Linie mit Arbeit verbunden. Die schweizer Psychologin Verena Kast beschreibt in einem ihrer Vorträge[47] Kreativität als eine intensive Auseinandersetzung zwischen den inspirativen, beschwingenden Gefühlen auf der einen und dem Gefühl, in Hartem und Widerständigem arbeiten zu müssen, auf der anderen Seite. Kreativität hat immer organisatorische und inspirative Elemente. So sind Menschen, die organisiert, methodisch und strukturiert, mit einer genauen Vorstellung ihres Ziels und einer gewissen Logik an eine Aufgabe herangehen, ab einem gewissen Punkt auf Inspiration angewiesen. Andersherum benötigt eine inspirierte Idee irgendwann Überlegungen zur Umsetzung, wenn sie keine fixe bleiben soll. Inspiration ist eine grenzüberschreitende Erfahrung, in die das Individuum häufig aus einem Moment der Langeweile hineinkippt, da gerade in der Langeweile unbewusst nach Inspiration gesucht wird. Oft ist auch das Gefühl von Unkonzentriertheit und abschweifenden Gedanken bei der Arbeit in Wahrheit die Arbeit fördernde, kreative Assoziation.

3/6

UNTERWEGS

In einer Gesellschaft, in der Nützlichkeit und Ökonomie mehr zählen als Vielfalt und Kultur, deren sozial-ökonomisch ausgleichende Versuche nur eine weitere, Passivität erzeugende Konstruktion sind, in der straff geführte, hierarchisch geordnete, zentralisierte Organisationsformen gerade zur Verhinderung von Eigenständigkeit ausgelegt sind, in der Kreativität nur gefordert wird, um alte Machtverhältnisse zu stärken und in der bürokratische Standardisierung als Antwort auf individuelle Bedürfnisse und Ideen, Produktionsweisen, Tätigkeiten und Fähigkeiten gelten, haben die beschriebenen partizipatorischen Bewegungen wenig Chance, aus ihren elitären Enklaven auszubrechen und sich flächendeckend zu realisieren. Die staatliche Gegenwart ist geprägt von einem allseits präsenten »Nicht mehr – Noch nicht«[48], dessen größtes Manko die blanke Angst vor Veränderung zu sein scheint, die jedes Vertrauen in die Fähigkeiten der Kreativen verhindert und blockiert.

Offensichtlich wird hier, dass jeder Einzelne, entsprechend dem Grad der abgelegten Passivität, selbst Initiative ergreifen, Verantwortung übernehmen und seine Kreativität im eigenen Wirkungskreis einsetzen muss, ohne auf die Unterstützung eines ominösen Größeren zu hoffen. Jeremy Rifkin stellt dazu fest, dass »die Menschen ... sich notgedrungen wieder selbst umtun und neue lebensfähige Gemeinschaften bilden [müssen].«[49] Hierfür müssen verstaubte Glaubenssätze durch praktische Erkenntnisse ersetzt werden, muss auch die Bereitschaft auf materiellen Verzicht nicht nur in den jüngeren Generationen steigen. Nach einer derart vielseitigen Gleichschaltung eigene Wege zu gehen und eigene Lösungen zu finden kann als Problem, als Herausforderung oder als Chance gesehen werden, den Staat letztendlich doch in ein Organ zu

---

45 Ebenda, S. 34
46 Kreativität = 5% Inspiration und 95% Transpiration
47 Vortrag über Inspiration, aus: Psychologie der Emotionen, Vorlesungen an der Universität Zürich 1996 - 2001

48 Adrienne Goehler, Verflüssigungen..., S. 11
49 Jeremy Rifkin, Das Verschwinden der Arbeit und ihre Zukunft..., S. 192

transformieren, das nach gemeinsamen Ideen und Fähigkeiten konkreter Menschen fragt, die gesellschaftlich und ökonomisch relevante Energien einbringen und freisetzen. Denn: Menschen sind darauf angelegt, einander zu ergänzen und sich denkend, handelnd und fühlend in einem großen Wechselspiel zu bewegen. Ein gesellschaftliches Wechselspiel, das im ersten Schritt vom Individuum nach Selbstsorge, dem wohlverstandenen Eigeninteresse verlangt. Erst dann kann sich das Engagement entwickeln, gemeinsam mit anderen die Lebensbedingungen für alle zu verbessern. In diesem Engagement sucht das Individuum Freude, Qualität und Sinn des eigenen und gemeinschaftlichen Lebens und findet gleichzeitig soziale Anerkennung und Ermutigung. Adrienne Goehlers Worte motivieren: »Handeln heißt anfangen können. Es erfordert Mut. Wer anfängt, übernimmt eine Verpflichtung hinsichtlich des Wofür, aber sie ist mit der Freiheit des eigenen Gestaltens verbunden. Handeln ist ein bewusstes Tun und Beeinflussen, die Handelnden treten als Personen ganz in die Gesellschaft ein, in vielschichtigen Bezügen zu ihr und gleichzeitig Unterschiede herstellend. Handeln heißt, sich nicht vom Primat des Gegebenen lähmen lassen, sondern Möglichkeiten im Vorhandenen zu sehen, mit individuellen Modellen gegen die Flächenstrategie des Immergleichen Neues zu versuchen.«[50] Handeln – sich einzumischen und aufzulehnen, ein Exempel zu statuieren, Politisches und Soziales mitzugestalten, das verlangt Adrienne Goehler insbesondere von den Künsten und den Wissenschaften. Erst deren Interaktion ermöglicht die notwendigen gesellschaftlichen und ökonomischen Veränderungen.

3/7

ZUCKERBROT UND PEITSCHE

Seit dem Beginn der Moderne bemisst sich der Wert eines Menschen am Marktwert seiner Arbeitskraft. Ich arbeite, also bin ich. Der Wegfall von Lohnarbeit führt im Umkehrschluss zu einer sozialen Selbstdefinition mit Fokus gerade auf die Abwesenheit der Arbeit. Dauerhafte Arbeitslosigkeit kommt einer Kränkung gleich; das Gefühl, nicht gebraucht und gefordert zu sein führt häufig in innere Emigration und Depression. Da die Ware Lohnarbeit in einer automatisierten Welt zusehends überflüssig wird und aufgrund der aktuellen Finanzkrise auch nicht mehr zu tragen ist, muss das Verhältnis zwischen Individuum und Gesellschaft neu definiert werden. Es gilt, einer neuen individuellen Selbstdefinition ein Fundament zu verleihen und dessen Potential leb- und realisierbar zu machen. Erst mit dem gesellschaftlichen Rückhalt wird es dem freigesetzten Individuum gelingen, die neu gewonnene freie Zeit als Freiheit wahrzunehmen, über dessen Inhalte es selbst entscheiden wird. »Den Rhythmus des eigenen Lebens zu entdecken, ihn persönlich zu skandieren, ist eine unerhörte, erschreckende Aussicht für Menschen, die bis in die kapillarischen Verästelungen ihres Selbst hinein zwangsrhythmisiert wurden.«[51] Nichtsdestotrotz bleibt Arbeit eine sinnstiftende Instanz, durch die das Individuum Anerkennung sucht. Sich selbst als Produzent, Wertschöpfer, Kooperationspartner und Teil eines gesellschaftlichen Zusammenhangs zu erfahren, deckt zentrale Bedürfnisse mehrerer Ebenen ab, von der finanziellen Grundsicherung bis zur sozialen Zugehörigkeit und Einbindung, im Glücksfall sogar Selbstverwirklichung. Arbeit zu haben bedeutet also wesentlich mehr, als nur Geld zu verdienen. Arbeit ist ein wesentlicher Bestandteil des Selbstbildes.
Die Befreiung aus entfremdender und passivierender Lohnarbeit kann aus humanistischer Sicht kaum anders denn als Chance für das Individuum betrachtet werden, denn im Unterschied zu der vom Arbeitgeber vordefinierten und portionierten Lohnarbeit, die in der Regel unter Niveau und Talent des Arbeiters liegt, erzeugt die durch Selbstbestimmung getragene innere Produktivität das Glücksgefühl, das dem größten Teil der Menschheit abhanden gekommen ist. Frithjof Bergmann beschreibt diesen

---

[50] Adrienne Goehler, Verflüssigungen..., S. 239

[51] Wolfgang Engler: Bürger, ohne Arbeit zitiert in: Adrienne Goehler, Verflüssigungen..., S. 35

Mangel als *Armut der Begierde* und sieht die Lösung darin, eine Tätigkeit zu finden, die das Individuum gleich einem *calling* völlig erfüllt, die geschätzt wird und für interessant, sinnvoll und zweckmäßig erachtet wird.

Auf die Frage, ob ein entfremdeter Fließbandarbeiter denn wissen könne, was er wirklich wolle, gibt Bergmann eine ernüchternde Antwort. *»Nicht zu wissen, was man wirklich und wahrhaftig möchte, ist ein viel allgemeineres Leiden. Es ist in der Tat Teil des menschlichen Lebens, des allgemeinen Schicksals.«*[52] Glaubenssätze und Verhaltensregeln überlagern die eigenständigen Wünsche und erzeugen so die *Armut der Begierde*. Bergmann meint, Sozialisation – also das Kultivieren und Zivilisieren des Menschen – sei als Zähmung missverstanden worden. Gezähmt werden, so Bergmann, müsste der Mensch aber gar nicht. Er ist von Natur aus zerbrechlich, schnell eingeschüchtert und leicht manipulierbar mit einer ausgeprägten Bereitschaft zur Selbstaufgabe aufgrund des Bedürfnisses nach Gemeinschaft, Wahrnehmung und Anerkennung. Demnach ist das Organ, mit dem Hoffnungen und Pläne entstehen – der Wille – bei den meisten Menschen verkümmert oder sogar tot. Die Bewältigung dieser kreativen Krise beginnt mit der lebenslangen Stärkung und Entwicklung der seelisch-geistigen Kraft aller Menschen, deren Orientierung an künstlerischen Arbeits- und Denkmethoden durch richtige Vermittlung zu inspirierender und motivierender Stärke werden kann. Dabei ist der Fokus auf die Kreativität als eine in allen Menschen vorhandene Quelle unumgänglich, dessen Entfaltung im Zentrum aller Bemühungen stehen muss.

Und, so Bergmann, Arbeit ist im Gegensatz zu Arbeitsplätzen endlos vorhanden und jeder Mensch hat das Bestreben, seine Fähigkeiten einzusetzen. Mit seinen Projekten der *Neuen Arbeit* bemüht sich Bergmann seit mehr als 20 Jahren um Alternativen zur Lohnarbeit und hat inzwischen weltweit *Zentren für Neue Arbeit* etabliert, die, jeweils mit unterschiedlichen Schwerpunkten, multifunktionale Anlaufstellen für Selbstversorger darstellen.

Eine ähnliche, aber weniger auf Autarkie ausgelegte Alternative zum herkömmlichen Lohnarbeitssystem wäre die inzwischen vermehrt stattfindende Umverteilung von Arbeit in Form einer grundsätzlichen Arbeitszeitverkürzung, wobei hier vermehrt die Forderung nach sozialer Gerechtigkeit laut wird, nach der die Arbeitnehmer am technologiebasierten, arbeits- und zeitsparenden Produktivitätszuwachs zu beteiligen wären anstatt die Gewinne nur auf Führungs- bzw. Besitzebene zu verteilen. Ganz nach dem Vorbild künstlerischer Arbeit, die sich über Teilzeit- oder Projektarbeit definiert, sollte die dabei gewonnene freie Zeit, so empfiehlt es Rifkin, in den sozialen oder Nonprofitbereich einfließen. Denn hierhin, so sagt er *»werden sich die Menschen im kommenden Jahrhundert wenden, wenn ihre persönlichen oder gesellschaftlichen Belange weder vom Markt noch vom Staat berücksichtigt werden. Hier finden sie den Raum, neue Rollen und Verantwortlichkeiten auszuprobieren, und hier können sie ihrem Leben einen neuen Sinn verleihen, wenn der Marktwert ihrer persönlichen Zeit schwindet. Wenn die Menschen zumindest teilweise ihre Loyalität und ihr Engagement vom freien Markt und vom öffentlichen Bereich auf den ›dritten Sektor‹ übertragen, dann deutet dies auf einen fundamentalen Wandel unserer Institutionen hin.«*[53] Sich in Bereichen der sozialen Verantwortlichkeit zu engagieren hält Rifkin für überaus wichtig, denn gemeinnützige Leistungen resultieren aus dem Wissen, dass im Leben alles mit allem zusammenhängt.

Auch Goehler misst diesem Engagement große Bedeutung bei und erwähnt in diesem Zusammenhang die Notwendigkeit, über Finanzierungsalternativen nachzudenken: *»Im Sinne der pluralen Ökonomie und zur Ermöglichung eines gesellschaftlich getragenen Sozialen wird es auch ganz sicher darum gehen müssen, Grundeinkommen, Eigenarbeit, und Formen der Subsistenzwirtschaft mit einzubeziehen.«*[54] Rifkin sieht in Steuererleichterungen bzw. Grund- oder Sozialeinkommen ebenfalls einen notwendigen finanziellen Ausgleich für ehrenamtliche Arbeit im 3. Sektor und z.B. bisher unbezahlter Arbeit

---

52 Frithjof Bergmann, Neue Arbeit, Neue Kulltur..., S. 134
53 Jeremy Rifkin, Das Ende der Arbeit und ihre Zukunft..., S. 178
54 Adrienne Goehler, Verflüssigungen..., S. 242

wie Kindererziehung, die zu einer Weiterentwicklung der Gemeinschaft beitragen und langfristig den Übergang zu einer gemeinschafts- und dienstleistungsorientierten Gesellschaft erleichtern würde.
Ein weiterer wichtiger Aspekt für eine tragfähige Umstrukturierung ist ein demokratischer Zugang zu Bildung bzw. Weiterbildung. So fordert Goehler: »*Entscheidend ist der freie Zugang zu einer Bildung und einer Umgebung, die Kreativität als jeder und jedem Einzelnen innewohnende Fähigkeit versteht, die es zu entfalten gilt. Es geht um multidimensionale und experimentelle Denkweisen, die auch die unterschiedlichen Bereiche von künstlerischer, sozialer, technischer und ökonomischer Kreativität miteinander verbinden und über deren Chancen bereits in Kindergarten und Schule entschieden wird.*«[55] Der freie Zugang zur Bildung ist auch dem britischen Innovations- und Kreativitätsforscher Charles Leadbeater[56] wichtig, der die Erhöhung der Studienanfänger den Investitionen in künstlerische Institutionen vorziehen würde, denn Universitäten bieten potentiell ein kreatives, kooperatives Experimentierfeld, das zu selbständigem Denken erzieht. Hier können neue Ideen und Konzepte entstehen und die aktuellen Bemühungen und Enwicklungen auf kultureller, sozialer und technologischer Ebene weitertreiben, hier kommt es durch Kooperationen zu Synergieeffekten, die unsere Gesellschaft so dringend braucht. Ob dies allerdings mit dem verschulten Bachelor/Master-Konzept und damit verkürzten Studienzeiten gelingen kann, welches Wissensvermittlung vor dem Hintergrund einer ökonomischen Verwertbarkeit anstelle von Suchen nach gesellschaftlichen Lösungsansätzen verfolgt, bleibt fraglich.

4/

MADE @ HOME

»A lot of trial and error goes into making things look effortless.« *Bill Moggridge*

4/1

OXYMORON

Multiple Optionen bietet das heutige Leben in der automatisierten Welt nicht nur in Form von Informationen und Erlebniswelten, durch die Einführung eines Grundeinkommens vielleicht auch bald von Lebensentwürfen, sondern auch in einer endlosen Vielfalt variierbarer und vermeintlich individualisierbarer Produkte. Stanley Davis hat 1987 in seinem Buch ›Future Perfect‹ das Oxymoron Mass Customization geprägt, eine Zusammenziehung der Worte Mass Production und Customization. Mass Customization ist also die Produktion von Gütern und Leistungen für einen [relativ] großen Absatzmarkt, welche die unterschiedlichen Bedürfnisse jedes einzelnen Nachfragers dieser Produkte treffen, zu Kosten, die ungefähr denen einer massenhaften Fertigung vergleichbarer Standardgüter entsprechen. Die Informationen, die im Zuge des Individualisierungsprozesses erhoben werden, dienen dem Aufbau einer dauerhaften, individuellen Beziehung zu jedem Abnehmer. Es geht also darum, durch Integration des Kunden in den Herstellungsprozess einen Mehrwert, einen Differenzierungsvorteil anbieten zu können. D.h. Produkte werden in so vielen Varianten herstellbar, dass die Wünsche jedes Kunden erfüllt werden können. Auf den ersten Blick bietet Mass Customization offensichtlich nur Vorteile: Kunden müssen keine Kompromisse eingehen

---

55 Ebenda, S. 81
56 vgl. Charles Leadbeater, We Think, http://www.charlesleadbeater.net

noch übermäßig hohe Preise bezahlen, wenn es um ihre Sonderwünsche geht. Produzenten können die Nachfrage besser planen – production on demand – und dadurch ihren Cashflow optimieren. Soweit zur Definition. In realitas funktioniert Mass Customization allerdings nur sehr bedingt, denn die Produktionsprozesse ermöglichen nur einen minimalen Eingriff des Kunden auf sein Wunschprodukt, sollen die Vorteile der Massenfertigung erhalten bleiben. Die individuelle Freiheit endet in der Regel im Wählen aus vorgegebenen Optionen. »*Im Akt des Wählens erlebt der Mensch seine Macht, während er in Wirklichkeit unbewusst seine Ohnmacht erlebt, weil sein Wählen nur das Resultat von Beeinflussung ist, die hinter seinem Rücken vor sich geht. Er glaubt, bewusst seine Wahl zu treffen, während er in Wirklichkeit dazu veranlasst wird, zwischen verschiedenen Produkten zu wählen, die ihm vorgeschlagen werden.*«[57] Seit der Digitalisierung ist es für den Konsumenten ein Leichtes geworden, als vermeintlicher Prosument die Farbkomposition der neuen Turnschuhe via Internetkonfigurator zu übernehmen, sich sein individuelles Müsli online zusammenzustellen oder sich für die Anzahl der Brillianten auf der Schweizer Uhr zu entscheiden. Statt wirklicher Innovationen werden in der Regel Features kreiert, eine industrielle Spielart gehemmter Kreativität mit dem eigentlichen Marketingziel, Longtail-Produkte und schlecht gehende Artikel attraktiver zu gestalten. Es ist eine pseudointegrative Methode, die dem Kunden das Prosumieren vortäuscht und versucht, ihn mit einer individualisierten Problemlösung an das Unternehmen zu binden. Das vordergründige Gefühl, durch die Einbindung ernst genommen zu werden und der erhöhte Beratungsbedarf tun ihr Übriges für die Kundentreue. Ganz so einfach ist es aber glücklicherweise nicht, denn das Prinzip Mass Customization läßt sich zu leicht durchschauen. Es mag für bestimmte Produkte, wie der Konfiguration eines Personal Computers von Dell, gut funktionieren. Da es sich um einen vergleichsweise langwierigen Kauf- und Entscheidungsprozess handelt, bestehen einige Gefahren für potentielle Unzufriedenheit des Kunden. So kann bereits ein schlecht gestalteter, verwirrender, dysfunktionaler oder langweiliger Konfigurator innerhalb kürzester Zeit die Interaktionsbereitschaft des Interessenten eliminieren. Aber auch zu viele Optionen werden nicht zum Glück führen, die häufig mangelnde Vorstellung von der gewünschten Lösung führt dann eher in die Ratlosigkeit. Beratungen sind in der Regel problemorientiert und nicht form- oder inhaltsfindend ausgerichtet, sodass die Konfiguration eines aus der angebotenen Palette des Produzenten bestehenden Wunschobjekts eher zielorientiert und nach dem Ausschlusskriterium funktioniert. Echter Einbezug des Kunden findet also bei Mass Customization nicht statt.

Ein ganzes Stück weiter geht hier die Open Innovation, die in Anlehnung an die Open Source-Strategie den Kunden zu einem echten Prosumenten erhebt, da dieser in die Entwicklung integriert wird. Auch hier kommt das Crowdsourcing zum Einsatz. Unternehmen sind in Innovationsprozessen primär auf internes Wissen beschränkt, die Öffnung und Integration externer Lösungsquellen bieten völlig neue Potentiale. Über das Internet potenziert sich die Innovationskraft effektiv von wenigen Experten auf viele Akteure, deren aktive Rolle gleichzeitig quasi automatisch einen Marktfähigkeitstest der Entwicklung mit sich bringt. Der Kunde ist endlich nicht mehr nur passiver Empfänger einer von Herstellern autonom geleisteten Wertschöpfung, sondern tritt selbst als Wertschöpfungspartner von Unternehmen auf, indem er Produkte, Dienstleistung, Entwicklung und Herstellung mitgestalten, bestimmen oder sogar übernehmen kann. Der Vorteil für das Unternehmen liegt auf der Hand: Neben der bedarfsorientierten Produktion und dem Wegfall von Lagerkosten für unverkaufte Produkte wächst die persönliche Bindung zwischen Kooperationspartnern, die sich auf Augenhöhe begegnen. Die Kundenbeziehung gewinnt immer mehr an Wichtigkeit, denn »*wir ertrinken in einer Flut von mühelos kopierten Trivialitäten.*«[58] und es ist im Prinzip egal, von welchem Anbieter gekauft wird. Ganz im Sinne der Bedürfnisverlagerung

---

57 Erich Fromm, Zwischen Haben und Sein..., S. 84

58 Wolfgang Schmidbauer, Die einfachen Dinge..., S. 60

von Materiellem zu authentischen Erfahrungen wird auch hier auf das individualisierende Potential von bindenden Bezugskonstrukten gesetzt. Wenn es bisher darauf ankam, zu wiederholten Käufen anzuregen, »*ein Band diskreter Transaktionen zu knüpfen*«[59], dann wird die Zukunft davon geprägt sein, die Kundenidentifikation mit Produkt und Hersteller zu stärken. So werden simple Konsumobjekte auch vermehrt zu Erlebnissen. Bei einem neuen Auto steht dann in erster Linie das Fahrerlebnis im Mittelpunkt, bei Kleidung der Tragekomfort und bei Möbeln das Sitz- oder Schlaferlebnis. Auch die Werbung hat sich dieser Veränderung angepasst, anstelle des groß-laut-häufig wird auf eine stille, den Mainstream meidende, überraschende Strategie gesetzt, die das Gefühl der Transparenz, Ehrlichkeit und Authentizität stützt. Immer häufiger werden auch Events gesponsert, bei denen das Produkt direkt getestet und unverbindlich ausprobiert werden kann. Davon abgesehen ist die persönliche Empfehlung, wie sich das bereits in der Beschreibung des Social Commerce gezeigt hat, der heutzutage wichtigste Werbefaktor. *Brand-owner* genannte Menschen, die ein Produkt mehrfach gekauft, weiterempfohlen und sogar verschenkt haben, sind die wahren Werber, denn das Misstrauen gegenüber manipulativen Taktiken ist enorm.

4/2

ANALOGE AUTHENTIZITÄT

Sättigung und Überangebot führen vermehrt zu einem Rückzug ins Analoge, ins Mündliche, in den zwischenmenschlichen Austausch und damit zurück zum von Hand gefertigten, wirklich individuellen Einzelstück. »*Wir sind in allen Bereichen von Technik umgeben, da liefern handgefertigte Sachen Nahrung für die Seele. Maschinen vermögen zwar die unglaublichsten Dinge zu fabrizieren – aber sie stecken keine Liebe in ihre Arbeit und keine Leidenschaft. ... Die Zukunft gehört daher den handgefertigten Accessoires, die das Gefühl vermitteln, ›just for you‹ gemacht zu sein*«[60] Bei handgemachten Produkten wie z. B. Möbeln, Kleidung, Hüten, Schuhen oder Schmuck wird nicht nur ein Produkt gekauft, sondern die herstellende Person und die Geschichte hinter dem Produkt gleich mit dazu. Die persönliche Interaktion und individuelle Anpassung in einem kleinen Laden mit ungewöhnlichen Preziosen wird ebenso geschätzt wie die – gegenüber der gleichförmigen Perfektion der Massenware – wesentlich charmanteren Spuren von Individualität und Handarbeit. Solide Verarbeitungsweisen und der Anspruch an Qualität sind mit dem etwas neueren Thema der Nachhaltigkeit – die Reparatur erlebt eine Reinkarnation – zu Werten geworden, die der *Geiz-ist-geil*-Mentalität diametral entgegengesetzt ist. Die Gruppe derer, die wertorientiert konsumieren, hat in den USA bereits einen Namen: *LOHAS*, ein Akronym für Lifestyle of Health and Sustainability. Diese Gruppe, die Wert auf Gesundheit und Nachhaltigkeit legt, wächst rasant, in den USA soll bereits jeder sechste ein LOHAS sein, das wären 50 Millionen in der Regel zahlungskräftige Menschen, die jährlich rund 300 Milliarden Dollar für wertige Produkte ausgeben. Auch in Deutschland ist die veränderte Konsumorientierung spürbar, als Indikator sei hier nur auf die drastische Zunahme von Bio-Märkten hingewiesen. Dass diese Entwicklungen natürlich insbesondere in den Regionen mit den 3T ihren Anfang nehmen, liegt auf der Hand. Umweltbewusstsein steigt äquivalent zum Bildungsgrad, so ist es nicht weiter verwunderlich, dass es sich bei den LOHAS in der Regel um Menschen mit Hochschulabschluss handelt, die sich gerne in der *urbanen Nachbarschaft* niederlassen. So findet die Kreative Klasse zu einem weiteren Attribut, das gesamtgesellschaftlich wünschenswert wäre. Die Ablösung massengefertigter Produkte von solchen, die eine kleine aber loyale Kundschaft haben, zeigt den steigenden Grad an Wertebewusstsein und dem Bedürfnis nach echter Partizipation.

---

[59] Jeremy Rifkin, Access..., S.131

[60] Philip Treacy in Vogue 2/2002, S. 76 in: Design your life!..., S. 29

4/3

DIY 2.0

Das eigenständige Tun ist ein dem Menschen ureigenes Verlangen nach Autarkie. Dem Selbst Ausdruck zu verleihen, um sich gegen ein Außen zu definieren, ist ein überlebenswichtiger Trieb. Bereits bei kleinen Kindern kann man den Willen beobachten, die Dinge selbst in die Hand zu nehmen, auszuprobieren, sich aktiv in die Welt einzubringen. Somit hat es DIY[61] auch schon immer gegeben, ob aus der Not oder der Freude am Tun heraus. Mit steigender Komplexität der Waren allerdings wurde das eigene Handanlegen immer schwieriger. Konnte man an alten Transistorradios oder dem VW Käfer noch wunderbar selbst herumschrauben, so sind die späten Produkte der Massenfertigung nicht nur mit unglaublich komplexer Elektronik überladen, sondern lassen sich häufig nicht einmal mehr mit herkömmlichem Werkzeug öffnen, wenn sie denn überhaupt für eine Reparatur geeignet und nicht direkt als Wegwerfprodukt gestaltet wurden. So wächst – zusätzlich angeregt durch die beschriebenen Onlinebewegungen – das Verlangen nach eigenem Tun und läßt sich als direkte Konsequenz der langsam stattfindenden Befreiung von passivem Konsum verstehen. »Bastler sind vor vielen psychischen Gefahren der Konsumgesellschaft geschützt: sie haben zu tun, sie sind selten depressiv, sie sind nicht verwöhnt, sie neigen nicht zur Kriminalität, sie setzen sich ständig mit den Grenzen ihrer Fähigkeiten und Fertigkeiten auseinander«[62]. Nicht nur das, es bildet auch die eigenen geistigen Kräfte, das Verstehen um Form und Proportion und führt schließlich zum wahrhaftigen Be-Greifen des Werkstücks und damit der eigenen Wünsche.

DIY ist natürlich auch als ökonomischer Preisregulator einsetzbar, so kalkuliert Ikea mit der Partizipation seiner Kunden und kann die Möbel entsprechend günstiger verkaufen. Daneben gibt es viele andere Beispiele von partizipatorischer Integration in Möbelprojekten, von ernsthaft pädagogischen bis hin zu humorvollen Ansätzen wie der Serie *Do!* von Droog: Eine Vase, deren individuelle Einzigartigkeit entsteht, wenn sie an die Wand geworfen wird oder eine schwarze Leuchte, die erst kreativ freigekratzt werden muss, um Licht abzugeben, um nur zwei Beispiele zu nennen. Handwerk und virtuelle Welt finden auf diversen Internetplattformen zusammen, es wird ein buntes Potpourri aus Selbstgemachtem angeboten – es gibt keine geschmacklichen Grenzen. Derlei ästhetisch unzensierte Shoppingangebote treffen auf große Resonanz, der amerikanische Erstling Etsy hat bereits Ableger in diverser Form. Die Internetcommunity ist schnell, so haben sich inzwischen sogar fachspezifische Seiten hervorgetan, auf einer beispielsweise geht es nur um Mode. Von kostenfrei herunterladbaren Schnitten über fertige Unikate bis hin zu einem Userforum ist dort alles zu finden, was das Fashion-Herz begehrt [z.B. www.burdastyle.com].

Aber damit nicht genug, die ultimative DIY Erfindung, die Vision des Personal Fabricator als eine Weiterentwicklung der seit den 1980er Jahren verwendeten und stetig optimierten Rapid-Manufacturing Verfahren leuchtet am Horizont der befreiten Produktion. Das Verfahren ist verblüffend einfach: im sogenannten Schichtaufbauverfahren wird ein dreidimensionales Objekt produziert, dessen Parameter in einem CAD-Programm am Computer erstellt – modelliert – wurden. Diese Dateien sind heutzutage sehr einfach veränderbar und damit individualisierbar. Es können zum Beispiel Metalle, Kunststoffe, Keramiken oder Stärke in verschiedensten Verfahren verwendet werden, es wird ständig an neuen Materialien – auch Kompositen, Verfahren und Optimierungen der Prozesse geforscht. Eine Art der Anwendung wird oft auch Drucken genannt, denn häufig sind es simple Tintenstrahldruckköpfe, die Schicht um Schicht genau an den Stellen Granulat verbinden, wo sich auch in der Datei Material befindet. Das nicht verbundene Pulver verbleibt bis zur Fertigstellung des Objekts als Stützmaterial in dem sich absenkenden Bett, auf diese Weise können Geometrien erzeugt werden, die bisher nicht herstellbar

---

[61] Do it yourself
[62] Wolfgang Schmidbauer, Die Einfachen Dinge..., S. 23

waren. Hohlkörper in Hohlkörpern, Selbstdurchdringungen, statisch tragfähige, dreidimensionale Gitterstrukturen – die Möglichkeiten sind im wahrsten Sinne des Wortes endlos.
Zwei richtungsweisende Projekte werden hierzu aktuell verfolgt: Neil Gershenfeld vom Center of Bits and Atoms des Massachusetts Institute of Technology [MIT] ist Initiator der Personal Fabrication in den sogenannten *Fab-Labs* – öffentlichen Werkstätten ausgestattet mit dem grundsätzlichen Werkstattinventar sowie Lasercutter, Fräse und 3D-Drucker. Im Sinne Frithjof Bergmanns sollen hier alle und insbesondere Menschen aus armen, ländlichen Gebieten Zugang haben und in Kursen lernen, die für sie nötigen oder interessanten Projekte selbst umzusetzen. Fab-Labs existieren bereits in Indien, Südafrika, Panama, Costa Rica, Norwegen und den USA und erfreuen sich hoher Frequentierung.
Adrian Bowyer von der University of Bath in England verfolgt mit dem Replicating Rapid Prototyper, kurz *RepRap*, ebenfalls eine kostengünstige und frei zugängliche, damit basisdemokratische Vision der selbstversorgenden Produktion. Das Konzept ermöglicht es, mit nur einer Muttermaschine alle weiteren Maschinen zu produzieren, indem die notwendigen Spezialteile direkt gedruckt werden. Alles, was an Halbzeugen benötigt wird, ist weltweit in Baumärkten günstig zu bekommen. Bowyers Preisziel liegt bei ca. 500,- Euro pro Maschine, einem Bruchteil der bisherigen Marktpreise für Maschinen dieser Art. Die Produktion im Sinne der Bergmannschen Hightech-Eigenproduktion wäre letztendlich um ein wesentliches günstiger als herkömmliche Produktionsverfahren, selbst wenn die neuen Verfahren heute noch sehr hochpreisig sind. Kosten für Verpackung, Versand, Werbung, Verteilung über Vertriebsnetze, Ladenmieten, Steuern, Versicherungen, Gehälter und Löhne würden zum größten Teil wegfallen. Damit wäre die *»ideale Fabrik der Zukunft eine Werkstatt, vielleicht sogar nur ein Schuppen oder eine Garage, in der eine einzige Maschine steht – die anpassungsfähiger und flexibler ist und die von einer weitaus fortschrittlicheren Software gesteuert wird, welche sehr viel mehr Information enthält – und einen kompletten Satz verschiede-* *ner Teile eines fertigen Produkts erstellen wird«*[63] und dabei sogar nachhaltig wäre – Produktion ohne Abfall oder Verschnitt. Es ist eher unwahrscheinlich, dass – gleich der Entwicklung des Farbdruckers – künftig jeder über einen eigenen 3D-Drucker verfügen wird, vielmehr zeichnet sich eine Entwicklung in Richtung Copyshop bzw. Fab-Lab ab. *»Eine Dienstleistungsindustrie wird entstehen, die das einfache und rasche Fabrizieren materieller Gegenstände auf der Basis von Design-Dateien aus dem Computer ermöglicht. Ein zumindest indirekter Verbrauchermarkt öffnet sich damit der Rapid-Prototyping- bzw. Fabber-Industrie.«*[64] Neben den zahllosen formalen Spielereien, die insbesondere in Form von Leuchten die ersten Schritte in diese Richtung markieren, eröffnet sich hier ein völlig neuer Sektor für das Produktdesign. Es besteht erstmalig die Möglichkeit, im Sinne einer ernst gemeinten Mass Customization auch formale Parameter der Gestaltung zu öffnen und damit echte Individualisierung an Produkten anzubieten, die idealerweise in Kleinserie hergestellt würden. Ein erwähnenswertes Beispiel sind die parametrischen Sportbrillen *Your Very Own* von Martin Güntert. Per 3D-Scan wird das Gesicht des Kunden erfasst und die Brille passgenau angefertigt. Die Integration von biometrischen Daten in die Gestaltung ist jedoch nur einer der zukunftsweisenden Wege, die das Fabbing ermöglicht. Eine weitere Aufgabe für das Design liegt im Entwerfen sinnvoller Metamodelle, deren variierbare Parameter genügend Optionen für individuelle Kreativität geben und trotzdem nicht durch zu große Vielfalt überfordern und damit Entscheidungen verhindern. Der Schwerpunkt verlagert sich hier vom Entwurf des vermeintlich perfekten Unikats zur Gestaltung eines Handlungsspielraums, dessen Benutzbarkeit und Sinnfälligkeit dem Prinzip des *»Don't make me think«*[65] folgen und damit hauptsächlich im Bereich des Interface- und Interactiondesign liegen. Das nachweislich zunehmende Interesse der Allgemeinheit an einer Integration in Ent-

---
63 Frithjof Bergmann, Neue Arbeit, Neue Kultur..., S. 209
64 Andreas Neef, Stefan Krempl, Klaus Burmeister, Vom Personal Computer zum Personal Fabricator..., S. 106
65 vgl. Steve Krug, Don't make me think, A common sense approach to web usability, 2006, Berkeley: New Riders

wicklung und Produktion rechtfertigt einen solchen Ansatz nicht nur, sondern sollte als Aufruf verstanden werden. Je zahlreicher die Angebote in dieser Richtung werden, umso mehr wird das Interesse und damit die kreative Kompetenz des Users wachsen. In Hinblick auf die sich abzeichnenden gesellschaftlichen Veränderungen ist dies ein notwendiger, gestalterischer Schritt und Beitrag, den das angewandte Design zur kreativen Entfesselung aller leisten kann und sollte. An diesem Punkt muss noch einmal betont werden, dass der ganze Entwicklungsprozess der Automation und Technologie immer auf Kopfarbeit beruhte und damit die Innovationen aus der Reihe der Kreativen Klasse kamen, jedoch zur individuellen Profitmaximierung Einzelner mißbraucht wurden. Die stetige Befreiung des entfremdeten Arbeiters durch die Maschine ist per se eine wunderbare, positive Entwicklung, die künftig in der totalen Maschine – dem Personal Fabricator – ihr Ziel erreichen wird. Deshalb ist es so wichtig, die antiquierte Verknüpfung von Arbeit und Lohn aufzuheben und durch zeitgemäße und humane Modelle zu ersetzen.

4/4

AUF DEM WEG ZUM SPIME: ISOPT

In seinem Buch ›Shaping Things‹ analysiert Bruce Sterling die Entwicklung von Werkzeugen und Mitteln, ausgegangen vom Artefakt [Handwerkzeug – Jäger und Sammler] über Maschinen [technologische Geräte – Kunden], Produkte [Massenware – Konsumenten], Gizmos [elektronische, programmierte Interfaces – End-User] zu den zukünftigen von Sterling getauften Spimes [datenbasierte, vernetzte Instanzen immaterieller Systeme – Wrangler[66]].
»You first encounter the Spime while searching on a Website, as a virtual image. The image is likely a glamorous publicity photo, but it is also deep-linked to the genuine, three-dimensional computer-designed engineering specifications of the object – engineering tolerances, material specifications and so forth. Until you express your desire for this object, it does not exist. You buy a spime with a credit card, which is to say you legally guarantee that you want it. It therefore comes to be. Your account information is embedded in that transaction. The object is automatically integrated into your spime management inventory system. After the purchase, manufacture, and delivery of your spime, a link is established through customer relations management software, involving you in the future development of this object. This link, at a minimum, includes the full list of spime ingredients [basically, the object's material and energy flows], its unique ID code, its history of ownership, geographical tracking hardware and software to establish its position in space and time, various handy recipes for post-purchase customization, a public site for interaction and live views of the production change, and bluebook value. The spime is able to update itself in your database, and to inform you of required service calls, with appropriate links to service centers. At the end of its lifespan, the spime is deactivated, removed from your presence by specialists, entirely disassembled, and folded back into the manufacturing stream. The data it generated remains available for historical analysis by a wide variety of interested parties.«[67]
Sterling beschreibt hier die Produktion der Zukunft, die Koppelung von Internet und Rapid Manufacturing-Verfahren, wobei das vordergründige Potential der Individualisierung für ihn offensichtlich nicht ausschlaggebend ist.
An dieser Stelle soll das Kozept von *isopt* – parametrisch individualisierbares, doppelwandiges Porzellan mit integrierter Induktionstechnologie – vorgestellt werden. Im Entwurf ging es um den grundsätzlichen Versuch, über einen neuen Designansatz nachzudenken und an einem exemplarischen, für den Benutzer einfach verständlichen Produkt die Idee der Partizipation und kreativen Integration durchzuspielen und damit auf die sich wandelnden Bedürfnisse

---

66 Die Ableitung Data-Wrangler [Datenhirte] beschreibt eine Person, die die korrekte Speicherung und gegebenenfalls die benötigte Umwandlung großer Datenmengen im IT-Bereich sicherstellt.

67 Bruce Sterling, Shaping Things..., S. 76 ff.

einzugehen. Der Grundgedanke basiert auf dem Versuch, mit heute schon realisierbarer Technologie ein Medium zu schaffen, in dem sich der Benutzer relativ frei bewegen kann. Rapid Prototyping-Verfahren sind brandaktuell aber noch an der Grenze des Machbaren. Die Einschränkung, die durch die noch mehrheitliche Verwendung von Monomaterialien gegeben ist, macht einen Designentwurf relativ schwierig. Die meisten Materialien sind noch nicht über das Stadium des Prototypenbaus hinaus, nicht so die keramischen Stoffe. Dass es sich hier um einen sehr komplexen Werkstoff handelt, war eher eine Herausforderung als eine Einschränkung. Der Gedanke an Gebrauchskeramik lag nahe, sind es doch Objekte, mit denen Jeder täglich in Berührung tritt, dessen Funktion, Proportion und Handhabbarkeit Jeder zumindest unbewusst kennt.

Neben der Gestaltung eines neuartigen Konzepts für Gebrauchskeramik, der Parametrisierung und Systematisierung einer Produktfamilie in Hinblick auf den interaktiven Prozess war es ebenso wichtig, funktionale Innovationen aufzuspüren, die durch das neue Herstellungsverfahren möglich werden. Die Herausforderung, ein formal individualisierbares Objekt, also ein Metaobjekt zu entwerfen, gehen dabei Hand in Hand mit den Anforderungen an die virtuelle Schnittstelle, die dem Laien ein möglichst authentisches und intuitives Eingreifen in den Prozess erlaubt. Nach dem Prinzip *Keep it simple and stupid* soll dieser Prozess so einfach sein wie die Bestellung einer Currywurst auf der Straße. Es ist ein mit den heutigen Mitteln realisierbares Konzept entstanden, das exemplarisch dazu beitragen soll, eigene Wünsche zu reflektieren und fern von passivem Konsum eine aktive Teilhabe zu fördern.

Über ein Interface, das sich durch einen ansprechenden, referenziellen Raum klar von der herkömmlichen nüchtern-funktionalen und häufig überladenen Erscheinung von pseudo-individualisierbaren Konfiguratoren unterscheidet, kann der User in einem sinnvoll funktionalen Rahmen frei und spielerisch handeln und wird damit selbst für sein Schaffen verantwortlich. Er ist nicht mehr auf eine beschränkte Auswahlpalette angewiesen sondern kann, da Porzellan inzwischen mittels Layerwise Slurry Deposition [LSD] im dreidimensionalen Druckverfahren herstellbar ist, die Form frei manipulieren. Um den Horror Vacui zu umgehen, bietet das Interface ein aus dem Möglichkeitsrahmen der freigegebenen Parameter per Zufall erstelltes Metaobjekt an, welches dann über das Verziehen der Schnittkurven formal verändert werden kann. Hier wird auf das große Potential der Unikatfertigung durch das Schichtaufbauverfahren Bezug genommen. Dem User steht es frei, so er denn ein Service oder mehrere Teile haben möchte, diese komplett selbst zu erstellen oder über die Funktion der Familiengenerierung anhand der Parameter des von ihm selbst erstellten Elternpaares eine zufallsgenerierte Familie angeboten zu bekommen. Bei Familien handelt es sich stets um Patchwork, jedes Teil unterscheidet sich vom anderen. Je stärker die Unterschiede der Eltern sind, um so höher ist der Variationsgrad der Kinder, wobei jedes generierte Familiengefäß, neben weiteren zur Auswahl stehenden Features, unabhängig von den anderen neu generiert werden kann, bis es den Vorstellungen des Users zusagt. Das System der Familie ist in sieben Größenkategorien unterteilt, wobei der User selbst bestimmt, wieviele Teile aus einer Kategorie er haben möchte. Neben der auf herkömmliche Weise nur unter großem Aufwand bzw. gar nicht herstellbaren isolierenden Doppelwandigkeit der Gefäße, dank welcher auf jegliche Griffe und Henkel verzichtet werden kann, stellen auch die zusätzlich zur Auswahl stehenden Features erst durch das neue Herstellungsverfahren mögliche, technische sowie funktionale Innovationen dar. So kann zu jedem Gefäß ein passender Deckel generiert werden, flach oder tief, der gleichzeitig auch als Teller funktioniert. Passende Siebe, deren Lochstruktur ebenfalls individualisierbar ist, sind eine weitere Option und dienen, bei der Auswahl der integrierten Induktionstechnologie und damit der Möglichkeit, in den Gefäßen zu kochen, auch als Mittel zum Dampfgaren. Das Herstellungsverfahren ermöglicht einen komplexen Aufbau der Körper, in deren Innerem das für das Funktionieren der induktiven Kraft nötige Weichferrit aufgebracht werden kann. Die Gefäße werden zum Schluss per Aktivlöten verschlossen und sind damit spülmaschinentauglich. Da es sich um Unikate handelt, verfügt jedes Teil – ganz im Sinne des Spime – über ein QR-Tag mit der individuellen Seriennummer, einem Link zu der auf einem Server gespeicherten Originaldatei und zusätzlich individuell wählbare Inhalte wie Name des Urhebers, persönliche Nachrichten oder Ähnliches. Natürlich wird nur auf Bestellung produziert, es fallen also keine Lagerkosten an. Idealerweise würde die Produktion lokal, in am Konzept beteiligten Keramikwerkstätten stattfinden, die über eine Maschine verfügen und damit das nötige Handwerk der nach dem LSD-Prozess weiterverarbeitenden Schritte wie Applikation des Dekors oder Glasurbrand abdecken. Auch hier stützt sich das Konzept auf sich abzeichnende Tendenzen wie Rückbesinnung auf Handwerk, Rückgang von Massenfertigung und Zunahme der Produktion von Kleinserien.

Bei der Entwicklung des Interfaces war insbesondere wichtig, dass der User auf eine Reise mitgenommen wird, die Spaß macht, dessen klar strukturierte Entscheidungshierarchie nachvollziehbar und transparent ist und die Interaktion dem User lehrreiche Rückmeldungen bezüglich seiner Auswahl gibt, ohne ihn mit einer überladenen Palette an Optionen und Zusatzfunktionen zu überfordern oder zu frustrieren. Das Konzept ist danach ausgelegt, die selbstreflektorische Kreativität des Users anzusprechen und herauszufordern, denn laut Studien sind heute immer noch 70 Prozent der Menschen nicht daran interessiert, sich zu fragen, was sie eigentlich wollen. Je größer das Angebot an ernsthaft individualisierbaren Produkten wird, umso stärker wird diese Zahl schrumpfen.

4/5

EINFACH KOMPLEX

In der partizipatorischen Gesellschaft wird die Gestaltung weiterhin ihre alten Aufgaben betreuen, jedoch werden die Individualisierungsprozesse und der Bedarf an entsprechender Gestaltung steigen, sodass die beiden Ansätze parallel zueinander existieren werden. Weder möchte sich das Individuum durch die totale Individualisierung von der soziokulturellen Zugehörigkeit abschneiden und damit isolieren, noch in einem Strom von Gleichschaltung untergehen. Diversifikation, Multioption, Parallelität und Gleichzeitigkeit sind überall spürbare Entwicklungen einer pluralistisch gewordenen Welt – es gibt nicht mehr die eine Mode, die eine Ästhetik oder die eine Wahrheit. In einem Umfeld, dessen Angebote derartig komplex und vielfältig sind, wird ein Aspekt des Designs immer wichtiger werden: Als Koordinator, Berater und Katalysator wird der künftige Gestalter zu einem in der Ästhetik kompetenten Begleiter verschiedenartigster Vorgänge mit dem Schwerpunkt, Handlungsräume, Entscheidungsprozesse und Strukturen zu entwerfen, in denen sich wieder zurechtgefunden werden kann. Durch die offene und undogmatische Herangehensweise wird er Wege finden, über eine ausgewogene Mischung aus Angebot, Vergleich und eigener Freiheit die allgemeine Orientierungslosigkeit zu reduzieren und damit die Eigenständigkeit des Individuums zu stärken.

Die kreative Entfesselung des Individuums ist eine unglaublich komplexe Aufgabe, ob auf soziokultureller Ebene, im Politischen, im Zwischenmenschlichen oder für Entwicklung und Design – die Weichen dafür scheinen jedoch gestellt zu sein. Nun liegt es an der Kraft und Motivation jedes Einzelnen in der Gemeinschaft, seinen Beitrag, so klein er auch sein mag, zu leisten, um einen gemeinsamen, großen Schritt zu gehen.

LITERATURVERZEICHNIS

Aicher, Otl Analog und Digital [1991] Berlin: Ernst&Sohn
Aicher, Otl Die Welt als Entwurf [1991] Berlin: Ernst&Sohn
Anders, Günther Die Antiquiertheit des Menschen 2 [1979] München: C.H.Beck [2002]
Anderson, Chris The long tail [Der lange Schwanz] [2006] München: Carl Hanser
Baudrillard, Jean Das System der Dinge [1968] Frankfurt a. M.: Campus Verlag [2001]
Benjamin, Walter Das Kunstwerk im Zeitalter seiner Reproduzierbarkeit [1936] Frankfurt a. M.: Suhrkamp [1977]
Bergmann, Frithjof Neue Arbeit, Neue Kultur [2004] Freiamt im Schwarzwald: Arbor Verlag
Bieri, Peter das Handwerk der Freiheit - Über die Entdeckung des freien Willens [2000] Frankfurt a.M.: Fischer Taschenbuch Verlag [2007]
Bourdieu, Pierre Die feinen Unterschiede – Kritik der gesellschaftlichen Urteilskraft [1979] Frankfurt a. M.: Suhrkamp [1987]
Burckhardt, Lucius Design ist unsichtbar [1995] Hrsg. Rat für Formgebung, Ostfildern: Cantz
Deleuze, Gilles / Guattari, Felix Rhizom [1976] Berlin: Merve Verlag
Eco, Umberto Apokalyptiker und Integrierte – Zur kritischen Kritik der Massenkultur [1964] Frankfurt a. M.: Fischer Taschenbuch Verlag [1987]
Florida, Richard The Rise of the Creative Class [2002] New York: Basic Books [2004]
Friebe, Holm / Lobo, Sascha Wir nennen es Arbeit [2006] München: Heyne
Frankl, Victor Das Leiden am sinnlosen Leben [1977] Freiburg: Herder
Frankenberg, Hartwig / Kritzmöller, Monika [2002] Design your life! Eine kulturkritische Analyse der Alltagsästhetik Kempten: Flabelli Verlag
Fromm, Erich Die Kunst des Lebens – Zwischen Haben und Sein [1976] Funk, Rainer [Hrsg.], Freiburg i. Brsg.: Herder [2001]
Giedion, Sigfried Die Herrschaft der Mechanisierung [1948] Frankfurt a. M.: Athenäum Verlag [1987]
Gigerenzer, Gerd Bauchentscheidungen, Die Intelligenz des Unbewussten [2007] und die Macht der Intuition, München: Bertelmann
Goehler, Adrienne Verflüssigungen – Wege und Umwege vom Sozialstaat zur [2006] Kulturgesellschaft, Frankfurt a. M.: Campus Verlag
Gropius, Walter in: Theorien der Gestaltung – Grundlagentexte zum Design [1922] Fischer, Volker [Hrsg.], 1999, Frankfurt a. M.: Verlag form
Gross, Peter Multioptionsgesellschaft [1997] Frankfurt a. M.: Suhrkamp
Huizinga, Johan Homo Ludens – Vom Ursprung der Kultur im Spiel [1938] Hamburg: rowohlt [2001]
Johnson, Lisa Satisfying the 10 Cravings of a New Generation of Consumers [2006] New York: fp Free Press
Kant, Immanuel Kritik der Urteilskraft [1790] Hamburg: Felix Meiner Verlag [2006]
Koren, Leonard Wabi-Sabi für Künstler, Architekten und Designer [1994] Tübingen: Wasmut Verlag
Maeda, John The Laws of Simplicity [2006] Cambridge: MIT Press
Marquard, Odo Zukunft braucht Herkunft [1981-2000] in: Philosophische Essays, Stuttgart: Reclam [2003]
McLuhan, Marshall Understanding Media – The Extension of Man [1964] Cambridge: MIT Press [1994]
Morris, William in: Theorien der Gestaltung – Grundlagentexte zum Design [1887] Fischer, Volker [Hrsg.], 1999, Frankfurt a. M.: Verlag form
Mumford, Lewis Mythos der Maschine – Kultur, Technik und

Macht. [1977] Frankfurt a.M.: Fischer Taschenbuch Verlag
Muthesius, Hermann / v. d. Velde, Henry [1910] in: Theorien der Gestaltung – Grundlagentexte zum Design Fischer, Volker [Hrsg.], 1999, Frankfurt a. M.: Verlag form
A. Neef, S. Krempel, K. Burmeister [2006] Vom Personal Computer zum Personal Fabricator Hamburg: Murmann Verlag
Packard, Vance Geheime Verführer [1957] Düsseldorf: Econ Verlag
Piller, Frank / Reichwald, Ralf Interaktive Wertschöpfung, Open Innovation, Individualisierung [2006] und neue Formen der Arbeitsteilung, Wiesbaden: Gabler
Rifkin, Jeremy Access – Das Verschwinden des Eigentums [2000] Frankfurt a. M.: Campus Verlag
Rifkin, Jeremy Das Ende der Arbeit und ihre Zukunft [2000] Frankfurt a. M.: Campus Verlag
Rötzler, Florian [Hrsg.] Digitaler Schein, Ästhetik der elektronischen Medien [1991] Frankfurt a. M.: Suhrkamp Verlag
Ruskin, John in: Theorien der Gestaltung – Grundlagentexte zum Design [1851] Fischer, Volker [Hrsg.], 1999, Frankfurt a. M.: Verlag form
Schiller, Friedrich Über die ästhetische Erziehung des Menschen [1795] Stuttgart: Reclam [2000]
Schmidbauer, Wolfgang Die einfachen Dinge [2003] München: Deutscher Taschenbuch Verlag
Schmidt-Salomon, Michael Manifest des evolutionären Humanismus [2006] Aschaffenburg: Alibri Verlag
Sennett, Richard Der flexible Mensch – Die Kultur des neuen Kapitalismus. [1998] Berlin: Berlin Verlag
Sterling, Bruce Shaping things [2007] Cambridge: MIT Press
Stirner, Max Der Einzige und sein Eigentum. [1844] Leipzig: Otto Wigand Verlag
Walker, John Designgeschichte – Perspektiven einer wissenschaftlichen Disziplin [1992] München: Scaneg Verlag

Zeitschriften/Magazine

Bastian, Till Modernes Leben [06[2003] Psychologie Heute
Beck, Ulrich Was wird? [Interview] [33/2003] DIE ZEIT
Hirdina, Heinz Leben ist geschmacklos [2004] KHB Magazin – Geschmacksache
Kohlenberg, Kerstin Am Ende der Kauflust [42/2004] in: DIE ZEIT
Lange, Lydia Die große Einflüsterung [1/2006] Psychologie Heute
Leadbeater, Charles Wie werden wir künftig unser Leben bestreiten? [Interview] [05/2007] brand1 – Achtung, Sie betreten den kreativen Sektor
Lotter, Wolf Die Gestörten [05/2007] brand1 – Achtung, Sie betreten den kreativen Sektor
Form + Zweck hfg ulm [20/2003]

Vorträge

Robinson, Ken Do schools today kill creativity? [2007] Vortrag der TED-Konferenz, Monterey, Kalifornien
Schwartz, Barry Why choice makes people miserable [2006] Vortrag der TED-Konferenz, Monterey, Kalifornien

Webseiten (zuletzt besucht am 21.02.2010)

Daniels, Dieter Strategien der Interaktivität [2003] http://www.hgb-leipzig.de/daniels/vom-readymade-zum-cyberspace/strategien_der_interaktivitaet.html
Keupp, Heiner Patchworkidentität – Riskante Chancen bei prekären Ressourcen http://www.ipp-muenchen.de/texte/keupp_dortmund.pdf

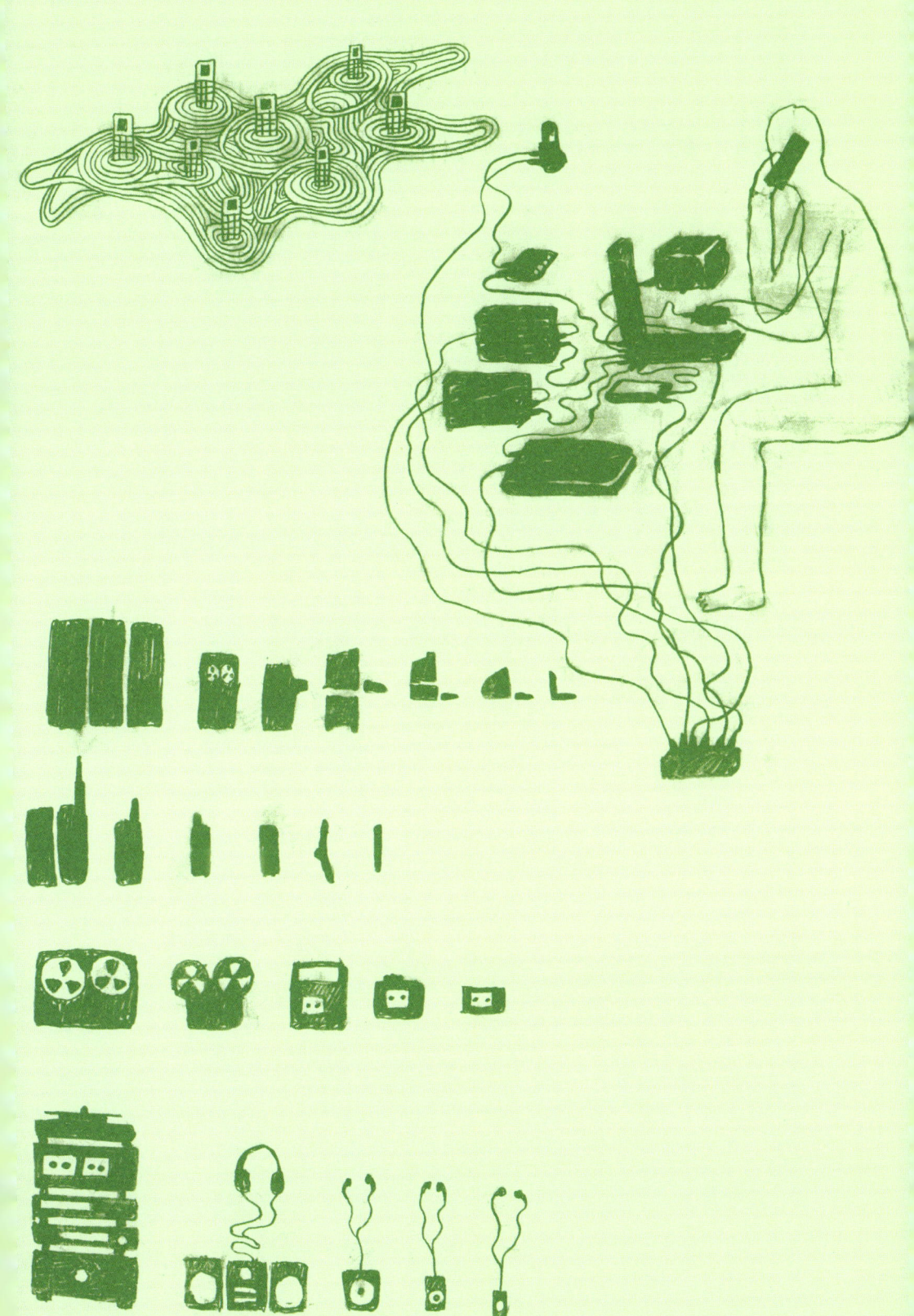

DER BAUKASTEN ALS PRODUKT

FRIEDRICH KAUTZ

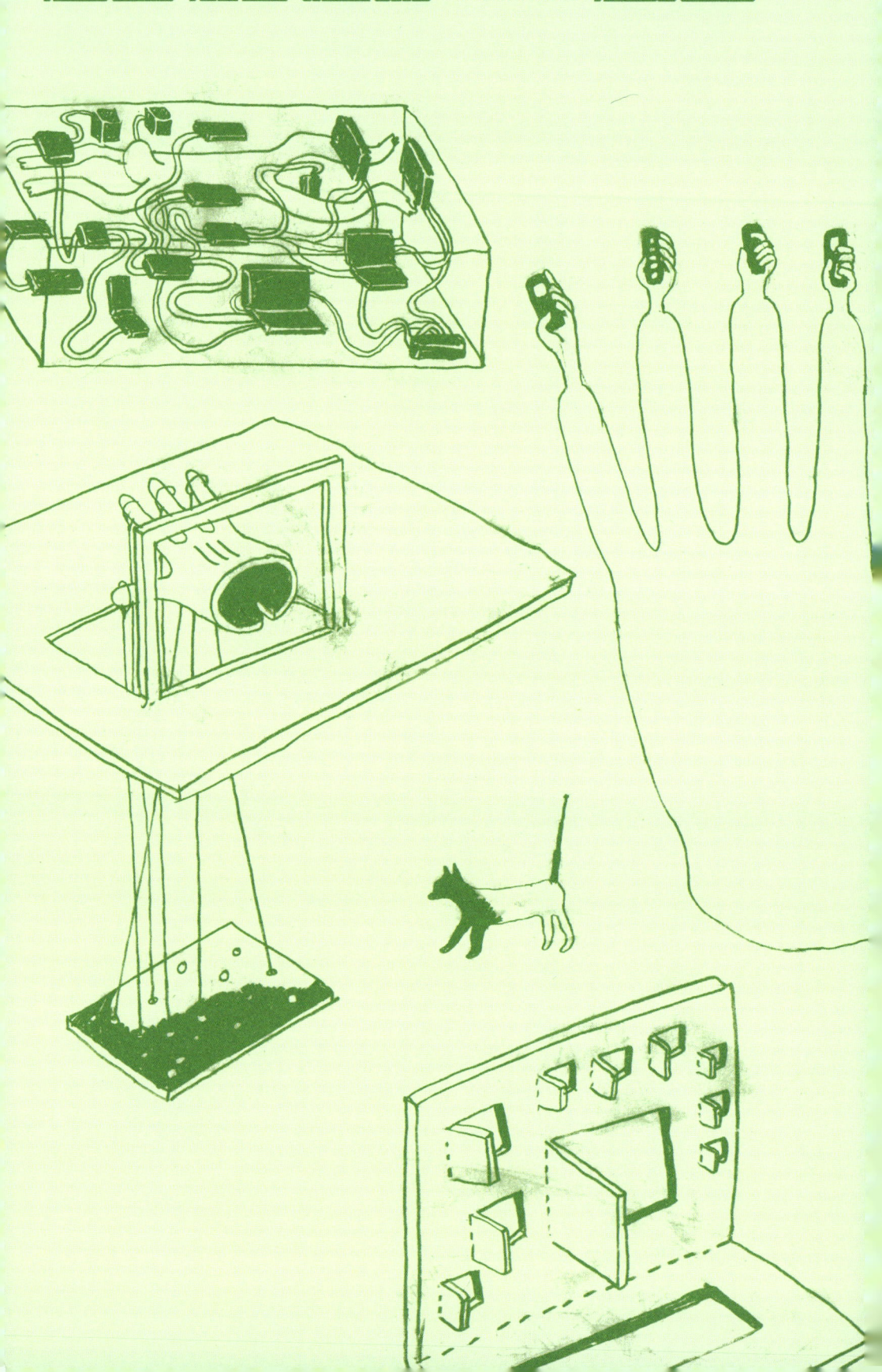

DER BAUKASTEN ALS PRODUKT

FRIEDRICH KAUTZ

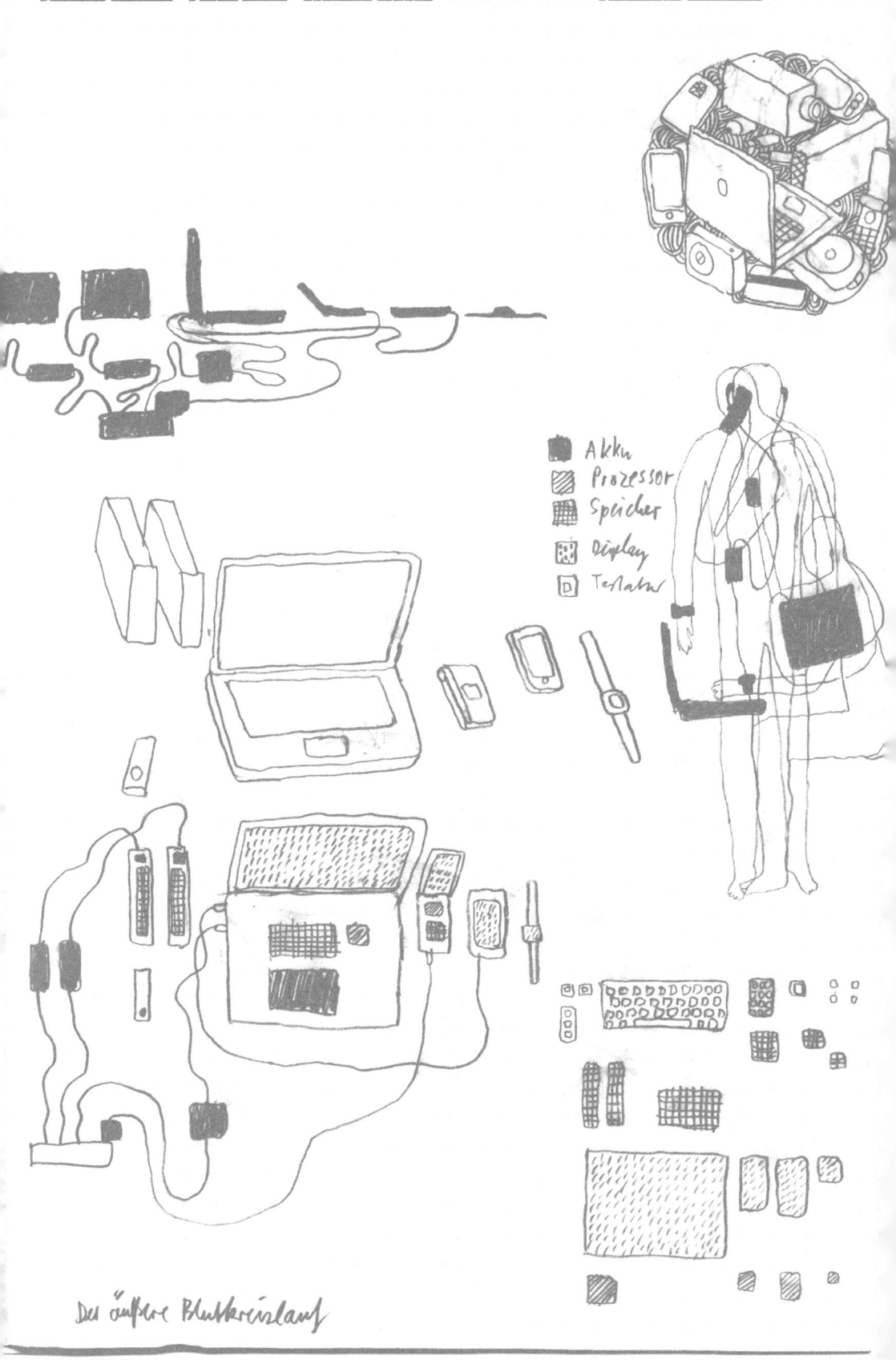

- ▪ Akku
- ▨ Prozessor
- ▦ Speicher
- ▩ Display
- ▢ Tastatur

Der äußere Blutkreislauf

DER BAUKASTEN ALS PRODUKT
SYSTEMDESIGN AM BEISPIEL MOBILER ELEKTRONIK

FRIEDRICH KAUTZ

»Ich wollte entrümpeln, das Chaos beseitigen.«
– Dieter Rams im Gespräch mit dem
ZEITmagazin LEBEN am 28. März 2008

DIE DIGITALE GESELLSCHAFT

Vor nun mehr als einem Vierteljahrhundert begann mit der Einführung von Mobiltelefonen auf dem breiten Markt eine Revolution: Das Autotelefon des Geschäftsmannes im Dienstwagen, der Glamour des technischen Wunderwerks, die ersten Walkie-Talkie-großen Motorola Knochen im Aktenkoffer – und in kurzer Zeit wurde aus dem Statussymbol ein Massenartikel.

Die Verbreitung des Mobiltelefons war ein Vorspiel für die digitale Revolution.

Computer, einst in der Größe vergleichbar mit Kühlschränken, wurden schon in den 80er Jahren zu handlicheren Kästen und Anfang der 90er sogar tragbar. Aus dem Heimcomputer wurde der Personal Computer: Der Beginn der digitalen Revolution für eine breite Schicht. Aber erst mit der Einführung mobiler Datendienste, schneller Breitbandnetze und passender Endgeräte sind Emails und das Internet überall zugänglich. Mit der ständigen Erreichbarkeit, der steten Verfügbarkeit von Datendiensten und dem leichten Transport großer Datenmengen sind alle Voraussetzungen für die digitale Revolution erfüllt. Und die greift um sich und verändert die Gesellschaft in rasantem Tempo. Die Menschheit ist während dieser Entwicklung abgelenkt von anderen Herausforderungen: Der Klimakatastrophe, der Wirtschaftskrise und dem von Samuel Huntington vorhergesagten »Kampf der Kulturen«.

Doch es gilt zu erforschen, was aus der zwischenmenschlichen Kommunikation wird, die bei vielen Menschen seit etwa fünf Jahren auf einmal über Kanäle, wie sie die Menschheit noch nie kannte, abgewickelt wird: SMS, Instant Messaging, Emails, Skype. Die neue Technik wird nicht von allen Altersschichten der Gesellschaft gleich gut angenommen: Ältere Menschen verschließen sich dem Bombardement von Anglizismen und technischen Abkürzungen oder verstehen nur Bahnhof, auch fällt die Bedienung zunehmend funktionsreicherer Gerätschaften ihnen nicht immer so leicht wie jüngeren Jahrgängen. Da aber der Anteil älterer Mitbürger gerade in den technisch am höchsten entwickelten Erste-Welt-Ländern steigt, wird dies zu einer weiteren Herausforderung.

DER KOMMUNIKATIONS- UND DATENTSUNAMI

In diesen am weitesten entwickelten Ländern gibt es sie schon in allen Wirtschaftszweigen und Berufen: Die Arbeiterscharen mit den Blackberrys im Gürtelholster. In den Ohren die unverkennbaren weißen Ohrstöpsel des iPods. Dieses Weiß ist der Marker für den Umstand, dass es auf einmal gesellschaftlich korrekt ist, in der Öffentlichkeit Musik zu hören – in den achtziger Jahren in Deutschland noch durch Kampagnen der öffentlichen Verkehrsbetriebe verpönt. Die Marke, die es wie keine andere geschafft hat, ihre Produkte als begehrlich erscheinen zu lassen und dem Konsumenten ihre Aura zu übertragen. In der Hosentasche vielleicht ein USB-Stick mit mehr Speicherplatz als für alle Werke der örtlichen Bibliothek nötig wäre, und das nur für ein paar aus dem Internet geladene Kinofilme und etwas raubkopierte Musik.

Dann die digitale Bilderflut: Da, wo früher ein einziges Bild gemacht wurde, sind es heute sehr viele. Es sind so viele, dass die Firma Microsoft die Software »Photosynth« entwickelt hat, die aus allen von Touristen gemachten Bildern verschiedene Sehenswürdigkeiten als dreidimensionales und begehbares Modell nachbauen kann. Besser gesagt: Das Modell baut sich selber zusammen aus Bildern, die es geschwind aus dem Internet zieht. Das ist nur möglich, weil fast jeder Stein z.B. auf dem Petersplatz aus fast jedem Winkel bereits fotografiert wurde und im sein Bild Netz liegt.

SCHLÜSSELTECHNOLOGIEN UND GESELLSCHAFTLICHE BEDEUTUNG

Nehmen wir Navigationssysteme. In Deutschland meist im Auto per Gummihalterung an die Scheibe geklebt, im Technologien stets zuerst adaptierenden Japan schon die Pflichtausstattung in jedem Handy. Zweck der Pflicht? Fernortung der Person, aus Sicherheitsgründen. Eine sinnvolle Maßnahme, wenn Eltern ihre Kinder vermissen oder Erdbebenopfer gesucht werden. Doch hier bietet die Technik auch ein ideales Werkzeug für einen Überwachungsstaat. »1984« war eine aus heutiger Sicht vorsichtige Vision von dem, was heute möglich ist.

Oder eine soziale Institution in Gegenden mit schlechter Internetanbindung: Das Internetcafe. Hier schreibt der Reisende nach Hause, hier trifft sich die Jugend in den Online-Communities zum Flirten. Da haben die Menschen die Möglichkeit, sich nahezu jede Information aus dem Netz zu ziehen und 70% aller Suchanfragen bei Google drehen sich um das Thema Sex und Porno. Die Institution des Internetcafes liefert verwertbare Forschungsdaten: Hier lässt sich beobachten, was die Leute interessiert, was sie machen in der weltweiten digitalen Nutzergesellschaft. Wenn die Jugendlichen das Internet bald alle auf dem Handy haben werden, können sie da weiterchatten. Die Grenzen zwischen dem Begriff »Freund« für eine real existierende Person, mit der man tatsächlich persönlichen Kontakt hat, und einem »Freund«, der eine Internetbekanntschaft ist, die man nur im Chatraum oder in einer Online-Community antrifft, verschwimmen. Freunde werden in Listen geordnet, es wird ein Rang vergeben. Wer ist der liebste, der erste »Topfriend«? Wer betrügt seinen Partner im »private Chat« durch digitales Geturtel mit jemandem anders? Das Festlegen dieser Rangfolgen bereitet den Jugendlichen Stress.

Die SMS limitierte unsere Nachricht auf 160 Zeichen. Da wurde aus Wochenende »WE«, das »hdl« wurde am Ende zu einer netten Geste, von dem »*« fragen wir uns immer noch was er bedeuten soll. Wir lachen und weinen mit Emoticons, mit »☺« und »☹«, die übrigens so etabliert sind, dass mein Word-Programm hier sie automatisch gebildet hat aus einem »:«, einem »-« und einem »)«.

Die Mittel unserer Kommunikation bestimmen nachhaltig die Form der Nachrichten: Denken wir an den charakteristischen Stil einer Telegramm-Nachricht, an die Abkürzungen in SMS oder auch die vorgefertigten Floskeln eines Serienbriefs wie MfG oder LG.

Wie viele Anrufe, Emails und SMS sind heute für ein einziges Treffen nötig? Leidet nicht die Präzision unserer Kommunikation und auch unseres Denkens unter diesen Möglichkeiten? Reichte früher nicht ein »Wir treffen uns in zwei Wochen am Samstag um zwei vor dem Schwimmbad bei den Fahrrädern«? Und ist es nicht heute immer ein »Ich schreibe dir vorher noch eine SMS und rufe noch mal durch«? Gehen die neuen Möglichkeiten mit einer Verschlechterung einher?

Was die Limitation der Technik für Auswirkungen auf unsere zwischenmenschlichen Beziehungen, auf unsere sozialen Kontakte hat, wird noch untersucht, zum Beispiel im Jahre 2007 von amerikanischen Wissenschaftlern am MIT[1]: Anhand von Mobiltelefonen von Studenten beobachteten sie das Entstehen sozialer Netzwerke. Professor Sandy Pentland leitete die Studien[2] im Feld des »reality mining«: Daten über die Aktivitäten und Interaktionen von einer Gruppe von Personen sollen bei der Lösung kleiner und großer sozialer Probleme helfen. Der Forscher erklärt eine seiner Thesen bezüglich »private policies« anhand der Vernetzung von »smarten« Handys mit sozialen Netzwerken wie Facebook[3]: Dort hat der Benutzer erst einmal eine Menge Freunde, von denen nicht klar ist, wer seine »realen Freunde« sind, die er auch tatsächlich von Angesicht zu Angesicht trifft, wer seine Arbeitskollegen sind und wen er noch nie persönlich getroffen hat. Jeder »Freund« bekommt von Facebook die
gleiche Einsicht in das Benutzerprofil. Ein smartes Handy kann über Auslesen der Positions- und Anrufdaten einer Testperson und denen

---

1 MIT steht für Massachusetts Institute of Technology
2 Greene, Kate: »What your Phone knows about you«, Technology Review 12/2007, Cambridge, Massachusetts Institute of Technology Press
3 Facebook ist eine der beliebtesten Online Communities und definiert sich als Website »zur Bildung und Erhaltung sozialer Netzwerke«. Entwickelt wurde Facebook von Mark Zuckerberg an der Harvard University im Jahre 2004. Ursprünglich sollte sie nur für die Kontaktpflege der Studenten an der Universität sein. Schnell wurde das System aber auch auf weitere Universitäten, dann auf Hochschulen und später auch auf Firmen ausgeweitet. Mittlerweile ist es jedem zugänglich und Facebook wird in vielen Ländern betrieben. Ähnlich wie bei MySpace hat jeder User eine Profilseite, wo er Fotos, Videos und Texte hochladen kann. Andere User können ihm Nachrichten auf einer Pinnwand hinterlassen oder ihm private Mails schicken. Facebook wurde im Herbst 2007 von Standard & Poors auf einen Markwert von 15 Milliarden US Dollar geschätzt. Die Seite hat global 65 Milliarden Aufrufe pro Monat und mittlerweile 100 Millionen aktive Nutzer.

der smarten Handys seiner Freunde ermitteln, wen er tatsächlich trifft und in welchem Kontext. So kann es ihn benachrichtigen, wenn sich ein befreundeter Arbeitskollege auf den Weg in die Cafeteria macht, kann für Freunde gleichermaßen interessante Inhalte bereitstellen und bei der Organisation von Businessmeetings mithelfen.

Studien wie diese lassen Rückschlüsse über die Qualität der laut Facebook bestehenden »Freundschaften« des Benutzers zu. Auch für Studien zu anderen sozialen Aspekten sind die sensorischen Möglichkeiten der smarten Telefone interessant: Aus den vom Accelerometer[4] gewonnen Bewegungsdaten lassen sich Rückschlüsse über die Gesundheit gewinnen, vom Mikrofon gewonnene Daten der Stimme in Bezug auf Lautstärke, Tonlage und Sprachfrequenz lassen Rückschlüsse auf Rollenverteilungen in sozialen Gruppen zu.

Große Möglichkeiten für die soziale Feldforschung also, beim falschen Beobachter am anderen Ende aber vielleicht auch ein Unterdrückungswerkzeug für den Big Brother. Die MIT-Wissenschaftler nutzten umgebaute Handys für ihre Untersuchung, eine Gruppe von Intel Ingenieuren[5] hat nun ein speziell auf solche Forschungsanwendungen zugeschnittenes Gerät entwickelt, das sich an ein beliebiges Handy koppeln lässt: Ein Accelerometer[6], ein Barometer, ein Feuchtigkeitssensor, ein Thermometer, ein Helligkeitssensor, ein digitaler Kompass und ein Mikrofon sind in der kleinen »Black Box« enthalten. Das Mikrofon war aus Überlegungen hinsichtlich der Privatsphäre der Studenten so konstruiert, dass es nur den Tonfall, die Tonhöhe und die Lautstärke der Stimme speicherte. Mit diesem »Flugschreiber« rüsteten die Wissenschaftler eine Gruppe von Erstsemestern an der Washington State University aus und konnten die Entwicklung ihrer sozialen Netzwerke im Laufe der Monate beobachten – und welchen Anteil die mobile Kommunikationselektronik als Werkzeug daran hatte: Wurden die Kontakte am Anfang über Facebook geknüpft oder in persona in der Cafeteria? Wie wurden sie vertieft? Durch persönliche Gespräche »face-2-face«, durch nette Mitteilungen auf der Facebook-Pinnwand, tauschten die Studenten Textnachrichten aus oder telefonierten sie? Bedingt ein hohes Kommunikationsaufkommen über Facebook zwischen zwei Studenten auch, dass sie viel Zeit von Angesicht zu Angesicht miteinander verbringen, bindet sie diese Kommunikation stärker aneinander?

Die Ergebnisse ihrer Studie stehen noch aus.

VOM GEBRAUCHSGUT ÜBER DAS PRESTIGEOBJEKT ZUM ACCESSOIRE

Seit den 90er Jahren sind die neuesten und exklusivsten Handys[7] als Statussymbole der Jugendlichen, in den 80er Jahren waren es Turnschuhe – beides Symbole für gesteigerte Mobilität. Zusätzlich bieten Handys aufgrund ihrer Ausgestaltbarkeit durch den Benutzer[8] mit neuen Schalen, Klingeltönen und Bildschirmthemen in Bezug auf ihre physikalische Größe eine verhältnismäßig große Fläche für das Zurschaustellen persönlicher Präferenzen. Am Anfang des Handybooms

---

4 Ein Accelerometer ist ein Beschleunigungsmesser
5 Greene, Kate: »The iPhone's untapped potential«, Technology Review 6/2007, Cambridge, Massachusetts Institute of Technology Press
6 Beschleunigungsmesser
7 Ramge, Thomas: »Das Comeback der Wow-Wows«, brand eins 03/2005, Hamburg, brand eins Verlag GmbH & Co. OHG
8 Kabat, Jennifer und Benson, Richard: »The first car radio on the moon«, 2003, Atlanta, Sears, Roebuck & Co., S. 149

hatten besonders kleine und leichte Modelle[9] wie das revolutionäre StarTac von Motorola einen hohen »Musthave« und »Wow«[10] Faktor. Andere Modelle der frühen 90er Jahre wie das Nokia »Banane« 8110 kamen durch Nebenrollen in Filmen[11] zum Status eines Klassikers. Die Firma Motorola, die 2003 stark angegriffen von Samsung und Nokia vom Platz des Weltmarktführers auf 10% Marktanteil und die vierte Stelle zurückfiel, konnte den Sturz durch ein von James Wicks entworfenes »Modehandy« mit Namen »RAZR«[12] auffangen: Die Kunden entwickelten eine starke Beziehung zu dem schicken Begleiter, die allein vom Aussehen beeinflusst war - mit besonderer Funktionalität oder neuer Technik konnte das Modell nicht punkten.

Ein Gerät, dessen Namen genauso mittlerweile zu einem Synonym für eine Art von Produkt geworden ist, ist natürlich der iPod von Apple. Der iPod ist ein Gerät, dessen Design den Geschmack von einem großen Publikum trifft und das mit dem Image einer »coolen Marke« die Portemonnaies der Käufer öffnet -von den technischen Daten her gesehen sind Konkurrenzprodukte oft besser[13] und preisgünstiger.

Ein anderes Produkt, das schon im Vorhinein für eine Hysterie bei Käufern und Medien sorgte, war das im Vorfeld als »revolutionär« angekündigte iPhone. Das Gerät ist ein sogenanntes »Smartphone«[14], das mit einer neuartigen Bedienungsoberfläche ohne Tasten ausschließlich per Touchscreen aufwartet.

MOBILE ELEKTRONIK ALS ENTWICKLUNGSINDIKATOR?

Umso höher entwickelt und wohlhabender ein Land ist, umso besser ist das verfügbare Handynetz und damit auch die mobilen Datendienste. Es scheint fast, als könnte man den Human Development Index eines Landes daran messen, mit wie viel technischen Amuletten sich die Bürger behängen.

Laut einer Studie des ZEF (Zentrum für Entwicklungsforschung) mit dem Namen »Informations- und Kommunikationstechnologie (IKT) für Nicht-Regierungsorganisationen (NRO) in Sub-Sahara Afrika« aus dem Jahr 2006 ist die Bedeutung von IKT (Informations- und Kommunikationstechnologie) für die Entwicklung eines Staates bisher vollkommen unterschätzt. Der Geschäftsführer der ZEF, Dr. Hartmut Ihne, kommt nach vorliegendem Bericht[15] zu folgenden Ergebnissen:

»Eines der überraschendsten Ergebnisse der Studie ist die Einschätzung einer deutlichen Mehrzahl der von uns befragten Organisationen, dass die Förderung von IKT für sie einen ähnlich hohen Stellenwert hat wie die Förderung von Grundbedürfnissen. (...) Die Studie zeigt auch, dass Informations- und Kommunikationstechnologien eine wichtige

---

[9] Woody Allen wurde nachgesagt gewitzelt zu haben: »Das erste Mal in der Menschheitsgeschichte wetteifern Männer darum wer das Kleinste hat.«
[10] »Wow« ist der typische amerikanische Ausdruck für anerkennendes Erstaunen und wurde zum Credo für die Designer von Samsung: Sie brachten den »Wow effect«.
[11] Das Telefon wurde durch seine Rolle in dem Film von den Wachowski Brüdern »The Matrix« aus dem Jahre 1999 zum Kult und erzielt mittlerweile hohe Sammlerpreise auf eBay. Besonderes Feature war ein Mechanismus, der auf Knopfdruck das Tastenfeld freigab.
[12] Der Name soll an die englische Bezeichnung »Razor« für Rasierer anlehnen – das Handy hat einige scharfe Kanten und ist sehr flach.
[13] Kugler, Arndt: »Der Herausforderer: Samsung YP-Z5 tritt gegen den iPod an«, Chip Magazin Online vom 23.6.2006, München, Xonio GmbH
[14] Als »Smartphone« bezeichnet man Handys, die neben der reinen Telefonfunktion über einen eingebauten Webbrowser, einen eMail-Client und oft auch eine komfortable Art der Texteingabe verfügen. Typische Smartphones und beinahe Synonym mit dem Begriff sind die Modelle des Herstellers Blackberry.
[15] Diverse Authoren: »Information and Technologies for Development«, Bonn, 2007, ZEF

Vermittlerrolle in Prozessen von gesellschaftlichem Wandel und demokratischer Entwicklung spielen.«

Der Konstrukteur des ersten Handys der Welt, Martin Cooper, glaubt ebenfalls an einen positiven Effekt des Handys auf die Gesellschaft[16]:
   »*Der größte Wert des Handys liegt darin, dass es uns produktiver macht. Das wird die wirtschaftliche Lage aller Menschen verbessern.*« – Martin Cooper im Interview mit brand eins Redakteur Steffen Heuer im Juni 2001

Der amerikanische Ökonom Jeremy Rifkin jedoch sieht in seinem Buch »Das Ende der Arbeit und ihre Zukunft«[17] andere Auswirkungen und sagte in einem Interview dazu:
   »*Langfristig wird die Arbeit verschwinden. (...) Wir sind mitten in einer Umwälzung, die die industrielle Revolution noch übertrifft. (...) die Computer und Informationstechnik von heute machen immer mehr Menschen ganz überflüssig.*«
   Jeremy Rifkin im Interview mit der Stuttgarter Zeitung, 29. April 2005

TASCHENKONTROLLE

Die Taschen der Menschen in den Erste Welt Ländern sind voll – was haben sie dabei? Den Laptop oder neuer und kleiner: Das Netbook. Dann das private Handy. Vielleicht noch einen Blackberry oder Palm vom Arbeitgeber. Ein Bluetooth-Headset. Für Mediziner noch immer: Einen Pieper. Einen iPod oder anderen MP3-Player. Einen USB-Stick oder eine kleine Festplatte. Eine digitale Foto- oder Videokamera. Eine Kreditkarte mit darin enthaltenem Chip. Einen Autoschlüssel mit Fernbedienung, einen Garagentoröffner. Merken wir uns das Bild der ausgebreiteten Geräte und speichern es kurz ab. Was für eine Geschichte steckt hinter nur einem einzelnen dieser Geräte?

PRODUKTION MOBILER ELEKTRONIK: EINE SACHE NUR FÜR KONZERNE

Der schicke, durchgestaltete und von einem Heer von Marketingspezialisten auf seine Zielgruppentauglichkeit hin getestete digitale Begleiter wird erdacht und erbaut von einem von ein paar großen Konzernen, die den Markt unter sich aufteilen. Bei Mobiltelefonen liegt die durchschnittliche Dauer des Entwicklungszyklus, den Designer und Ingenieure von der Idee über Prototypen, Beta-Testing bis zur Produkteinführung haben, bei 16 Monaten, die durchschnittliche Nutzungsdauer bei etwa 6 Monaten[18].

Neue Wettbewerber in diesem Markt haben es schwer. Das liegt daran, wie hochkomplex ein so kleines Gerät heute ist und aus wie vielen einzelnen Komponenten es besteht.

Stellen wir uns ein mittelständisches Unternehmen vor. Es möchte ein Produkt entwickeln und verkaufen. Sagen wir ein Festnetztelefon. Das Unternehmen braucht dazu die Elektronik – die kann es von einer Vielzahl Anbietern einkaufen oder vielleicht sogar herstellen. So ein Festnetztelefon ist nicht allzu kompliziert, die eine Platine lässt sich produzieren. Dann kommt das Gehäuse – die äußere Schale. Hier kann

---

[16] Heuer, Steffan: »Frieden schaffen mit Mobilfunk«, brand eins 07/2001, Hamburg, brand eins Verlag GmbH & Co. OHG
[17] Im Original: Rifkin, Jeremy: »The End of Work: The Decline of the Global Labor Force and the Dawn of the Post-Market Era«, 1995, New York, Putnam Publishing Group
[18] Heuer, Steffan: »Richtig verbunden«, brand eins 04/2006, Hamburg, brand eins Verlag GmbH & Co. OHG

man sich mit einem massentauglichen Design so auf dem Markt platzieren, dass die Kunden das Produkt kaufen wollen. Ganz einfach nach Raymond Loewy. Das nach dem Geschmack der Kunden am besten gestaltete Produkt mit dem höchsten Prestige und besten Image wird gekauft, vorausgesetzt, die Funktionalität ist bei allen Wettbewerbern ungefähr gleich. Ein mittelständisches Unternehmen könnte also ein solches Produkt entwickeln, produzieren und auf den Markt bringen. Natürlich kann es dafür nicht so einen Werberummel veranstalten wie ein großer Konzern, aber bis auf das Marketing kann es ähnlich arbeiten, weil die Technik nicht sonderlich komplex ist.

Schauen wir uns jetzt ein Handy an. Hier steckt viel mehr an hochintegrierter Technik drin. Und nicht nur ist das Gerät ungleich komplexer, sondern die Komponenten sind auch wesentlich schwieriger zu bekommen. Nehmen wir das Display. Es gibt auf der ganzen Welt einen riesigen Markt für LCD-Displays, aber nur eine Handvoll von Herstellern. Diese befinden sich in der Hand von ein paar wenigen Riesen-Elektronik-Konzernen. Kommt eine findige kleine Firma darauf, so eine Komponente herzustellen, dann wird sie einfach über den Preis vom Markt gedrückt. Was bleibt, ist die Spezialisierung auf einen Nischenmarkt mit speziellen Bedürfnissen, dessen Volumen für einen der Riesen zu klein und somit zu unattraktiv ist.

Zurück zum Handy. Wir brauchen spezielle Batterien – alleine dafür ist eine Fabrik nötig. Dann das Display. Noch eine Fabrik. Die Schalen sind eine eigene Fabrik – schließlich ist der Kontakt mit der haptisch schmeichelnden Oberfläche des teuren High Tech Gerätes das beste Verkaufsargument[19] im Laden. Dann die Software - um alle Komponenten problemlos betreiben zu können, muss ein eigenes Betriebssystem entwickelt werden. Nun das eigentliche Handy - die Antennen und das Sende- und Empfangsmodul. Hochintegrierte Technik, die bestenfalls den strengen Standards der Rundfunkbehörden weltweit genügt. Ebenfalls eine Fabrik. Vielleicht eine Kamera? Eigentlich ein ganz eigenes Gerät, das entwickelt und miniaturisiert werden will. Auch Standardkomponenten, die man einfach einkaufen könnte, sind hier nicht immer zu bekommen: Exklusive Zusammenarbeit ist das Zauberwort, das Mitbewerber aus dem Rennen werfen soll. Panasonic beispielsweise liefert die Elektronik, der Fachmann Leica die Optiken für Fotoapparate und Videokameras. Sony sicherte sich eine Zusammenarbeit mit Carl Zeiss für ihre gesamte Produktpalette. Den anderen bleiben die Eigenentwicklung oder schlechtere Linsen.

Es ist für ein mittelständisches Unternehmen nicht möglich, allein ein solch komplexes Gerät herzustellen. Genauso wie es nicht möglich für so ein Unternehmen ist, ein ganzes Auto zu bauen. Vielleicht könnte es als Zulieferer für einen Konzern eine Komponente anliefern: Den Bremssattel oder die Stoßdämpfer beispielsweise.

Die meisten Elektronikfirmen fertigen entweder komplett oder beziehen die meisten Teile für ihre Geräte aus Asien. Fabriken in Hochlohnländern wie Deutschland rechnen sich nicht - gerade im Januar 2008 entließ Nokia in Deutschland 2000 Mitarbeiter, das Werk von Motorola in Deutschland steht seit Jahren immer wieder kurz vor der Schließung.

---

19 Telekom- Mitarbeiter sind angewiesen, den Kunden das begehrte iPhone kurz einmal berühren zu lassen, um es ihm dann nach kurzer Tuchfühlung wieder zu entziehen.

Kommen wir von den Produzenten zurück zu den Konsumenten. Der Käufer schiebt sich ein kleines und formschönes Gerät in die Tasche. Das Gerät nimmt in der Hosentasche nicht viel Volumen ein, auch das Gewicht ist gering. Aber es bringt einen Rattenschwanz an Verpackung, Anleitungen, mitgelieferter Software, Anschlusskabeln und Ladegeräten mit sich. Zu Hause häuft sich der Müll.

Das Zubehör ist eine chaotische Landschaft. Wenige Standards sind sichtbar. Jeder Hersteller entwickelt einen eigenen Standard, sowohl bei der Hardware (physikalische Anschlüsse, Bedienelemente) als auch bei der Software (Benutzeroberfläche, Dateiformate). Man könnte meinen, die Unterschiede resultieren aus einem unterschiedlichen Aufbau der Geräte. Vergleichen wir beispielsweise ein Auto mit Dieselmotor mit einem Auto mit Benzinmotor, dann bedingen die verschiedenen Motoren auch weitere Verschiedenheiten in beiden Autos. Bei mobiler Elektronik ist das nicht so. Eigentlich bestehen die Geräte aller Hersteller aus fast gleichen Komponenten und funktionieren alle nach demselben Prinzip. Hier oder da gibt es einen anderen Prozessor von einem anderen Hersteller, aber das Funktionsprinzip ist gleich.

SYSTEMHAFTIGKEIT MOBILER ELEKTRONIK

Stellen wir uns ein solch komplexes elektronisches Gerät als ein Haus vor. Die Konzerne rühren jeder ihren eigenen Mörtel, kaufen mit Rabatten von Zulieferern die Ziegel und Fensterscheiben ein und lassen dann ihre Bauarbeiter das Haus errichten. Die Stärke der Konzerne liegt im günstigen Einkauf des Baumaterials und der Verfügbarkeit von Arbeitern, die das Haus schnell und günstig errichten. Auch können immer wieder neue Häuser entwickelt werden. Das ist der bisherige, alte Ansatz zur Entwicklung von mobiler Elektronik.

Möchte man ein Haus bauen, kann man das aber auch anhand eines Baukastensystems tun. Eine Wand, eine Decke, verschiedene Dachelemente. Mit einer kleinen Zahl von vormontierten Montageteilen lässt sich eine Unzahl von Hausvarianten bauen. Fertighaus aus dem Baukasten – das klingt nach dem Alptraum von kitschiger Massenware. Dies liegt aber an der kitschigen Gestaltung, nicht an dem Konzept des vorproduzierten Hauses an sich – das wurde nämlich zu Beginn von durchaus großen Gestaltern erdacht.

Vielleicht der wichtigste Vorreiter der Idee des Baukastens war in Europa kein Geringerer als Walter Gropius. Nach seiner Emigration nach Amerika entwickelte er mit Konrad Wachsmann das »Packaged House System«, ein Baukastensystem zur Fertigung von Holzhäusern.

Tätig in Übersee als Gestalter von Baukästen für Fertighäuser waren auch Größen wie das IT-Pärchen der Designbranche Charles und Ray Eames, Richard Buckminster-Fuller oder Frank Lloyd-Wright. Die Idee des Baukastens stammt also aus der gestalterischen Avantgarde. Angekommen in der Realität ist sie nun inzwischen leider als LBS-Bausparalptraum. Das erste Baukastensystem für Häuser ließ sich übrigens Thomas Edison patentieren.

Baukasten- oder Systemdesign ist ein großes Thema in der Gestaltungsgeschichte, besonders in Deutschland. Meistzitiertes Beispiel ist natürlich Hans Gugelot von der Hochschule Ulm. Sein Möbelsystem M125 ist in jedem Einführungsbuch für Designer präsent. Nicht weniger stringent in der Durchführung ist Dieter Rams mit seinem Regalsystem 606.

Ohne Baukastensysteme wäre die Welt heute eine andere und die Globalisierung undenkbar gewesen. Der weltweite Warenumschlag mit

Stückgut ist nicht vorstellbar ohne Baukastensysteme, mit denen die räumlichen Maße der Fracht reglementiert werden: Das ULD-System[20] aus der zivilen Luftfracht, das System der Europaletten[21] und das der ISO-Frachtcontainer[22]. Nach außen hin bedingt ihre Größe die Abmessungen der Containerfrachter, nach innen hin die Größe der Verpackungen von Produkten und letztlich die Größen der Produkte selbst. Jeder verschenkte Kubikzentimeter ist schließlich verschenktes Geld.

Ein Baukastensystem ist immer dann denkbar, wenn sich die Produkte oder Geräte in wenige Grundkomponenten zerlegen lassen, die man zur gewünschten Kombination zusammen bauen kann.

Bei mobiler Elektronik ist dies der Fall. Schauen wir uns ein paar Geräte an, und schauen wir besonders auf Doppelungen: Komponenten, die in mehreren Geräten vorhanden sind. Würde man alle Geräte zu einem zusammenfassen, könnte man auf die Doppelungen verzichten.

Gerät	Akku	Display	Daten-Speicher	Antenne	Kamera	Private oder sensible Daten	Daten-anschluss	Prozessor
GSM- / UMTS-Mobiltelefon	•	•	•	•	•	•	•	•
Laptop	•	•	•	(•)	(•)	•	•	•
Mediaplayer	•	•	•				•	•
GPS Gerät	•	•	•	•			•	•
Digitale Fotokamera	•	•	•		•		•	•
Digitale Videokamera	•	•	•		•		•	•
Kredit- oder EC-Karte			•			•		
Reisepass			•			•		
Kundenkarte			•			•		
Autoschlüssel						•		
USB-Stick			•			(•)	•	
Funk-Armbanduhr				•				

Wir haben also bei einem Dutzend Geräte eine hohe Dichte an doppelt oder mehrfach verbauten gleichen oder sehr ähnlichen Komponenten. Welche Probleme tun sich noch bei mobiler Elektronik auf?

---

20 »ULD« steht für »Unit Load Device«. Um die Flugzeuge schneller und mit besserer Raumausnutzung zu beladen, schuf man ein auf genormten Aluminiumpaletten basierendes System von Frachtmodulen.
21 Die richtige Bezeichnung wäre »Europoolpalette«. Diese Palette wurde vom Internationalen Eisenbahnverband (UIC) mit Sitz in Paris spezifiziert und hat die Maße 1200 mm x 800 mm x 144 mm. Dummerweise ist sie nicht zum Beladen der ISO Container geeignet -hierfür braucht es die modifizierte Variante ACP114, die mit den Maßen 1140 mm x 1140 mm vom UIC spezifiziert wurde.
22 Die nach der ISO 668 Norm gebauten »Großraumbehälter« bilden mittlerweile die Grundlage des weltweiten Warenumschlages von Stückgut, zunehmend auch in Bereichen wie hochwertigem Streugut. Die ISO Container sind streng genormt und aufgrund ihrer Konstruktionsmerkmale leicht stapelbar -an jeder Ecke sitzt ein gusseisernes »Container Casting«. Jeder ISO Container hat eine spezifische Nummer, die seinen Eigentümer ausweist. Das Grundmaß ist 8 Fuß Breite, 8,5 Fuß Höhe und 20 Fuß Länge. Auch 40 Fuß Container sind gebräuchlich, daneben noch einige Sondermaße. Die Angaben der Maße in amerikanischen Fuß rühren von der Herkunft des Erfinders Malcolm P. McLean, der 1956 das erste mit dermaßen genormten Containern beladene Schiff fahren ließ.

MÄNGEL DES BISHERIGEN SYSTEMS	Was umfasst das System? Das System ist die Summe der auf dem Markt befindlichen mobilen Elektronik, deren Hersteller, Vertreiber und Verkäufer, der Reparaturservice, die Entsorger der gebrauchten mobilen Elektronik und die Kunden. Wie ist der Kreislauf der mobilen Elektronik? Wer erdenkt sie, wer baut sie, wer repariert sie - wie lang ist ihre Lebensdauer- und wer kann sie recyceln? Inwieweit passen sich die Geräte wechselnden lokalen und zeitlichen Standards an? Wie verhält es sich mit Standards in Bezug auf unterschiedliche Teile der Welt? Gibt es Standards bezüglich des Austauschs zwischen unterschiedlicher mobiler Elektronik? Wer spezifiziert Standards und wacht über deren Einhaltung?
1: ZUBEHÖRMASSEN UND FEHLENDE STANDARDS	Bis auf den Wohnungsschlüssel, den Ausweis und die Bankkarten wird jedes dieser Geräte in einer aufwendig bedruckten Verpackung aus Papier geliefert, oft mit Einsätzen aus Pappe zum Schutz vor Erschütterungen. Zu jedem dieser Geräte gibt es Bedienungsanleitungen, meist in mehreren Sprachen. All diese Zubehörteile müssen transportiert werden und kosten Energie in der Herstellung, Beförderung und im Recycling. Bei den mit * bezeichneten Geräten ist entweder ein Akku, eine Batterie[23], ein Netz- oder Ladegerät, ein Verbindungskabel oder mehr als eines der genannten Zubehörteile erforderlich. Batterien sind überall enthalten. Sie sind die Energiequelle, der Motor der Mobilität. Ohne eine leichte Energiequelle wie sie wäre solch eine Mobilität nicht denkbar. Es ist leicht ersichtlich, dass bei den 1,6 Milliarden Mobiltelefonen weltweit ein großer Material- und Stromverbrauch entsteht, wenn sich die Netzteile im Standbybetrieb[24] dazu gesellen. Weltweit gibt es einige Organisationen, die sich um Standardisierung bemühen. Für das Internet beispielsweise gibt es das W3 Konsortium[25], die ISO[26] [27] ist die weltweit größte Organisation für Normung und normt bis auf Elektronik eigentlich alles nur Denkbare, das GS1[28] normt weltweit übernehmensübergreifende Geschäftsabläufe und auch Produktbezeichnungen wie Barcodes[29], in Deutschland natürlich das DIN[30] –

---

23 Laut einem Bericht des Umweltbundesamtes von Februar 2007 wurden im Jahr 2005 etwa eine Milliarde neue Batterien und Akkumulatoren im Bundesgebiet verkauft, was einer reinen Masse von 30.000 t entspricht. Davon sind 80% nur einmal nutzbare, nicht wieder aufladbare »Primärbatterien«. In dem 1998 eingeführten »Gemeinsamen Rücknahmesystem Batterien« (GRS Batterien) werden pro Jahr etwa 35% (im Jahr 2005 entsprach das 9911 t) der in Umlauf gebrachten Batterien wieder wiederverwertet soweit möglich. Dabei wurde der Wirkungsgrad von gerade mal 19% im Jahre 1999 auf 85% in 2005 gesteigert. Von der Menge der Batterien im Wiederverwertungskreislauf mussten 2005 nochmal 2106 t wegen ihrem hochgiftigen Alkali-Mangan-Gehalt auf Sonderdeponien entsorgt werden.
24 Eine Studie der Firma Motorola aus dem Jahre 2005 hat ergeben, dass 90% der von Handys verbrauchten Energie durch das im permanenten Standbybetrieb laufende Netzteil entstehen. Die eigentlich für die Handynutzung aufgewendete Energie sind nur 10% des Gesamtverbrauches.
25 http://w3.org ist die korrekte Adresse. Das Konsortium hat auch 3 Sitze in der realen Welt jenseits des Netzes, sieht jedoch verständlicherweise ein Internetseite als seinen wahren Standort an.
26 Das Wort ist abgeleitet von dem griechischen ἴσος, das »gleich« bedeutet
27 ISO steht für »International Organization for Standardization« (Internationale Organisation für Standardisierung)
28 GS1 steht für »Global Standards 1« und ist ein Zusammenschluss der früheren europäischen EAN (»European Article Number«) und der US-amerikanischen UCC (»Uniform Code Council«).
29 In ihrer wichtigsten Entwicklungen war die Erarbeitung und globale Verbreitung der GTIN (»Global Trade Item Number« – Globale Warennummer) und der GLN (»Global Location Number« – Globale Positionsnummer), die auch komplexere Barcodes als die bisher gebräuchlichen einführte.
30 DIN steht für »Deutsches Institut für Normung«

diese Liste ließe sich noch lange fortsetzen. Was jedoch fehlt, sind einheitliche Standards für elektronische Geräte weltweit, insbesondere für Handynetze.

Wenn es für all diese Geräte nur ein Datenkabel, einen Akku und ein Netzgerät gäbe, würden Umwelt und Konsument enorm profitieren.

2. REPARATURMÖGLICHKEIT VON VERSCHLEISSTEILEN

Was geschieht mit den Geräten, die kaputt gehen? Können sie repariert werden, so wie man an einem Auto beispielsweise die verschlissenen Bremsen erneuert?

Displays gehen kaputt. Tasten verklemmen, verlieren den Kontakt und arbeiten nicht mehr richtig. Der Akku muss irgendwann ausgetauscht werden.

Wer repariert die defekten Geräte? Hier sitzt ein Hauptfehler des momentanen Systems: Viele Konzerne unterhalten nicht wie Autofirmen ein Netzwerk von lokalen Servicewerkstätten, die über Ersatzteile und die nötige Kompetenz verfügen, sondern zentralisieren die Abwicklung von Reparatur- und Garantiefällen. Apple beispielsweise wickelt die Reparatur aller defekten iPods für Europa in Belgien ab -wodurch bei der großen Anzahl verkaufter iPods ein entsprechendes Transportaufkommen entsteht. Oft ist es teurer oder durch die Bauart bedingt nicht anders möglich, das defekte Teil zu ersetzen. Es wird gleich das gesamte Gerät gegen ein neues ausgetauscht.

3. ANPASSUNG AN ZEITLICHE STANDARDS

Mit der Zeit wechseln die Standards der Netzbetreiber: In Europa begann es mit dem C-Netz, wir erinnern uns an die aktenkoffergroßen Akkus. Danach kam das D-Netz (GSM900) und das E-Netz (GSM1800). In anderen Teilen der Welt gibt es noch GSM1900, CDMA und TDMA. Nach den Netzen der zweiten Generation folgte die dritte Generation: 3G, in Europa als UMTS vermarktet. Die Hardware kann sich nicht an diese wechselnden Standards anpassen.

Bei herunterladbaren Klingeltönen beispielsweise wechseln die Dateiformate, ebenso wie die für Handyvideos oder Bilder. Kontakte können nicht immer aus dem alten Gerät ausgelesen und auf das neue aufgespielt werden.

4. ANPASSUNG AN LOKALE STANDARDS

Die unterschiedlichen Mobilfunkstandards von GSM und 3G[31][32] existieren fast alle zeitgleich auf der Welt in unterschiedlichen Ländern. Der kleinere Teil der USA und ganz Lateinamerika nutzen TDMA, der größere Teil der USA nutzt CDMA, Europa, Afrika und weite Teile Hinter- und Vorderasiens benutzen den GSM Standard, Japan hat den Breitbandstandard 3G. Anders als bei einem Elektrogerät, das man mit Hilfe eines passenden Adapters in jedem Land benutzen kann, ist so ein Adapter für Mobilfunkgeräte der bisherigen Bauart nicht existent.

Ebenso stellen unterschiedliche Umgebungen spezielle Anforderungen an Technik: Kälte bedingt leistungsfähigere Akkus, hohe Sonneneinstrahlung macht entspiegelte Displays mit besserer Ablesbarkeit sinnvoll, in manchen Gegenden ist eine stärkere Antenne von Vorteil. Diese einzelnen Komponenten lassen sich bisher nicht dazu montieren,

---

[31] Heuer, Steffan: »Richtig verbunden«, brand eins 04/2006, Hamburg, brand eins Verlag GmbH & Co. OHG
[32] 3G steht für »3rd Generation Standard« und wird in Europa unter der Bezeichnung UMTS angeboten.

so wie man beispielsweise bei einem Auto für die Fahrt in verschneitem Gelände Schneeketten aufziehen kann.

5. ELEKTRONIKMÜLL

Wenn die Konsumenten neue Geräte kaufen, kommt die ausgemusterte oder defekte Altelektronik auf den Müll. Da die Bauteile hochintegriert und viele Schwermetalle verbaut sind, stellt dies ein Problem für die Umwelt dar. Die durchschnittliche Nutzungs- und damit Lebensdauer eines Gerätes liegt in Deutschland unter einem Jahr, die meisten Geräte halten laut einer Untersuchung der EU im Rahmen der »Elektro- und Elektronikkaltgeräte-Richtlinie« etwa drei Jahre. Danach sind sie verschlissen. In Südkorea, dem Heimatland des Weltmarktführers bei Handys, Samsung, beträgt die durchschnittliche Nutzungsdauer gerade einmal 6 Monate[33] – der Konzern beliefert den Markt mit jährlich 70-80 verschiedenen Modellen[34]. Die Fehleranfälligkeit des einzelnen Modells steigt.

Die EU beschloss im Jahre 1990, ein europaweites Sammel- und Recyclingsystem für Elektronikschrott einzuführen, das Verbot für das Entsorgen ausgedienter Elektronikgeräte trat am 24. März 2006 in Kraft.[35] Besonders gefährlich sind die weggeworfenen Nickel-Cadmium Akkus, die günstiger herzustellen sind als die effizienteren Lithium-Ionen Akkus. Die EU fasste für die »NiCd-Bauart« ein Verbot ins Auge, das jedoch nie erlassen wurde, trotz nachgewiesener Schäden für Menschen[36] und Umwelt. In Europa lagen im Jahre 2005 allein eine halbe Milliarde Handys[37] ungenutzt in Schubladen herum und harrten ihrer fachgerechten Entsorgung. Die Demontage von Altgeräten ist technisch hochkomplex und je nach Modell unterschiedlich.[38] Die benötigte Technik steckt noch in den Kinderschuhen und die Anforderungen wachsen mit zunehmender Miniaturisierung der Geräte, da auch die Demontageroboter immer kleiner werden müssen. Bei der bisherigen hochintegrierten Bauweise ist es schwer, wertvolle Rohstoffe wie Kupfer[39], Gold oder andere Edelmetalle aus den Bauteilen zu extrahieren.

Um diese Wiederverwertung leichter zu machen, gibt es den Industrieansatz »Design for Recycling«[40] oder den noch umfassenderen Ansatz

---

33 Ramge, Thomas: »Das Comeback der Wow-Wows«, brand eins 03/2005, Hamburg, brand eins Verlag GmbH & Co. OHG
34 Ramge, Thomas: »Das Comeback der Wow-Wows«, brand eins 03/2005, Hamburg, brand eins Verlag GmbH & Co. OHG
35 Jedoch weit nicht flächendeckend genug, wie Mag. Henriette Gupfinger vom Österreichischen Energie Institut warnte in dem Pressepapier »Wohin mit den alten Handys«, Wiener Umweltanwaltschaft, Wien, 2005, von Mag. Huber, Bernhard und Dipl. Ing. Persy, Eva
36 Cadmium, das über den Müll ins Grundwasser gelangte, ist in Japan als Auslöser der Itai-Itai Krankheit bekannt. Das Cadmium lagert sich dabei im Körper an, wird in der Niere akkumuliert und dann nicht mehr ausreichend rückresorbiert. Auf Lange Sicht führ die Itai-Itai Krankheit zu Osteoporose.
37 Gemäß dem Bericht »Markt für Müll – Neue Regeln zur Verwertung von Elektronikschrott lassen spezielle Industrie entstehen« von Asendorpf, Dirk für Deutschland Radio vom 13.6.2006
38 Bâhardir Bâşdere ist Geschäftsführer des Sonderforschungsbereiches »Demontagefabriken« an der TU Berlin und arbeitet an der vollautomatischen Zerlegung von Handys per Roboter. Dafür muss für jedes je hergestellte Modell, für jede Variante ein Zerlegungsprogramm erstellt werden. Handys mit Aufklappmechanismus sind aufgrund der verwendeten Schnappverbindungen ein großes technisches Problem bei der automatisierten Zerlegung und können nur per Hand zerlegt werden – leider gibt es laut Bâşdere immer mehr solcher Modelle.
39 Deutschland deckt ein Drittel seines jährlichen Kupferbedarfs aus inländischen Quellen, obwohl das letzte Kupferbergwerk 1989 seine Pforten schloss. Dabei hilft die Wiedergewinnung des Kupfers aus Elektroschrott mithilfe des Elektrolyseverfahrens, durch das 99,99% reines Kupfer zurückgewonnen werden kann.
40 Der zum Beispiel vom IT-Konzern HP (ehemals Hewlett Packard) angewandt wird.

des »Cradle to Cradle Design Protocols«, das von dem deutschen Chemiker Prof. Michael Braungart und dem Amerikaner William McDonough[41] im Jahre 2002 vorgestellt wurde.

FAZIT

Allen diesen Mängeln könnte man mit einem Baukastensystem beikommen. Ein Baukastensystem für mobile Elektronik – ein System offener Gestaltung.

DER HUMANISTISCHE ANSATZ OFFENER GESTALTUNG

Die vorliegende Arbeit ist eine Untersuchung. Die Untersuchung analysiert einen Sachbestand: Mobile Elektronik ist einer der größten Märkte weltweit, sie gewinnt zunehmend für Leben und Arbeit der Menschen an Bedeutung. Die Masse aller mobilen Elektronikgeräte lässt sich als ein System betrachten.

Die Untersuchung fixiert ein Problem: Dieses System ist mangelhaft, vor allem für den Konsumenten, die Umwelt, die Effektivität des Systems und auch die Produzenten.

Die Untersuchung folgert aus dem bisher Erkannten eine Alternative, die natürlich den Anspruch hat besser zu sein. Die Frage ist: Für wen ist die Alternative besser? Für den Menschen.

Der Mensch als Konsument und der Mensch als Produzent. Und der Mensch, der eine intakte Umwelt für seinen weiteren Fortbestand benötigt.

Es gibt für den Gestalter zwei Arten von Menschen: Die, denen sein Produkt nutzen soll, weil sie es konsumieren. Aber auch die, denen das Produkt nutzen soll, weil sie es produzieren.

Ein praxisferner Entwurf aus dem Elfenbeinturm einer elitären Fakultät nutzt nur der eigenen Eitelkeit. Kein verantwortungsbewusster Gestalter möchte die Museen weiter mit Pretiosen anfüllen. Das ist die Arbeit der Künstler. Der Gestalter steht im Dienste aller Menschen, deren Lebensqualität es zu verbessern gilt.

Die Stühle von Marcel Breuer sind Standardwerke der Gestaltungsgeschichte – sie stehen in Anwaltbüros, Museen oder Arztpraxen. Sie sind Luxusgüter, denen eine Mehrheit von sachverständigen Kennern das Siegel der gestalterischen Wertigkeit ausgesprochen hat.

Welche Stühle stehen weltweit bei den meisten Leuten zu hause? Höchstwahrscheinlich welche von IKEA. Dort setzt die wahre gestalterische Arbeit im Sinne des Konsumenten an. Ihm nutzt kein schön anzusehendes, glänzendes Kleinod. Offene Gestaltung ist auf der Konsumentenseite offen für Menschen aller Art, für ihre Bedürfnisse, Wünsche und Traditionen. Die Einsparung von einem klein bisschen Holz an einem IKEA Stuhl, die Optimierung der Raumausnutzung im Frachtkarton – das hat wirkliche Auswirkungen.

Genauso erhebt die Untersuchung die Arbeitskraft, das Können, Wissen und Geschick des Einzelnen zu neuer Wertigkeit. Mit der Massenproduktion geht der Wert des einzelnen Fachmannes zurück. Sie verschwimmt in einem Heer von Fließbandarbeitern, Ingenieuren und

---

[41] Braungart, Michael und McDonough, William: »Cradle to Cradle – Remaking the way we make things«, New York, 2002, North Point Press. Das »Cradle to Cradle Certification Program« stellt Firmen Richtlinien für ein nachhaltiges Design gemäß den Prinzipien des «Cradle to Cradle Design Protocolls« zur Verfügung, mit deren Logo diese sich bei genauer Einhaltung schmücken können. Ein Produkt, das gemäß dieser Designphilosophie entstand, ist der von der deutschen Firma Studio 7.5 entwickelte und von dem amerikanischen Büromöbelhersteller Hermann Miller produzierte und vertriebene »Mirra Chair«, der seit 2003 auf dem Markt ist und zu 94% recyclebar ist.

Gestaltern. Die eine Schraube, die ein Einzelner montiert, der einzelne Kondensator auf der Platine – das entfremdet den Macher vom Gemachten. Eine offene Gestaltung ist auf der Produzentenseite offen für die Ideen anderer Gestalter. Das Design ist nur soweit endgültig , wie es sein muss und so offen, wie es sein kann.

WETTBEWERBSGLEICHEIT IN EINER GLOBALISIERTEN GESELLSCHAFT?

In den neunziger Jahren kam der Gedanke vom »global village« auf: Die ganze Welt ist ein Dorf mit einem Marktplatz zum Handel treiben, eine verknüpfte Gemeinschaft. Nicht jeder Staat ist jedoch gleich entwickelt. Manche stecken noch auf einer Stufe fest, wo andere Staaten vor hundert Jahren waren. In einem globalen wirtschaftlichen Konkurrenzkampf haben die am besten entwickelten Staaten auf der höchsten Entwicklungsstufe einen uneinholbaren Vorsprung.

Die bloße Möglichkeit für jeden Bürger eines Staates, mit einem anderen Bürger zu kommunizieren oder an Informationen heranzukommen, ist für sich allein betrachtet noch kein Vorteil: Eine Rolle spielt auch, wie gebildet die Bevölkerung ist und wie groß ihr Hunger nach Informationen und weiterer Bildung ist.

Eine ebenso große Rolle spielt die Regierungspolitik der Länder. Nicht jedes Land wird demokratisch regiert und ist somit dem Willen des Volkes verpflichtet. Eine Regierung, die sich durch Gewalt legitimiert, die Medien zensiert und unliebsame Kritiker in Gefängnisse interniert, ist kaum an dem Wandel von ihrem Regime zu einer Wissensgesellschaft, deren Informationsangebot eine größere Transparenz ermöglicht und so möglicherweise einen unverschleierten Blick auf das Regime zulässt, interessiert.

Es besteht eine Ungleichheit zwischen dem Allgemeinwissen der Bürger in unterschiedlichen Staaten: Sei es, weil die Regierung den Zugang zu Wissen reglementiert oder sei es, weil die Bürger sich mit existenziellen Nöten auseinandersetzen müssen. Die Disparität der Informiertheit der Weltbürger wird umso größer, je mehr in den Erste-Welt-Ländern das Wirtschaftswachstum anzieht und die zweite und dritte Welt sich immer noch mit Hunger, Krieg, Korruptheit und Seuchen auseinandersetzen muss.

Das Phänomen der »Globalisierung«, eines der meistgehörten Wörter der letzten Jahre, fußt auf zwei Entwicklungen: Lockerung von Handelsbeschränkungen und Verbreitung des Internets.

Handel mit materiellen Waren profitiert von freierem Warenverkehr dank weniger Einfuhrbeschränkungen. Die weltweiten Märkte haben sich seit dem Zerfall des Ostblocks stetig geöffnet. Das Internet ermöglicht den Verkauf von jedem Ort aus an eine weltweite Kundschaft.

Bei dem Handel mit immateriellen Waren wie Dienstleistungen spielt das Internet ebenfalls eine wichtige Rolle – Daten brauchen kein Lagerhaus. Wo ein Callcenter steht, ist für den Endkunden irrelevant und die Firma kann den günstigsten Standort nutzen – die Breitbandverbindung zwischen dem nordamerikanischen Kunden und dem indischen Callcenter-Mitarbeiter ist dem Kunden nicht transparent.

Firmen jedweder Art werden mittlerweile von Unternehmenssoftware organisiert, strukturiert und effizienter gemacht – die deutsche Firma SAP stieg in dem Bereich Unternehmenssoftware zum Marktführer auf, IBM und Microsoft sind die größten Konkurrenten. Von dem kleinen Einmann-Unternehmen bis zum Weltkonzern – jede Firma profitiert von solcher Software. Es gibt kaum einen Geschäftsbereich, für den ein Internetzugang nicht zumindest förderlich ist. Eine Firma ordert, repräsentiert sich oder verkauft sogar im Internet. Mögliche Zulieferer werden schnell transparent. Der Kunde kann sich über die Firma informieren.

Ein Unternehmen in einem Land, das über keine informationstechnologische Infrastruktur verfügt, ist deshalb gegenüber der globalen Konkurrenz im Nachteil. Informationstechnologie verschafft Unternehmen, wie der Name sagt, Informationen, sorgt für den Informationsaustausch zwischen verschiedenen internen Stellen und erzeugt bestenfalls Synergien.

Die Bereitstellung einer digitalen Infrastruktur in Schwellen- und Entwicklungsländern ist darum der nötige Schritt für einen globalen Wettbewerb unter Gleichen. Der MIT-Professor Nicolas Negroponte rief aus diesem Grund die Initiative des »100 Dollar Laptop«[42] ins Leben. Unternehmen wie AMD, News Corporation und Google engagierten sich, um das »XO-Laptop« genannte Gerät zu bauen, das den Kindern in Entwicklungs- und Schwellenländern den Anschluss an die Informationsgesellschaft erleichtern soll. Negropontes wichtigster Berater sind der ebenfalls am MIT dozierende Erziehungswissenschaftler Seymour Papert und der Kognitionswissenschaftler Alan Kay, die für den »100 Dollar Laptop« ein System des computerunterstützten Lernens[43] entwickelt haben. Doch auch fernab von den noblen Bestrebungen der Wissenschaftler pulsiert das Geschäft mit der Technik in einkommensschwachen Ländern: In Indien und China, wo die Leute nur 50 $ für ein Handy bezahlen können, boomt der Handyverkauf[44].

Das beste Beispiel für den wachsenden Geschäftszweig des Verkaufs von Medieninhalten über das Internet ist das Portal iTunes von Apple. Mittlerweile haben die Musikverkäufe des ehemals reinen Computerherstellers einen Umsatzanteil von 8% erreicht, was bei einem Gewinn von 3,4 Milliarden $ 2007 immerhin 273 Millionen $ entsprach.

DIVERSE GERÄTE FÜR EINE GESELLSCHAFT MIT HOHER DIVERSITÄT

Die Konzerne definieren für ihre mobilen Elektronikgeräte Zielgruppen. Sie machen Marktstudien, befragen Testpersonen und schauen nach Schnittmengen zwischen sozialen Milieus. Das alles nur, um möglichst viele Einheiten zu verkaufen. Man glaubt zu wissen, welches Produkt das von einer gewissen Zielgruppe geforderte ist und bringt es auf den Markt. Dann zeigt sich, ob es vom Markt angenommen wird.

Doch auch innerhalb einer noch so gut definierten Zielgruppe gibt es Unterschiede. Ist auch das soziale Milieu gleich, so gibt es dennoch akustische, visuelle und haptische Personen darunter. Und kleine und große und welche mit guten Augen und welche, die gerne ein blaues Gerät hätten und welche die ein schwarzes mögen. Es ist nicht möglich, es allen recht zu machen mit einem Gerät, auch wenn man dies versucht.

Hier liegt ein großer Vorteil des Baukastensystems: Jeder stellt sich das zusammen, was er möchte. Er kauft nur, was er an Ausstattung und

---

42 Auch bekannt als »OLPC« (One Laptop per Child)
43 Bei dem sog. »E-Learning« wird ein konstruktivistisches Lehrmodell angewandt, bei dem die Schüler aktiv und selbstständig lernen. Demgegenüber steht das alte Lehrmodell des instruktiven Frontalunterrichts.
44 Heuer, Steffan: »Richtig verbunden«, brand eins 04/2006, Hamburg, brand eins Verlag GmbH & Co. OHG

Funktionen haben möchte. Alles andere bekommt er nicht mit untergejubelt. Der Kunde ist der König bei der Konfiguration.

Der nächste Vorteil: Er kann bei jeder Komponente die Qualität bestimmen. Der eine mag Wert auf ein tolles Aussehen legen, auf eine schicke Designhülle. Ein anderer will vor allem exzellente Technik im Inneren. Wieder jemand anderes braucht eine spezielle Funktion, vielleicht ein besonderes Benutzerinterface. Die Zielgruppe zerfällt in eine endliche Anzahl von Individuen, die ihr Endprodukt selber gestalten.

Eine weitere Besonderheit bei einem System aus mehreren, austauschbaren Komponenten ist der höhere zeitliche Nutzen. Geht ein Teil kaputt, muss nur die defekte Komponente ausgetauscht werden. Ändert sich sein Standard – etwa der des Mobilfunkbetreibers - braucht man ebenfalls nur die veraltete Komponente auszuwechseln und kann den Rest behalten.

DAS PERFEKTE GERÄT?

Ein Baukastensystem ist ein offener Gestaltungsansatz. Es nimmt so viele Einschränkung und Regelungen vor, wie gerade nötig und lässt so viele Freiheiten, wie irgend möglich. Das perfekte Gerät, das perfekte Möbelstück oder das perfekte Haus gibt es natürlich nicht. Aber es existiert das machbare Optimum und das ist immer gebunden an eine Person und einen Verwendungszweck.

Man kann sagen: Dieser Stuhl – sagen wir ein Freischwinger von Mart Stam – ist für diese eine Person – ein Mann von 1,80 m mit 75 Kilo Gewicht – mit ihrem individuellen Körper und zu einem individuellen Zweck – sagen wir zum Lesen – optimal. Aber schon wenn die gleiche Person den gleichen Stuhl für einen anderen Zweck nutzen will – etwa um ein Nickerchen zu halten – kann der Stuhl schlecht geeignet sein. Oder wenn eine andere Person – sagen wir ein Mensch von 2,00 m mit 120 Kilo Gewicht – den Stuhl ebenfalls zum Lesen benutzen möchte, könnte dieser nicht mehr optimal sein.

Der beste denkbare Stuhl wäre ein Baukasten: Je nach Zweck und Nutzer lässt sich der passende Stuhl zusammenbauen. Das perfekte Einzelmöbel oder das perfekte Einzelgerät gibt es nicht – wohl aber einen Baukasten, der einem die Mittel an die Hand gibt, die optimale Lösung für den gewünschten Zweck zu erreichen.

PRODUKT-VERSTÄNDNIS

Der Verkauf Komponenten eines Gerät anstelle des kompletten erfordert ein Umdenken bei Konsumenten und Produzenten. Der Wechsel des Produktverständnisses wurde von Dieter Rams bei der Arbeit an seinem modularen Regalsystem erkannt: Von dem durch einen Tischler angefertigten Möbelstück, das sich neuen räumlichen Gegebenheiten nicht anpassen und nur schwer zerlegt werden kann, zu dem aus Systemkomponenten vom Benutzer selbst zusammenmontierten Individualregal, das auch zu verschiedenen Formen montiert werden kann.

Auch der Gestalter muss sein Selbstverständnis ändern: Er wird von jemandem, der seine Arbeit herausstellt, zu einem, der sie im Hintergrund wirken lässt. Rams forderte sogar »*So wenig Design wie möglich*«[45] und leitete daraus als ideales Design die »*Reduktion der Formensprache*«[46] zugunsten des dahinter geltenden Systembaukastens ab.

---

[45] Kietzmann, Normann »Gespräch mit Dieter Rams«, für das Onlinemagazin »Designline«, 14. November 2007
[46] Kietzmann, Normann »Gespräch mit Dieter Rams«, für das Onlinemagazin »Designline«, 14. November 2007

DER KONSUMENT   Angebot und Nachfrage. Das kennt jedes Kind. Was hier fehlt: Heutzutage bedient sich das Angebot des Instruments der Werbung, um die Nachfrage zu steuern. Angebot –Werbung- Nachfrage. Unsere Wünsche, unsere Begehrlichkeiten nach Produkten wurden uns gekonnt eingeimpft. Der Werbeetat weltweit lag 2007 bei 500 Milliarden Euro. Nur 10% davon könnten den Hunger auf der ganzen Welt halbieren, so Frederic Beigbeder in seiner satirischen Abrechnung mit der Werbebranche in seinem Roman »39,90«.

Dem Konsumenten wird etwas verkauft. Der Konsument wird für dumm verkauft. Er wird bearbeitet wie eine Versuchsratte, von der man weiß, wie sie auf einen bestimmten Reiz reagiert. Er wird gereizt – immer wieder und immer stärker, bis er die Werbung versucht auszublenden. Dann wird eine neue Form der Werbung erdacht und das Spiel geht von vorne los. Es geht nicht um die Bedürfnisse des Konsumenten, des Endkunden, sondern um die Bedürfnisse der Kunden der Werber. Und deren Bedürfnis ist es, immer neue Produkte an den Mann zu bringen.

Der Kunde ist mittlerweile gläsern. Die Marktforscher können durch ihn hindurch und in ihn hinein sehen, aber sie sehen ihn nicht an. Jeder Kunde ist anders. Und jeder Kunde verändert sich. Seine Bedürfnisse können wachsen oder sinken. Sein Körper verändert sich, sein Geist auch. Sein gesellschaftlicher Stand kann sich ändern, so wie seine Weltsicht.

Konsumieren ist die Ausdrucksform des Einzelnen in der Konsumgesellschaft. Die Menschen gehen alle paar Jahre wählen, in diesem Akt erschöpft sich für die meisten Bürger die Ausübung ihrer demokratischen Macht. Die Produkte, die sie kaufen, wählen sie jeden Tag aus. Manche kaufen nach dem Preis. Leute mit viel Geld kaufen nach Geschmack. Leute mit Geschmack kaufen nach Aussehen oder Image, in Relation zu ihrer Kaufkraft. Leute mit politischem oder sozialem Interesse kaufen nach Herkunft, Machart oder Umweltverträglichkeit. Leute, die mit etwas gute Erfahrungen gemacht haben, kaufen die ihnen vertrauten Produkte.

DER PRODUZENT   Der Produzent braucht den steten Konsum. Sonst kann er dicht machen. Er kann nicht einmal ein optimales, verschleißfreies Gerät herausbringen, es an alle potentiellen Kunden verkaufen, abrechnen und dann Schluss machen. Funktionierender Kapitalismus fußt gemäß Adam Smith auf Wachstum. Der Produzent muss durch Innovationen, Optimierung der Funktionen und Service den Kunden immer wieder aufs Neue zum Konsum bewegen.

Aus diesem Grund ist die mobile Elektronik »überfeatured«: Die Geräte sind voll mit Funktionen, die fast niemand nutzt, die aber das Gerät verkomplizieren und anfälliger machen.

Je simpler ein Gerät ist, desto besser funktioniert es – dazu später mehr in den Gesetzen zur Systemeffizienz. Der Produzent, der ein hochkomplexes Gerät marktreif machen will, braucht viel Zeit und Geld. Das können nur die großen Konzerne. So teilen beispielsweise die Handy-Hersteller den Markt unter sich auf:

Die sechs großen Handy-Hersteller [47]

Hersteller	verkaufte Geräte in Millionen	Marktanteil in Prozent
Nokia	266	32,5
Motorola	145	17,7
Samsung	104	12,7
LG	55	6,7
Sony Ericsson	52	6,3
Siemens/BenQ	29	3,5

Eine kleinere Firma kann da nicht mithalten. Das schließt natürlich auch Firmen mit wenig Risikokapital in Schwellen- und Entwicklungsländern aus, die gar nicht auf den Markt drängen können, sondern als billigerer Zulieferer dem Monopol und Preisdruck der Konzerne ausgeliefert sind.

SYSTEMTHEORIE UND »TRIZ«

Der russische Wissenschaftler Genrich Saulowitsch Altschuller[48] und seine Schüler Rafael Borisowitsch Shapiro und Dimitri Kabanov sind Pioniere der Systemtheorie. Bei ihrer Arbeit gingen sie in einer ähnlichen Weise vor wie Dieter Rams: Statt des Systems des Regals nahmen sie sich das System erfolgreicher technischer Innovationen als Forschungsobjekt und begriffen es als ein System, dem als funktionale Komponenten nur einige wenige Prinzipien zugrunde lägen. Bei richtiger Benennung und Herausstellung dieser Komponenten ließe sich jede gewünschte Erfindung auf ihre Machbarkeit hin überprüfen. Daraus folgerten sie Gesetze, die sich auf alle möglichen Systeme anwenden lassen und bei der Konzeption eines neuen Systems eine Hilfestellung bieten.

Altschuller und seine Mitarbeiter sichteten dazu Anfang der 30er Jahre 40.000 Patentschriften von Geräten, die in ihrem Bereich einen technischen Durchbruch darstellten. Dabei erkannten sie folgende Haupt-Gesetzmäßigkeiten[49]:

Einer großen Anzahl von Erfindungen liegt eine vergleichsweise kleine Anzahl von allgemeinen Lösungsprinzipien zugrunde.

Erst das Überwinden von Widersprüchen macht innovative Erfindungen möglich.

Die Evolution technischer Systeme folgt bestimmten Mustern und Gesetzen.

---

47 für das Geschäftsjahr 2005, Gartner Research
48 Der 1926 in Taschkent geborene Jude lebte und litt unter dem Stalinismus in der Sowjetunion. Für seinen Brief an den »Genossen Stalin« gegen das »Chaos und die Ignoranz« im sowjetischen Erfinderwesen, für dessen Beseitigung er die von ihm erdachte Methode vorschlug, bekam er 25 Jahre Arbeitslager, wo er bis 1975 interniert war. Danach lebte er bettelarm, jedoch von einer wachsenden Schar Wissenschaftler verehrt. Er verstarb im Jahre 1987 im karelischen Petrosadavok ohne sich mit dem Staat je wieder arrangiert zu haben. Seine TRIZ Methodik wurde in der DDR schon seit dem »Gorbatschow-Jahr« 1985 benutzt. Die TRIZ Methodik kam 1990 über einige ostdeutsche Projektleiter, die die Methodik in der Programmiersprache-Prolog digitalisiert hatten, in die USA, wo sie unter dem Namen »TIPS« (Theory of Inventive Problem Solving) genutzt wird und eine immer größere Anhängerschaft erringen konnte. Firmen wie Ford oder Samsung arbeiten seit Mitte der 90er Jahre in ihren Entwicklungsabteilungen mit der Methode.
49 Altschuller, Genrich: »The Innovation Algorhythm –Triz, Systematic Innovation and Technical Creativity«, Worcester, 1999, Technical Innovation Center, S. 60

Aus seinen Forschungsergebnissen entstand die »Theorie zur Lösung erfinderischer Probleme«, zu Russisch »Teoria reshenija izobretatjeslkich zadacz«[50]. Sie ist geläufig unter ihrem Akronym »TRIZ«. Die TRIZ gibt Ingenieuren und Wissenschaftlern eine Reihe von methodischen Werkzeugen an die Hand, mit denen sich Probleme auf bestimmte Faktoren hin analysieren lassen und kreative Lösungen begünstigt werden. Ein wichtiger Teil der TRIZ ist eine Widerspruchsmatrix, anhand derer sich technische Parameter gegenüberstellen lassen, von denen sich der eine laut der TRIZ eher verbessern, der andere eher verschlechtern wird. Gemeinsam mit 40 Regeln in Bezug auf Parameter wie beispielsweise Zerlegung, Abtrennung, Asymmetrie oder Kopplung, lassen sich Lösungsansätze für technische Probleme finden. Die Formeln erheben keinen Anspruch darauf, einen konkreten praktischen Widerspruch präzise zu formulieren

und zu lösen – als kreative Werkzeuge zeigen sie aber einen möglichen »Lösungskorridor«[51] auf, in dem sich verschiedene Türen auftun.

TRIZ geriet mit dem Zusammenbruch des Ostblocks Ende der 80er Jahre etwas in Vergessenheit, wurde jedoch Ende der 90er Jahre über ehemalige russische Wissenschaftler nach Kanada getragen und im Jahre 2003 schließlich wurde die Widerspruchsmatrix überarbeitet, bekannte Fehler wurden ausgesiebt, 150.000 wichtige Patentschriften der letzten Jahre ausgewertet und mit Hilfe der »Matrix 2003« überprüft. Einen besonders hohen Wirkungsgrad erzielt die so verbesserte Methodik in Bereichen wie »Beseitigung schädlicher Interaktionen und Faktoren« oder »Kostenreduzierung bei gleichzeitiger Erhöhung der Effektivität«. Die »Matrix 2003« ist sehr hilfreich bei der Konzeption eines Systembaukastens für mobile Elektronik.

Darüber hinaus existieren von Altschuller und seinen Nachfolgern Terninko, Zusman und Zlotin für den Zweck dieser Arbeit sehr hilfreiche »Gesetze zur Entwicklung von Systemen«[52] die im englischen Raum bekannt sind unter dem Namen »TESE – Trends of Engineering System Evolution«[53], »Patterns of Evolution«[54] oder »Trends of Evolution«[55]. Speziell diese Gesetze sind von großem Nutzen für die Gewährleistung der technischen Machbarkeit des entwickelten Systembaukastens. Da jede einzelne Komponente heutiger Technik ein hochkomplexes, nur für einen Experten zur Gänze erfassbares Mikrosystem darstellt, führen sie von den vielen technischen Details weg, hin zu nachvollziehbaren Entwicklungsgesetzen, die bei der Gestaltung berücksichtigt werden konnten.

Der nächste Anstoß, den die Theorien von Altschuller für den neuen Systembaukasten lieferten, war der Gedanke der Idealität eines Systems. Laut Altschuller ist ein ideales System ein System, das nicht existiert, aber dennoch die gewünschte Funktion ermöglicht, so wie die »elastische Luftsäule« von Marcel Breuer als idealer Stuhl. Wohingegen

---

[50] In kyrillscher Schrift: теория решения изобретательских задач
[51] Driesen, Oliver: »Die Meta-Erfindung«, brand eins 08/2003, Hamburg, brand eins Verlag GmbH & Co. OHG
[52] Altschuller, Genrich: »The Innovation Algorhythm – Triz, Systematic Innovation and Technical Creativity«, Worcester, 1999, Technical Innovation Center, S. 186
[53] Bezeichnung der International TRIZ Association
[54] Terninko, John, Zusman, Allan und Zlotin, Boris «Systematic Innovation – An Introduction to TRIZ (Theory of Inventive Problem Solving)«, Boca Raton, 1998, St. Lucei Press
[55] Mann, Darrell und Dewulf, Simon: »TRIZ Companion«, Ieper, 2002, CREAX Press

die im Gebrauch befindlichen Stühle seit dem Freischwinger von Mart Stam bis zum heutigen Tage nicht wesentlich immaterieller und idealer wurden, lässt sich der Gedanke der steigenden Systemidealität bei steigender Immaterialisierung gut am Beispiel des Staubsaugers nachvollziehen.

Der Nutzer möchte keinen Staubsauger – er möchte den auf dem Boden befindlichen Staub entfernen. Der Staubsauger ist nur das System dazu. Idealerweise verfügt er über keinerlei physikalische Ausdehnung, keinen Zeitaufwand bei der Erledigung seiner Arbeit, keinen Stromverbrauch und keinen Verschleiß. Seine Idealität wäre dann am größten, würde er den Staub »wegzaubern«. Besieht man die Entwicklung des Systems Staubsauger von um die Häuser fahrenden »Staubsaugerwagen« über sperrige Ungetüme der Vorkriegszeit und einen durchgestylten Dyson Staubsauger, der die Komponente des erneuerungspflichtigen Schmutzauffangbehälters »wegidealisierte«, bis hin zu kleinen Staubsaugerrobotern, dann wird die Bedeutung der Systemidealität deutlich.

Der Gedanke, Technologie zum Erreichen eines Zwecks immer kleiner, leichter und effizienter zu machen, wurde unter dem Begriff der Ephemerisierung von Richard Buckminster-Fuller sehr weit vorgedacht. Dieser wählte das Beispiel eines Kommunikationssatelliten, der die Aufgabe tausende Tonnen schwerer Transatlantik-Telefonkabel zu einem winzigen Bruchteil ihres Gewichts, ihrer Kosten und der zu Produktion und Betrieb verwendeten Energie übernimmt. Stewart Brand, der von 1965 bis 1968 den »Whole Earth Catalogue«[56] veröffentlichte und ab 1984 dessen elektronisches Pendant »WELL«[57], schrieb zur Ephemerisierung das Buch »The Clock of the Long Now«[58], das inhaltlich treffender im Deutschen mit »Mehr-mit-weniger-tun« betitelt ist. Die Altschuller-Schüler Vladimir Petrov und Avraam Seredinski fanden eine Formel, die den Idealitätslevel eines Systems errechnet, indem sie die nützlichen Funktionen über den schädlichen Funktionen aufträgt und dabei zu einem Idealitätslevel I gelangt. Zur Erreichung der maximalen Idealität eines Systems geben sie noch folgende 6 Regeln mit auf den Weg:
1. Eliminiere unterstützende Funktionen!
2. Eliminiere Teile!
3. Erkenne Selbstbedienung!
4. Ersetze Einzelteile, Komponenten oder das ganze System!
5. Ändere das Funktionsprinzip!
6. Nutze Ressourcen!

Dieser Grundstock an Regeln und Gesetzen und die durch die Methodik aufgezeigten Möglichkeiten wurden bei der Konzeption des Systembaukastens für mobile Elektronik verwendet.

---

[56] Der »Whole Earth Catalogue« war eine Art Wissenssammlung und sollte dem Leser Methoden und Wege bereitstellen, um alle möglichen Probleme zu lösen. Er sollte billig sein, per Postsendung jedem zugänglich, nützlich als Werkzeug und zur unabhänigen Bildung. Der Katalog wurde von Apple Gründer Steve Jobs als konzeptioneller Vorgänger der Internetsuchmaschinen bezeichnet. Er erschien von 1968 bis 1972 regelmäßig, danach sporadisch bis 1985.
[57] Der »Whole Earth 'Lectronic Link« war der digitale Nachfolger des Whole Earth Catalogue und kann als eine er ältesten Online Communitys bezeichnet werden. Er startete 1985, als die private Nutzung des Internets begann, das zuvor dem Militär, einzelnen Universitäten und wissenschaftlichen Einrichtungen vorbehalten war. Begonnen als digitales schwarzes Brett, einem sogenannten »Bulletin Board System« wurde er immer mehr eine vollwertige Online Community mit User-Profilen, Diskussionsgruppen, Nachrichten etc.
[58] Brand, Stewart: »The Clock of the Long now«, New York, 2000, Basic Books

DIE ALTERNATIVE: EIN BAUKASTENSYSTEM FÜR MOBILE ELEKTRONIK

Um nicht umständlich weiter von »alternativen Baukastensystem für mobile Elektronik« reden zu müssen, legen wir als Bezeichnung hierfür »Standard Mobile Device« fest und kürzen es mit »SMD« ab.

Dieser Name gilt sowohl als Bezeichnung für das System als Ganzes, als auch für die einzelnen Geräte, die ebenfalls als »SMD« bezeichnet werden. Da das SMD-System als System für den Nutzen rund um den Globus gedacht ist, wird es auch in der (momentan noch) global für die meisten Menschen verständlichen Sprache benannt – dem Englischen.

Um eine Kompatibilität der Module aller Hersteller zu überprüfen und die Einhaltung von elekro-, umwelt- und materialtechnischen Standards zu gewährleisten, werden alle Module von einem Gremium geprüft. Dieses Gremium lässt die Module zu und vergibt dafür ein Siegel, das wie das TÜV/GS Logo die Einhaltung von bestimmten Richtlinien bescheinigt. Da das SMD-System sich ständig verbessern und die Idealität erhöhen will,

werden alle paar Jahre die Normen und Richtlinien verfeinert. Die Einhaltung der stetig erneuerten Normen wird ebenfalls gekennzeichnet[59].

Überlegen wir nun, was unser Baukastensystem für Anforderungen erfüllen muss und legen ein paar Regeln für das SMD fest:
das System muss aus einzelnen, wechselbaren Komponenten bestehen
jede Komponente muss auswechselbar sein
das System als Ganzes und jede Komponente für sich müssen einer Reihe von Anforderungen entsprechen, über deren Einhaltung ein unabhängiges Gremium wacht eine Komponente muss einer Funktionsgruppe entsprechen (z.B. Energieversorgung) jede Komponente ist ein geschlossenes Bauteil und der Austausch mit dem System findet nur über einen speziellen Systembus statt die Verbindung (Bus) der Komponenten ist genormt
das Protokoll dieses Busses ist »open source[60]«, d.h. jedem Komponentenanbieter und auch den Endnutzern einsichtig und zugänglich
die Bezeichnung der Komponenten ist genormt jede Komponente muss von verschiedenen Herstellern lieferbar sein es existiert ein Open-Source-Betriebssystem für das System, das von Benutzern erweitert und verbessert werden kann
alle Komponenten müssen nach dem »Mc Donough Braungart Cradle to Cradle Design Protocol« wieder in Einzelteile und wiederverwendbare Rohstoffe[61] zerlegbar und chemisch unbedenklich sein.

VORTEILE FÜR DEN KONSUMENTEN

Der Nutzer kauft genau das, was er haben möchte. Er muss nicht für Funktionen bezahlen, die er nicht braucht. Geht etwas kaputt, oder

---

[59] Vergleichbar mit den TCO Standards. Die schwedische Beamten- und Angestelltengewerkschaft Tjänstemännens Centralorganisation (TCO) vergibt Prüfsiegel für die Ergonomie und Strahlungsemission von Büromöbeln und Geräten. Am bekanntesten ist ihr Siegel für Computermonitore, das jedes Jahr ein bisschen schärfer reglementiert wird und die Jahreszahl des Standards mitführt. Ein Beispiel wäre TCO '06.
[60] »open source« (zu deutsch: quelloffen) ist Software, für die der Quellcode, also die Programmierung, offen liegt. Alle Benutzer sind zum Mitarbeiten und Verbessern angehalten. Das bekannteste Open-Source-Betriebssystem ist das von Linus Torvalds initiierte »Linux«.
[61] Dies ist durchaus keine Zukunftsmusik, sondern eine aktuelle Melodie: Auch die Firma Nokia hat für das erste Quartal 2008 die Einführung des Modells »Nokia 3110 Evolve« angekündigt. Dessen Netzteil hat einen um 94% niedrigeren Verbrauch als vergleichbare Modelle, die Außenhaut des Handys besteht großteils aus erneuerbaren Rohstoffen, die Verpackung aus recycletem Karton.

ändert sich ein Standard, so muss er nur das betreffende Teil austauschen. Ändern sich seine Ansprüche, kann er sein SMD auf die neuen Anforderungen umkonfigurieren. Der Konsument hat die Möglichkeit, jede Komponente von einer Firma zu kaufen, deren Markenwerte ihm zusagen.

VORTEILE FÜR DIE PRODUZENTEN

Wenn man eine Firma als Institution betrachtet, die zuallererst ihren Aktionären verpflichtet ist, dann leistet die Firma nur dann gute Arbeit, wenn der Aktienwert stetig steigt. Wie die Firma dafür sorgt, ist zweitrangig. Eine solche Firma muss hohe Gewinne einfahren, Kosten sparen und Löhne niedrig halten. Die Schaffung von Arbeitsplätzen steigert nicht unbedingt den Aktienwert, da sie mit Ausgaben einhergeht. Für eine solche Firma ist die Umstellung auf die Produktion von Komponenten im Gegensatz zu ganzen Geräten nicht von Vorteil, da diese Umstellung kleinere, spezialisiertere Strukturen begünstigt. In einem großen Elektronikkonzern hat der einzelne Mitarbeiter, besonders in der Produktion, nur einen kleinen Anteil am komplexen Produkt.

Wenn man eine Firma aber als Gemeinschaft ihrer Mitarbeiter sieht, dann ist deren fortdauernde und gesicherte Beschäftigung ihr vorderstes Ziel. Bei weniger komplexen Produkten wird zudem der Anteil des einzelnen Mitarbeiters an der Wertschöpfungskette größer und die persönliche Bindung wächst, ebenso wie das Wissen um die Funktion des gesamten Produktes.

Ein Baukastensystem schafft zudem einen neuen Beruf: Den des Beherrschers, des Kenners des Baukastens. Den Fachmann, der den Kunden bei der Auswahl seiner SMD Komponenten berät und sie für ihn wartet und zusammenmontiert.

VORTEILE FÜR DIE UMWELT

Wenn nur noch Komponenten verkauft werden, können diese lokal produziert werden und auch in einem Hochlohnland auf einen akzeptablen Endverbraucherpreis kommen, da Importzölle und Transportkosten entfallen. Das stärkt die lokale Wirtschaft. Außerdem bedeutet weniger Transportaufkommen weniger Kohlenstoffdioxidbelastung. Da alle Komponenten dem »Mc Donough Braungart Cradle to Cradle Design Protocol« folgen, ist eine komplette Wiederverwertung möglich und die Umweltbelastung durch schwer entsorgbaren Elektroschrott entfällt. Auch auf verschiedene Ladegeräte, Adapterkabel und aufwendigere Produktverpackungen lässt sich verzichten – wovon die Umwelt profitiert.

DAS SMD AN SICH

Der Baukasten besteht aus 3 Modulklassen. Für jede Modulklasse gibt es ein Grundmaß, das die räumlichen Dimensionen von Breite, Höhe und Tiefe angibt. Module können auch ein Vielfaches dieser Maße einnehmen, also 2 Höheneinheiten, 3 Breiteneinheiten etc.

die erste Klasse ist ein Modul, das sich im Inneren des Gerätes befindet, beispielsweise ein Datenspeicher, Prozessor oder eine Energiequelle. Dieses Modul kommt mit keiner Seite an die Außenseite. Definiert werden räumliche Maße und ein Anschlussstecker für den Systembus, um das Modul mit dem restlichen Baukasten zu verbinden. Die inneren Module benennen wir einfach I-Module. Um anzuzeigen, welche Maße ein Modul hat, wird die Breite, Höhe und Tiefe angegeben, indem man nach dem Namen diese aufschreibt: 1|2|1 ist in Modul mit einfacher Breite, doppelter Höhe und einfacher Tiefe.

die zweite Klasse sind Module, die auf der einen Seite nach außen, und auf der anderen Seite nach innen weisen. Sie können zum Beispiel Ein- und Ausgabefunktionen in Form einer Tastatur, eines Tastenfeldes, eines Touchscreens, einer Kamera oder eines Lautsprechers beinhalten. Ebenso können sie die Anschlussbuchse für das Ladekabel, den An- und Ausschalter oder Sensoren beinhalten. Ihre Maße sind bedingt durch die Maße der I-Module und werden auf die gleiche Art bezeichnet. Da diese Module auf der einen Seite nach außen weisen, benennen wir sie A-Module. Wie die I-Module haben sie auch den gleichen Anschluss für den Systembus.

die dritte Klasse von Modulen hält die I- und A-Module in einem räumlichen Gitter zusammen. Ihre Form ist vollkommen variabel, solange sie die Module aufnehmen können. Man kann sie sich vorstellen wie die Kanten eines Quaders, die im Inneren befindliche Bauklötze zusammenhalten. Die H-Module genannten Halterungen geben die äußere Form vor: Je nachdem, ob viele oder wenige innere Module gewünscht sind, ob das SMD eher schmal, länglich oder kompakt ausfallen soll. Auch von der Quaderform entfernte Formen des H-Moduls wie beispielsweise ein Armband sind denkbar, solange das H-Modul die I- und A-Module aufnehmen kann.

Neben der räumlichen Gliederung und Fixierung hat das H-Modul eine weitere Aufgabe: Es verbindet alle eingesteckten Module miteinander über einen Datenbus, gewissermaßen das Rückenmark des SMD.

CONCLUSIO

Die Menge der verkauften Mobilelektronik, die sie hervorbringenden Firmen, die Vermarktung und der Vertrieb der Produkte, deren Recycling und Reparierbarkeit – all diese Dinge wurden als System betrachtet und beschrieben. Es wurden Schwachstellen analysiert und es wurde versucht, eine Alternative aufzuzeigen.

Die Alternative sollte das Optimum erreichen; für die Menge der Konsumenten, den größten Teil der Produzenten und die Umwelt. Aus der Sicht der Aktionäre von Samsung, Motorola oder LG ist so ein System, bei dem die Kunden nicht andauernd konsumieren müssen oder wenn, dann bei Teilen mit nicht so hoher Gewinnspanne, sicherlich nicht das Optimum und eine Firma würde alles tun, um ein Fast-Monopol und die Marktführerschaft zu verteidigen.

Das erarbeitete SMD-System ist keine Utopie, da es technisch machbar ist. Es gibt keine technische Errungenschaft, die noch fehlt, um es umzusetzen, kein »missing link«. Es müsste einfach nur von genügend kleinen bis mittleren Firmen umgesetzt werden, ein paar Händler müssten mitziehen und dann würde der Markt – und damit vor allem der Konsument – entscheiden.

Das SMD-System ist aber mit Sicherheit eines: Idealistisch. Es versucht, die Globalisierung als gegebenen Umstand zu akzeptieren und ihr etwas Positives abzugewinnen, ohne alles in das Land mit den geringsten Produktionskosten auszulagern. Es versucht, kleineren Unternehmen und Einzelpersonen mehr Chancen zu geben. Es will ein Korrektiv gegen die Konzernstrukturen sein, persönlichem Können und Erfahrung wieder einen höheren Wert in Zeiten der Weltwirtschaftskrise geben. Auch für die Konsumenten ist es idealistisch gedacht: Wenn das Ziel der Menschheit die globale Wissensgesellschaft ist, dann muss auch jedem Menschen ein Werkzeug zur Verfügung gestellt werden, mit dem er an dem Wissen teilhaben und sich austauschen kann. Das SMD-System bejaht die Frage nach einem »Recht auf Kommunikation«. Es liefert für jeden Menschen das passende Gerät: Ob es ein indigener Einwohner des feuchtwarmen Amazonasgebietes, ein Student in Nordeuropa, ein Inuit im (nicht ganz) ewigen Eis, ein chinesischer Bauer oder ein australischer Taucher ist: Jeder kann ein billiges bis teures, kleines bis großes, einfaches bis komplexes SMD bekommen. Genau das, was er braucht.

Das SMD-System setzt auf eine Leistungsgerechtigkeit unter den Produzenten: Da, wo Teile auf die reine Funktion reduziert werden und die »ausdesignte« Oberfäche wegfällt, kommt es mehr auf die Leistung an, weniger auf Prestige. Es geht eher um die Funktion und weniger um die Form.

Zum Abschluss der vorliegenden Arbeit kommt eine Erfolgsnachricht von einem ähnlichen System aus den USA: Der kleine Hersteller RED hat ein Baukastensystem für digitale Filmkameras erfolgreich in den Markt eingeführt, das funktional den Modellen der bisherigen großen Hersteller überlegen ist und billiger dazu. Man kann sich genau die Kamera konfigurieren, die man haben will – Schlüsselkomponenten setzen auf innovative Detaillösungen, das System ist aber auch offen für Teile anderer Hersteller. Es funktioniert.

FALSCHE ORIGINALITÄT – FALSCHHEIT ALS ORIGINALITÄT

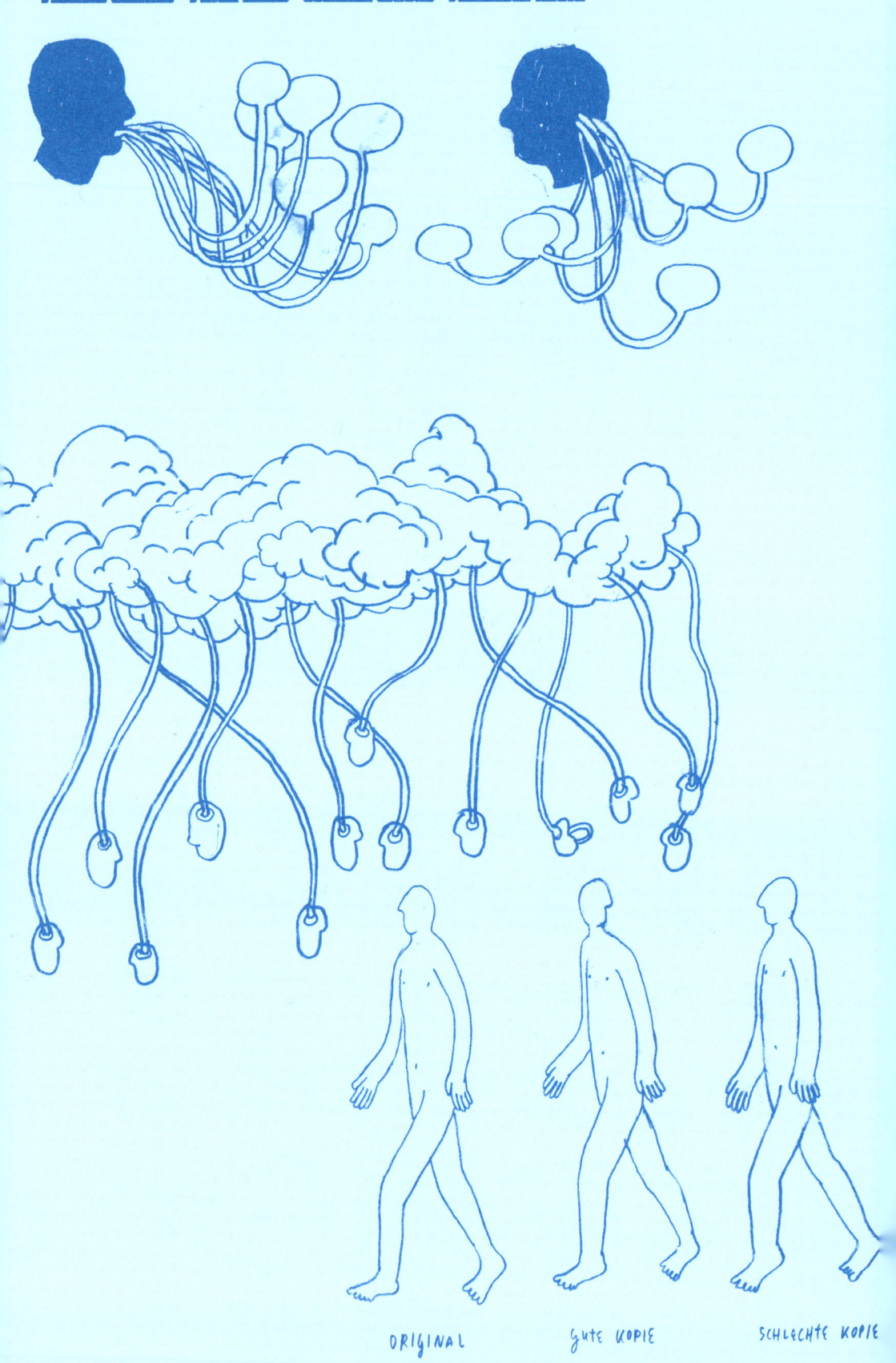

FRIEDRICH GOBBESSO 150

ORIGINAL   GUTE KOPIE   SCHLECHTE KOPIE

FALSCHE ORIGINALITÄT – FALSCHHEIT ALS ORIGINALITÄT

FRIEDRICH GOBBESSO 152

Fake

echte Kunst
kann nicht
simuliert werden.

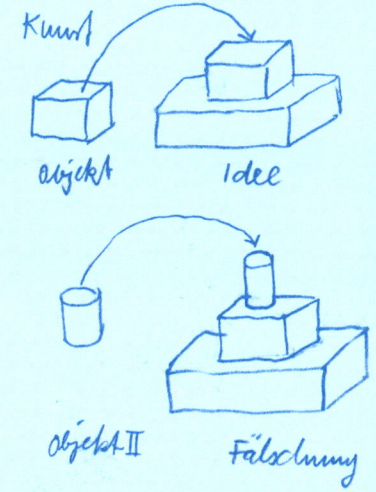

Kunst
Objekt   Idee

Objekt II   Fälschung

Kopie   Original

Warten auf
Eingebung

2712091552

Friedrich Gobbesso

Falsche Originalität – Falschheit als Originalität

1 Original und Kopie
1.1 Originalität als Refexion der Kopie
1.2 Der Platonismus und seine Umkehrung
1.3 Die Verteidigung des Originals

2 Adaption als essentiell menschliches Verhalten

3 Kollektiver Individualismus
3.1 Popkulturelle Authentizität

4 Die Hyperrealität
4.1 Gegen die gute Kopie sind alle Originale grau – die Hyperrealität im virtuellen Raum
4.2 Popkulturelle Kolonisation des virtuellen Raums
4.3 Die Absorption des Realen
4.4 Die hyperreale Apokalypse – und die zersetzende Wirkung des Trugbilds als Chance

5 Der Begriff des Fake
5.1 »The Yes Men« – Der Fake als Möglichkeit subversiver politischer Kritik
5.2 »Serpica Naro« – Der Aufstand des kreativen Fußvolks
5.3 Die Wirkungsweise des Fake in drei Phasen
5.3.1 Die Fälschung wird für wahr genommen
5.3.2 Der Fake wird erkannt
5.3.3 Das Dementi
5.4 »Il Male« – Fake als extreme politische Satire
5.4.1 Michael Born – Die gute Fälschung in schlechter Absicht
5.4.2 Hans van Meergerens – die klassische Kunstfälschung
5.5 Das revolutionäre Potential

6 Fake als Strategie im Bereich der Kunst
6.1 Kunst als Placebo
6.2 Das Plagiat als künstlerische Strategie bei Elaine Sturtevant
6.2.1 »Appropriationart« als Phänomen der Unmöglichkeit kein Original zu produzieren
6.3 Die Kritik an der »Institution Kunst« wird zur Kunst

7 Abschließendes Kapitel Der Triumph des Originals im Zustand seiner Krise – und die Chance zur Auflösung dieser Situation

EINLEITUNG
ORIGINAL UND FÄLSCHUNG

Jedes Original ist potentiell eine noch zu entlarvende Fälschung.

Eine Fälschung gibt vor einen Ursprungs zu sein, dessen sie sich nachweislich nicht ist.

Ist dieser Nachweis erbracht, so hat sich das falsche Original in eine echte Fälschung verwandelt.

Von besonderem Interesse für diesen Text ist dabei dieser Augenblick der Entlarvung. In dem Moment des Erkennens einer Fälschung wird nicht selten das gesamte System der Unterscheidung von wahr und falsch in Frage gestellt. Das Falsche birgt dabei mitunter ein ungeahntes Potential.

Der finanzielle wie auch der damit einhergehende museale Wert eines Kunstwerkes hat sich schon lange von dem materiellen Objekt getrennt. Das Werk muss auch nicht mehr als Zeichen einer künstlerischen Idee wirken, sondern funktioniert sehr gut als selbstreferentielles Original.

Das Original ist aus einer (originären) künstlerischen Idee entstanden, hat sich jedoch längst von dieser emanzipiert.

Ein Original entsteht durch seine unzweifelhafte Provenienz.

In der Rückführung auf seinen vermeintlichen Ursprung, den Autor, wird das Werk zum Original.

Hat der Rezipient die Autorenschaft einer Arbeit richtig erkannt, so hat er schnell das angenehme Gefühl, das Werk entschlüsselt zu haben. Erkennt man den Autor in seinem Werk, kann man dieses mit vorangegangenen Werken vergleichen und in ein Verhältnis zu der Person des Künstlers setzen. Wiedererkennbarkeit ist daher auch eine wichtige Grundlage des Erfolgs. Eine solche formale Wiedererkennbarkeit auf Grund bestimmter Formulierungen und Arbeitsweisen bedeutet nicht zwangsläufig auch einen inhaltlichen Stillstand, befördert jedoch das Einschleifen persönlicher Maschen der Kunstproduktion, die wiederum auf ihren »Schöpfer«, den Künstler, verweisen.

Während in der Literaturkritik Ende der 60er Jahre die Bedeutung des Autors für die Literatur massiv in Frage gestellt wurde und man stattdessen versuchte, den Text selbst und seine Verarbeitung durch den Leser in den Fokus des Interesses zu stellen, ist ein ähnlich intensiver Diskurs im Bereich der Kunst ausgeblieben. Diese Kritik an der Bedeutung des Schöpfers von Literatur, wie sie Roland Barthes formulierte, lässt sich in vielfältiger Weise auch auf die Person des Künstlers anwenden.

Künstlerische Anonymität ist auch im Bereich der zeitgenössischen Kunst nur als Rätsel vorstellbar. Erst durch die originäre Zuordnung zu seinem Produzenten bekommt das Werk einen Ausstellungs- wie auch Verkaufswert als originale Arbeit eben dieser Person. Ausgangspunkt der Interpretation eines Kunstwerkes ist der Künstler selbst – seine Entwicklung, seine Erlebnisse, seine persönliche Intention. Diese Praxis der Beurteilung von Kunst ist jedoch ausgesprochen fragwürdig. Die »Künstlerische Intention« des Kunstschaffenden ist nüchtern betrachtet absolut irrelevant! Bezugspunkt einer Interpretation sollte das Werk und seine Wirkung auf den Betrachter sein. Kommt dabei die Intention des Künstlers zur Wirkung, so wirkt das Werk selbst. Kommt sie nicht zur Wirkung, so ist diese Intention auch nicht relevant oder höchstens als Phänomen des persönlichen Scheiterns des Künstlers von Interesse.

Welche Bedeutung, welchen Inhalt hat das Werk ohne seinen Autor?

Genau diese Frage stellt die Fälschung im Moment ihrer Entdeckung geradezu zwangsläufig!

Falsch an einer Kunstfälschung ist schließlich nicht das, was wir sehen: das Papier, die Farbe oder die Maltechnik; falsch ist die Provenienz. Obwohl es zunächst so schien, als stamme eine bestimmte Aussage von einem bestimmten (bedeutenden) Künstler, stammt diese nachweisbar von einer anderen, in der Regel unbedeutenden Person. Dabei geht es nicht um eine »persönliche, unnachahmliche Handschrift« eben dieses bedeutenden Künstlers. Nachzuahmen ist sie, dank der guten Fälschung, erwiesenermaßen. Entscheidend ist die rechtliche Autorisierung: die Bereitschaft des Künstlers ein Werk als Teil des eigenen Oeuvres zu akzeptieren. Dies geschieht in der Regel durch die Signatur.

Die Frage von Originalität oder unzweifelhafter Autorenschaft stellt sich jedoch nicht nur im Bereich der Kunst, auch wenn hier in der Regel die spektakulärsten Enthüllungen zu beobachten sind, sondern dehnt sich auf jegliche Art von reproduzierbarem Produkt aus – und reproduzierbar ist inzwischen fast alles.

Plagiat, Fälschung, Imitation, Surrogat, ... – die Sprache hält eine Vielzahl von differenzierten Ausdrücken bereit, um etwas zu beschreiben, das auf den ersten Blick nichts Gutes ahnen lässt: dass es sich bei dem Genannten eben nicht um ein individuellen, autonomen Schaffensprozess entstandenen Original handele, sondern um etwas, das nur auf Grund der Existenz eines Vorbildes entstehen konnte und aus diesem Grund fast automatisch schlechter sein müsse als dieses. Sei es auf der Ebene des Kunstwerks, des Produkts oder des menschlichen Verhaltens: im Allgemeinen stehen sich »das Original« und »die Fälschung«, wie richtig und falsch, gut und böse gegenüber. Wir befinden uns in einer Zeit der uneingeschränkten Liebe zum »Original«. Diese Vermutung lässt sich durch ein relativ einfaches Experiment untermauern: Gibt man das Wort »Original« bei der Internetsuchmaschine Google ein, so stößt man allein auf 958.000.000 englischsprachige Eintragungen mit diesem Stichwort. Führt man das gleiche Experiment mit »Money« durch, so kommt man noch auf 929.000.000 Treffer, »Sex« bringt es auf 658.000.000, und »God« auf nur noch 429.000.000 Einträge.¹ Auch wenn es sich bei diesem Ergebnis um ein reines Quantum handelt, ohne Berücksichtigung der Qualität der aufgeführten Seiten, so kann man sich nur schwer des Gefühls erwehren, dass diese Reihenfolge uns durchaus eine Erkenntnis über die Prioritäten unserer Gesellschaft liefert. Es scheint keine erstrebenswertere Eigenschaft als die der Echtheit zu geben, und praktisch alles und jeder nimmt diese für sich in Anspruch.

Betrachtet man nun diese »Originale« etwas genauer, fällt die Bilanz sehr ernüchternd aus. Die behauptete Originalität scheint vielmehr eine Reaktion auf ihr genaues Gegenteil, das Bewusstsein der absoluten Austauschbarkeit, zu sein. Adorno beschrieb die auffällige Parallele zwischen behaupteter Originalität und tatsächlicher Austauschbarkeit wie folgt:

»Je dichter die Welt vom Netz des von Menschen Gemachten überzogen wird, um so krampfhafter betonen die, welche es ihr antun, ihre eigene Natürlichkeit, Urwüchsigkeit und Primitivität. Die Entdeckung der Echtheit als letztes Bollwerk der individualistischen Ethik ist ein Reflex der industriellen Massenproduktion. Erst indem unzählige standardisierte Güter um des Profit willens vorspielen, ein Einmaliges zu sein, bildet sich als

---
1 Google-suche, ausschließlich englischsprachige Seiten, »ohne Filter«, durchgeführt am 8. 2. 2009

Antithese dazu, doch nach den gleichen Kriterien, die Idee des nicht zu Vervielfältigenden als des eigentlich Echten.«²

Wirkliche Echtheit wäre folglich keine Qualität an sich, sondern nur noch eine Folge der Unmöglichkeit der Reproduktion. Das unaufhaltsame Fortschreiten der Möglichkeiten der Vervielfältigung würde uns zunehmend unserer Originale berauben. Würde man, dem Zitat Adornos folgend, nur das nicht zu Vervielfältigende als das eigentlich Echte betrachten, folgte daraus, dass nur das original ist, bei dem sich die Frage der Originalität überhaupt nicht stellt.

Auch wenn diese Schlussfolgerung eine durchaus vernünftige Reaktion auf die Möglichkeiten der technischen Reproduktion darstellen würde, besteht hierfür leider kein politischer Konsens. In einem Wirtschaftssystem, in dem das Recht an der Vervielfältigung der »Originale« einen entscheidenden Schlüssel des finanziellen Erfolgs darstellt, ist dies nicht möglich. Daher sind immer neue Definitionen des Originals gefordert, um dieses von der Kopie abzugrenzen.

---

2 Theodor W. Adorno, *Minima Moralia*, Gesammelte Schriften, Band 4, Suhrkamp, Frankfurt a. M. 1971, S. 175

Ein Originalereignis im besten Sinne und wirklich nicht reproduzierbar, ist im Grunde jedes menschliche Erlebnis – jedes Gespräch und jeder Gedanke. Diese Ereignisse werden jedoch im Allgemeinen weder als original bezeichnet noch empfunden. Fast alles andere ist reproduzierbar, was durchaus zum Nutzen vieler Menschen ist. Anstatt jedoch die Möglichkeiten der Reproduktion zu akzeptieren, mit ihnen zu arbeiten und Zitate und Kopien als Bestandteile unseres Lebens zu akzeptieren, ist eine entgegengesetzte Entwicklung der Fall.

Plötzlich nimmt jeder und alles uneingeschränkt Originalität für sich in Anspruch. Das erfolgreiche Behaupten von Referenzlosigkeit scheint Grundlage für Erfolge unterschiedlichster Art zu sein. Im Bereich der Vermarktung – und alles muss letztendlich vermarktet werden – gibt es schon lange keinen grundlegenden Unterschied mehr zwischen der Funktion des »Images« von Kultur- oder Konsumprodukten, Individuen oder Firmen. Was in der Musik als »Sampling« schon lange akzeptiert ist, wird im Bereich des menschlichen Verhaltens geleugnet und mit fadenscheiniger Originalität kaschiert.

Im Bereich der Kunst hingegen werden zwar durchaus noch nicht vorher öffentlich gemachte Ideen und folglich tatsächliche Originale formuliert – aber auch hier hat sich der Originalcharakter verselbständigt! Die bloße Neuheit ist oftmals zum Selbstzweck geworden. Inhalt und Formulierung bleiben von vornherein auf der Strecke, oder werden in ihrer Qualität, wenn vorhanden, durch den Originalcharakter marginalisiert.

Diesen Entwicklungen möchte dieser Text etwas entgegensetzen. Durch die strategische Adaption besteht die Möglichkeit die Originalität zu übertrumpfen und so zu persiflieren und zu beschädigen.

Hierfür sollen zunächst im **ersten Kapitel** die Definitionen von Original und Kopie näher betrachtet werden. Das Verhältnis von Vor-Bild zu Nach-Bild, das thematisch den gesamten Text durchzieht erweist sich dabei als geradezu konträr zum allgemeinen sprachlichen Gebrauch.

Im 21. Jahrhundert steht uns eine schier überwältigende Menge schon formulierter Kulturprodukte zur Verfügung. Diese bewusst zu nutzen, zu verwerten und in diesem Prozess auch zu hinterfragen entspricht einem natürlichen, im positiven Sinne konfliktträchtigen, menschlichen Vergnügen an der Adaption, auf welches im **zweiten Kapitel** eingegangen werden soll.

Die Selbstinszenierung aus adaptierten Elementen verschiedenster Herkunft betreibt die moderne Populärkultur in einer Form des »kulturellen Samplings« gerade zu exzessiv, beansprucht jedoch im selben Atemzug in genauso heftiger wie schizophrener Weise uneingeschränkte Originalität. In der globalen, kapitalistisch geprägten Popkultur erweisen sich Adaption und Inszenierung absurder Weise als Voraussetzung für das Erlangen von Authentizität, beziehungsweise Originalität. Die Adaption kann aber ihre positive Wirkung erst in dem Moment entfalten, in dem sie ihre Herkunft offenlegt! Insofern verspielt die moderne Popkultur ihr kreatives Potential. Mit diesem Zusammenhang wird sich das **dritte Kapitel** beschäftigen.

»Popkulturelle Authentizität« kann somit, unter Bezug auf Umberto Eco, als hyperreale Erscheinung bezeichnet werden. Dies soll im **vierten Kapitel** geschehen. Die Wirkung der Hyperrealität und die daraus resultierenden Wahrnehmungsverschiebungen lassen sich in exemplarischer Weise an virtuellen Spielwelten beobachten.

Im Widerspruch zu Apokalyptikern wie Jean Baudrillard, die die Ausbreitung hyperrealer Erscheinungen als fatalen, uns aller Determinanten in der Welt beraubenden, Vorgang betrachten, zeigen sich hyperreale Strategien als adäquate Handlungsweise im Zeitalter der Postmoderne. Die Postmoderne mit ihrer Liebe zum Zitat und ihrem vermeintlichen Mangel an Innovation soll in diesem Zusammenhang nicht als eine Erschlaffung der Moderne betrachtet werden, sondern erweist sich als Chance zur Überwindung eben dieser Moderne, insbesondere hinsichtlich ihres Originalitäts- und Wahrheitsbegriffs. So soll in diesem Text für einen offenen, spielerischen Umgang mit der Imitation, ja selbst der Lüge, eingetreten werden.

Das **fünfte Kapitel** wird den Begriff des Fake klären und anhand von Beispielen als notwendige subversive politische Handlungsweise loben. Die illegitime Verwendung von Kommunikationsmitteln und die Adaption von Rhetorik und Erscheinung des politischen Gegners erweist sich als ein geschicktes Mittel grundlegender Systemkritik. Die Lüge ist das Mittel der Wahrheitsfindung mitunter wesentlich zuträglicher als das Stellen der richtigen Fragen. Oberflächlicher Konformismus erweist sich als letzte Möglichkeit wirklicher Nonkonformität. Der Fake besitzt ein kaum zu überschätzendes, weil gewaltloses, revolutionäres Potential. Die Fälschung stellt auch das in Frage, was im Allgemeinen unhinterfragt für wahr genommen wird. So stellt der Fake eine Chance dar, die Macht direkt an ihrer Wurzel zu beschädigen. Macht wird in diesem Zusammenhang vor allem als Zugang zu Kommunikationsmedien betrachtet. Nur die Lüge ermöglicht noch das Offenlegen von Wahrheiten in einem als falsch erachteten System.

Das **sechste Kapitel** wird die Strategie des Fake im Bereich der Kunst betrachten. An dieser Stelle soll zunächst Bazon Brocks These vom »so tun als ob« als einzige »Möglichkeit« der modernen Kunstproduktion« vorgestellt werden, um dann, im Widerspruch zu Brock, exemplarisch auf das seinem Vor-Bild wesensfremde Plagiat Elaine Sturtevants einzugehen und diese Strategie der ihr zeitlich nachfolgenden »Appropriationart« gegenüber zu stellen.

Es stellt sich die Frage, ob die »Institution Kunst« aufgrund ihrer schier grenzenlosen Offenheit zur Vereinnahmung, sich als immun gegenüber dem Fake erweist. Das **abschließende Kapitel** wird versuchen Gründe für die im Text beschriebene, überbordende Wertschätzung des Originals zu finden. In diesem Zusammenhang wird unter Bezug auf Walter Benjamins Text »Das Kunstwerk im Zeitalter seiner Reproduzierbarkeit« auch näher auf den durchaus vorhandenen aber leider zum Selbstzweck gewordenen Originalcharakter im Bereich der Kunst eingegangen werden.

ORIGINAL UND KOPIE
1 ━━━▶ 1.1 ━━━▶

ORIGINALITÄT ALS REFEXION DER KOPIE
1.1 ↙

Im krassen Gegensatz zu Adornos Vorstellung »des nicht zu Vervielfältigenden als eigentlich Echten« entsteht die Originalität heutzutage als eine Refexion der Möglichkeiten der Reproduktion.

Erst durch die Möglichkeit der Reproduktion bekommt das Original seine über den Gebrauchswert hinausgehende Bedeutung als Original.

Das bedeutet, dass sich die Definition von Original und Kopie von ihrer zeitlichen Reihenfolge von Ursprünglichem und Nachfolgendem gelöst hat. Die Kopie steht genauso in kausaler Abhängigkeit vom Original, wie dieses von der Kopie. Kopie und Original können nur noch gemeinsam existieren, da sie sich jeweils über ihren Opponenten definieren.

Würde man diesen Zusammenhang akzeptieren, so müsste die Unterscheidung von Vor- und Nach-Bild in Ambivalenz aufgehen: Es »hebt sich der Unterschied von Original und Kopie auf, weil beide sowohl als Ursprung wie als Folge für die andere Kategorie fungieren.«³

Im Gegensatz dazu steht die Vorstellung vom Original als Zeichen eines einzigartigen, referenzlosen Schöpfungsaktes. Diese Vorstellung von Originalität impliziert, dass es einen identifizierbaren Anfang gibt, der dann als Referenzpunkt für den Kopiervorgang dient. Die Existenz eines solchen Ursprungs, einer biblischen Genesis, muss jedoch, genau wie diese, in Zweifel gezogen werden.

»Es gibt keinen Ursprung, keinen Nullpunkt, an dem eine Idee, ein origineller Gedanke, entstehen kann. Das Originale ist nur noch zu denken als Kombination und Umgestaltung des Vorhandenen.«⁴

In diesem Sinne ist auch die relative Ambivalenz gegenüber dem Original in der chinesischen Kultur erklärbar: »Der Daoismus kennt keine Schöpfungsmacht und auch keinen Ursprung als absolute, vorgängige Setzung, von dem aus alles entsteht und auf den sich alles rückbezieht. Alles, was existiert, existiert von selbst. Auch das Dao existiert nur in und mit der Welt. Weil der Daoismus Ursprünglichkeit als Unhintergehbarkeit nicht kennt, ist auch die Frage nach dem Original zweitrangig.«⁵

Jede Handlung ist nur als Umgestaltung von schon Vorhandenem denkbar. Diese Argumentation führt zu dem Schluss, es gebe gar keine Originale, sondern nur noch Kopien und Kopien von Kopien.

Roland Barthes argumentiert in seinem Text »Der Tod des Autors« von 1968 ähnlich.

Barthes definiert jeden Text als ein Gewebe unterschiedlichster, schon vorher formulierter Schriften. Diese träfen in ihrem Zielpunkt auf einen Leser, der ebenso heterogen sei, wie der Text selbst und so diesen in seiner Gesamtheit und Vielschichtigkeit aufnehmen könne.⁶ Gilles Deleuze führt ein Jahr später die im abendländischen Kulturkreis tief ver-

---

3 Kathrin Ackermann, *Fälschung und Plagiat als Motiv in der zeitgenössischen Literatur*, Winter, Heidelberg 1992, S. 32
4 Hans-Jürgen Seemann, *Copy*, Beltz, Weinheim 1992, S. 40
5 Birgit Mersmann »Bild-Fortpflanzungen. Multiplikationen und Modulationen als interative Kulturpraktiken in Ostasien«, in *Originalkopie - Praktiken des Sekundären*, DuMont, Köln 2004, S. 227
6 Roland Barthes »Der Tod des Autors« in *Texte zur Theorie der Autorenschaft*, Reclam, Stuttgart 2000, S. 192

DER PLATONIS-
MUS UND SEINE
UMKEHRUNG
1.2

wurzelte Ablehnung imitativer und adaptiver Verhaltensweisen bis auf Platon zurück; um dann mit dem Ruf nach einer Umkehrung des Platonismus mit dieser Tradition in aller Deutlichkeit zu brechen.

– – – – – – – – – – – – – – – –
1.2 →

Die klassische Definition des Kunstwerkes geht, wenn auch nicht auf Platon selbst, so doch in der Tradition Platons auf den Neoplatonismus zurück.

Platon legte in seinem berühmten Höhlengleichnis nahe, dass unser Bewusstsein lediglich Kopien (Schatten) der natürlichen oder idealen Gegenstände reproduziere. Die Wahrnehmung sei folglich zur Erkennung dieser idealen Gegenstände nicht hilfreich. Für Platon ist wirkliche Erkenntnis daher nur durch den reinen Gebrauch des Verstandes möglich. Auch der Künstler, der die Schatten (die sinnliche Erscheinung) reproduziere, stelle folglich nur Kopien von Kopien her.

»Von der Diskreditierung der Kunst durch die philosophische Ästhetik versucht eine bedeutende, bei Aristoteles einsetzende, über Kant, Hegel, Schelling zu Adorno reichende Tradition die Kunst zu retten, indem sie Kunst nicht als Kopie der Kopie, sondern als Nachahmung des in der Kopie Repräsentierten auffasst. Nachahmung der Natur bedeutete dann nicht die naturgetreue Wiedergabe der natürlichen Phänomene, sondern die Repräsentation dessen, was in diesen zur Erscheinung gelangt. Wo dies gelingt, wo Natur nicht reproduziert, sondern produziert wird wie Natur, da wird in der Ästhetischen Theorie der Moderne aus Nachahmung Mimesis.«[7]

Das bedeutet, Kunst hat nicht die Dinge darzustellen, wie sie uns erscheinen, sondern sie stellt die Natur der Dinge dar.

In seinem 1969 erschienenen Aufsatz »Platon und das Trugbild« stellt Gilles Deleuze die Frage nach der Möglichkeit der Umkehrung des Platonismus.

Er definiert den Platonismus als eine Tradition der »Selektion von Stammlinien«, als ein Ausschlussverfahren, welches über die Selektion und Aussonderung der Trugbilder funktioniere. Trugbilder sind bei äußerer Ähnlichkeit dem Wesen nach anders, Ebenbilder sind wesensähnlich, aber nicht zwangsläufig ähnlich in der Erscheinung.

Schon Platon selbst habe auf die Umkehrung seiner eigenen Theorie hingedeutet, indem er auf die durch ihre innere Unähnlichkeit immanente Autonomie der Trugbilder hinwies.

So schreibt Deleuze: »Durch angestrengtes Suchen in der Welt der Trugbilder und dadurch, dass er sich über seinen Abgrund beugt, entdeckt Platon im Aufleuchten eines Augenblicks, dass es [das Trugbild] nicht einfach ein falsches Abbild ist, sondern dass es die Begriffe des Abbilds und die des Vorbilds oder Urbilds in Frage stellt. (...) Muss man nicht die Ironie bis dahin treiben? Und wies nicht Platon als erster auf diese Richtung der Umkehrung des Platonismus hin? (...) Das Trugbild beruht auf einer Unterschiedlichkeit, auf einer Unähnlichkeit, es verinnerlicht Unähnlichkeit. Aus diesem Grund können wir es nicht einmal mehr unter Bezug auf das Urbild definieren.«[8]

Es ist folglich, wenn auch nur äußerlich ähnlich, absolut autonom von dem, auf das es sich vermeintlich bezieht.

»Das Trugbild ist kein degradiertes Abbild, es birgt eine positive Macht, die sowohl das Original wie das Abbild, das

---

[7] Christian Kohtroß, in Grundbegriffe der Medientheorie, von Alexander Roesler und Berndt Siegler (Hg.), Wilhelm Fink, Paderborn 2005, S. 129/130

[8] Gilles Deleuze »Platon und das Trugbild« in Logik des Sinns, Frankfurt a. M. 1998, S. 313 - 315

DIE VERTEIDIGUNG DES ORIGINALS
1.3

Modell wie die Reproduktion verneint. (...) Doch der falsche Bewerber kann nicht unter Bezug auf ein vorgeblich wahres Modell falsch genannt werden, so wie auch die Simulation nicht als Schein, als Illusion bezeichnet werden darf. Die Simulation ist das Phantasma selbst, das heißt der Effekt des Funktionierens des Trugbildes als Maschinerie, als dionysische Maschine. Indem es an die Oberfläche aufsteigt, lässt das Trugbild das Selbe und das Ähnliche, das Modell und das Abbild unter der Macht des falschen (Phantasma) fallen. (...) Die Simulation bezeichnet die Macht zur Produktion eines Effekts.«[9]

Es sei der Philosophie zu eigen, so schreibt Deleuze, nicht um jeden Preis modern oder zeitlos zu sein, sondern etwas freizusetzen, was man als das Unzeitgemäße bezeichnen könne. Das Unzeitgemäße etabliere sich unter Bezug auf die fernste Vergangenheit in der Umkehrung des Platonismus: »Denn es besteht ein Unterschied zwischen Zerstören der vorhandene Ordnung der Repräsentationen, der Modelle und Kopien, um die vorhandene Ordnung der Repräsentationen, der Modelle und Kopien, zu bewahren und zu verewigen, und dem Zerstören der Modelle und Kopien,

[9] Gilles Deleuze »Platon und das Trugbild« in *Logik des Sinns*, Frankfurt a. M. 1998, S. 320–321

um das schöpferische Chaos einzuführen, das die Trugbilder in Gang setzt und ein Phantasma aufkommen lässt.«

Somit erkennt Gilles Deleuze Ende der 60er Jahre, dass der Versuch, das Wahre zu erhalten zu Apathie und Stillstand führt. Die Kraft zur Durchbrechung dieses Zustandes ist in den Kopien zu finden, die bei äußerer Ähnlichkeit ihren Vor-Bildern gegenüber inhaltlich wesensfremd sind. Bei diesen ironischen Trugbildern handelt es sich um Adaptionen, die unter Umständen in der Lage sind gesellschaftliche Machtstrukturen in ihrer Legitimation zu beschädigen.

Diese Strategie, auf die unter dem Begriff des Fake noch näher eingegangen werden soll, wird in letzter Zeit wieder verstärkt als Mittel des politischen Widerstandes gebraucht, sie lässt sich jedoch vermutlich auf alle Bereiche des Lebens übertragen. Es deutet vieles darauf hin, dass heutzutage nur noch über den Umweg der Imitation Wahrheit, insbesondere die Wahrheit über die falsche Natur der Originale, zum Vorschein gebracht werden kann.

Diese Vorgehensweisen werden auch als »Praktiken des Sekundären« bezeichnet. Sie sollen in diesem Zusammenhang als »kulturelle und mediale Verfahren

verstanden werden, die gezielt auf den Status des Vorgefundenen, des Nicht-Authentischen oder des Abgeleiteten ihres Gegenstands bzw... Materials setzen.«[10] Erst durch die strategische, offene Kopie wird die wirkliche Funktion des Originals offensichtlich. Ist diese erkannt, kann sie nun in ihre Schranken gewiesen, beziehungsweise neu definiert werden.

1.3

Es zeigt sich jedoch, dass die Verteidiger der Originale, also jene, welche sie besitzen und von ihnen profitieren, immer diffizilere Abwehrstrategien entwickeln. Walter Benjamin nimmt in den 30er Jahren des 20. Jahrhunderts, zumindest für die Unterscheidung zweier technischer Reproduktionen voneinander, die Frage nach dem Original noch als obsolet an. So stellt er fest, dass »von der fotografischen Platte (...) eine Vielzahl von Abzügen möglich [ist], die Frage nach dem echten Abzug hat keinen Sinn.«[11] Diese Einschätzung,

[10] Gisela Fehrmann, Erika Linz, Eckhard Schumacher, Brigitte Weingart »eine Einleitung« in *Originalkopie – Praktiken des Sekundären*, DuMont, Köln 2004, S. 7
[11] Walter Benjamin, *Das Kunstwerk im Zeitalter seiner technischen Reproduzierbarkeit*, Suhrkamp, Frankfurt a. M. 1963, S. 21

so vernünftig sie auch klingen mag, hat sich jedoch nicht durchsetzen können.

Vielmehr scheint sich erst durch den Extremzustand der technisch nicht unterscheidbaren digitalen Reproduktionsmöglichkeiten die Frage von Original und Kopie in Reinform theoretisiert zu haben – und sich nun dringender denn je zu stellen.

Die Möglichkeiten der digitalen Reproduzierbarkeit »lassen die Unterscheidung von Original und Kopie keineswegs obsolet erscheinen (obwohl objektiv technisch nun kein Unterschied mehr besteht), sondern führen nur noch anschaulicher als ältere Verfahren vor Augen, dass die Grenzziehung und Relationierung zwischen den beiden Seiten eines Transskriptionsprozesses ist, dass der Status von Original und Kopie nie einfach gegeben, sondern immer auf Zuschreibung und Konvention zurückzuführen ist.«[12]

Die digitale Reproduzierbarkeit hat sich theoretisiert und fokussiert folglich die Frage nach Original und Kopie, indem sie sie auf einen rein ideellen Unterschied reduziert.

Die Eigenschaft der Originalität hat sich vom Produkt getrennt und wird nunmehr nur noch über den juristischen Weg des Copyrights verliehen. In einem von der Produktion vollkommen getrennten Verfahren bekommen die Artikel, meist durch die Überweisung eines bestimmten Geldbetrages, ihren Originalcharakter verliehen.

Wie beim Vorgang der Transsubstantiation wird, durch den Segen der rechtlich dazu autorisierten Person, die Kopie in ein Originalprodukt verwandelt. Die Transsubstantiation bezeichnet eine Wesensverwandlung, wird jedoch nur noch im Zusammenhang der beim christlichen Abendmahl stattfindenden Verwandlung von Brot und Wein in Fleisch und Blut Christi verwendet. Das moderne Verständnis der Transsubstantiation geht auf die von Aristoteles formulierte Unterscheidung zwischen der Substanz, (dem Wesen oder der wesensbildenden Eigenschaft) und den Akzidenzien (der Erscheinung oder den nebensächlichen Eigenschaften) zurück. Seit dem zweiten Abendmahlsstreit im 11. Jahrhundert wird davon ausgegangen, dass die Materie (Akzidenz) gleich bleibe, trotzdem aber das Wesen (die Substanz) Christi annehme. Entscheidend ist dabei auch, dass diese Verwandlung nicht »gemacht« werden kann, sondern als Gottesgnade empfangen wird.

Auch die Originalität ist keine materielle Eigenschaft, sondern eine Würde, die von einer höheren Instanz zu- oder aberkannt werden kann. Dies kann auf unterschiedlichen Wegen geschehen, wie zum Beispiel durch kultur- oder naturwissenschaftliche Beweise, auf juristischem Weg oder über Werbung.

Ein besonders schönes Beispiel für die Transzendenz der Originalität liefert einmal mehr, ganz profan, der Kunstmarkt. Selbst nachweisliche »Originale« können inzwischen zu Fälschungen erklärt werden, wenn ihnen die juristische Legitimation fehlt. Wie viele andere Künstler auch, verkaufte Jörg Immendorf spätestens seit den 90er Jahren unter Umgehung seines Galeristen Bilder direkt aus dem Atelier. Die Arbeiten unterschrieb er vor den Augen der Käufer. Die Echtheit seiner Signatur und somit seine Absicht, dieses Werk als seine eigene künstlerische Arbeit anzuerkennen, wird von niemandem bezweifelt. Dass er zu diesem Zeitpunkt, auf Grund seiner Krankheit, nur noch sehr bedingt oder gar nicht mehr selber malen konnte, war und ist bekannt. Solche unter seiner Anleitung von Assistenten produzierte Werke verkauft auch sein Galerist Michael Werner. Trotzdem bezeichnet er Bilder, die nicht

---

[12] Gisela Fehrmann, Erika Linz, Eckhard Schumacher, Brigitte Weingart »eine Einleitung‹ in *Originalkopie - Praktiken des Sekundären*, DuMont, Köln 2004, S. 9

durch seine Galerie veräußert wurden, als Fälschungen durch den Künstler selbst! Auch wenn Herr Werner mit handwerklichen Details argumentiert, lässt sich das Problem auf einen recht einfachen Umstand reduzieren: Nicht die Bilder selbst sind falsch, sondern der Vertriebsweg, und damit die Autorisierung durch eine über dem Künstler stehende Instanz. Nach der Definition des Galeristen macht erst der Exklusivverkauf durch ihn ein von Immendorf signiertes Werk zu einem echten Immendorf.

Ob der Kunstmarkt in diesem Punkt seinem Teilnehmer Herrn Werner folgen wird, bleibt abzuwarten. Für diejenigen, die einen der fraglichen Bilder besitzen, wird von der diesbezüglichen Entscheidung sehr viel Geld abhängen. Sollte sich die Position des Galeristen durchsetzen, wären die Bilder reif für das staatlich subventionierte »Bad Museum«, dessen Einrichtung angesichts der vielen auf dem Kunstmarkt zirkulierenden »toxic paintings«, sprich Fälschungen, Alex Rühle unlängst in der Süddeutschen Zeitung forderte.[13]

Der Begriff des Originals hat sich in eine marktorientierte Vorstellung von Gerech-

---

13 Süddeutsche Zeitung vom 28. 01. 2009 »Ist Ja Kolossal!«, S. 11

ADAPTION ALS ESSENTIELL MENSCHLICHES VERHALTEN
2 →

tigkeit und Fortschrittsglauben gewandelt. Dem liegt der Gedanke zu Grunde, dass derjenige, der als erster etwas neues erschafft, davon auch finanziell profitieren sollte. So wird ein Anreiz gegeben, seine Innovationskraft auch weiterhin für den eigenen finanziellen Erfolg, und damit, zwar nur sekundär, aber unvermeidlich, auch für die Allgemeinheit einzusetzen.

Das Aufgreifen und Verwerten von fremden Ideen, wird in diesem Sinne pauschal als parasitäres Verhalten empfunden. Es handelt sich jedoch hierbei im Grunde um ein der Neugierde entspringendes, höchst intelligentes menschliches Verhalten.

Da kein Mensch sich unabhängig von seiner Umgebung entwickelt, ist, wie schon gesagt, ohnehin keine Idee frei von vorhergegangenen Eindrücken. Insofern kann bei allem menschlichen Handeln auch nur die Rede von mehr oder weniger adaptivem Verhalten sein.

- - - - - - - - - - - - - - - - -
2 →

Die Nachahmung ist zweifellos eine fundamentale Methode zum Erlernen von Fähigkeiten jeglicher Art. Kleine Kinder lernen das Sprechen durch Nachahmung der Laute, Tiere erlernen das Beschleichen und Erlegen von Beute durch Nachahmung ihrer Artgenossen. Dabei handelt es sich um ein relativ primitives aber sehr effektives, intelligentes Verhalten spielerischer Natur, das fast allen Lebewesen zu eigen ist.

Der deutsche Anthropologe Helmuth Plessner unterscheidet in dieser Hinsicht zwei Kategorien der Nachahmung: Einerseits die der Imitation und andererseits die der Adaption, wobei er sich vor allem für die zweite, als die aus Sicht des Anthropologen weitaus relevantere, interessiert. Denn für die Adaption von Verhalten sei ein Verständnis des Wahrgenommenen, ein geistiges Verstehen und Nachleben des beobachteten Verhaltens vonnöten, und zu dieser Leistung sei höchstwahrscheinlich nur der menschliche Verstand in der Lage. Insofern ist Nachahmung (im Sinne von Adaption) für Plessner ein »Monopol des Menschen«[14], da den Tieren das Verständnis für die Bedeutung der Gesten und Worte, welche sie imitieren, fehle. Genau diese reflektierte Art der Nachahmung ist es auch, auf welche in diesem Text noch näher eingegangen werden soll, denn bei ihr handelt es sich um einen ausgesprochen interessanten und kreativen Akt menschlichen Verhaltens.

---

14 Helmuth Plessner, Ausdruck und Menschliche Natur, Gesamtausgabe Band 7, Suhrkamp 1982, S. 449

Bei der Adaption erweist sich bei näherer Betrachtung das Verhältnis von Vorbild zu Original als sehr vielschichtig und überraschend. Plessner attestiert dem Menschen ein natürliches Verlangen nach Imitation seiner Mitmenschen, das jedoch schnell zu Konflikten führen könne: »Der Spaß an der Verdoppelung, an der Übertragbarkeit des losgelösten Tonfalls, der Art zu gehen, ist sich selbst genug. Meistens erst in der Schulsituation begreift man, dass man sich damit zugleich »über« den Anderen amüsiert. Denn der Imitator übt an der Figur seines Vorbildes ein merkwürdiges Subtraktions- und Übersetzungsverfahren, das dem der Karikatur gleicht, auch wenn ihm eine karikierende Absicht fernliegt. An dieser Unweigerlichkeit des imitatorischen Effekts hängt es übrigens, dass man dem Imitator offene oder geheime, bewusste oder unbewusste Feindseligkeit gegen das Original zutraut. (...) Bekommt man jemanden imitatorisch in den Griff, hat man das Gefühl, sein Herr geworden zu sein.«[15]

Imitation ist potentiell auch immer Subversion; solange ein Imitat als solches nicht erkannt ist, handelt es sich um ein Original, im Moment seiner Entdeckung offenbart es jedoch nicht nur seine eigene Natur, sondern verrät uns auch viel über das Original und seine Umwelt sowie über die Gepflogenheiten der gesellschaftlichen Kommunikation.

Auch der französische Literaturwissenschaftler René Girard bezeichnet, unter Berufung auf die Neurologie, das Gehirn als »eine gewaltige Nachahmungsmaschine«[16] und entdeckt beim Menschen ein »mimetisches Verlangen«, das allerdings seiner Meinung nach schon in sehr frühen Gesellschaften, aufgrund seines hohen Konfliktpotentials, im Sinne der Erhaltung des Friedens in der Gemeinschaft, verboten worden sei. Die Wissenschaft habe sich seit Aristoteles, also fast von Beginn an bis heute (1978) mit dieser menschlichen Eigenschaft kaum und wenn überhaupt nur mit der Mimesis als Repräsentation, jedoch niemals mit der Nachahmung im Sinne von Aneignung beschäftigt.[17] Offensichtlich war Girard der 17 Jahre zuvor erschienene Aufsatz »Der imitatorische Akt« seines deutschen Kollegen nicht bekannt,

sonst hätte er diesen als lobenswerte Ausnahme erwähnen müssen.

Für das allgemeine Desinteresse der Anthropologie an mimetischen Verhaltensweisen führt Girard zwei Gründe an: Schuld sei zum einen die Tendenz des Individualismus' der Romantik im 19. Jahrhundert und zum anderen die Knechtschaft und Uniformierung der Massen durch die diktatorischen Regime des 20. Jahrhunderts. Ein Wissenschaftler, der dem Menschen eine Art von Herdentrieb attestiere (denn auch bei der Bewegung in der Masse handelt es sich um eine Art mimetischen Verhaltens) laufe schnell Gefahr, sich der intellektuellen Komplizenschaft bei der Versklavung der Masse im Stile des Faschismus' schuldig zu machen.[18] Zumindest diese Gefahr besteht jedoch inzwischen wohl nicht mehr. Dies ist nicht in dem Sinn gemeint, dass autoritäre Regime in Mitteleuropa oder Amerika nicht mehr denkbar wären; ganz im Gegenteil! Autoritäre Staaten haben es nicht mehr nötig die Masse durch uniformierte Massenaufmärsche zu disziplinieren, da dies heutzutage unter Wahrung oberflächlicher Individualität noch viel effektiver möglich geworden ist.

---

15 Helmuth Plessner, *Ausdruck und Menschliche Natur*, Gesamtausgabe Band 7, Suhrkamp 1982, S. 452
16 René Girard, *Das Ende der Gewalt*, Herder, Freiburg 1983, S. 18 ff
17 René Girard, *Das Ende der Gewalt*, Herder, Freiburg 1983, S. 19
18 René Girard, *Das Ende der Gewalt*, Herder, Freiburg 1983, S. 18/29

Dieser paradoxe Umstand einer tiefergreifenden Gleichschaltung unter dem Vorzeichen eines kollektiv zelebrierten, oberflächlichen Individualismus soll nun im folgenden, dritten Kapitel behandelt werden.

KOLLEKTIVER INDIVIDUALISMUS
3

Günther Anders stellte schon 1956 in dem Text »Die Welt als Phantom und Matrize« fest, dass Massenregie im Stile des Faschismus' sich vermutlich endgültig erübrigt habe.

Der Konsum von Massenkultur finde heutzutage solistisch statt. Man habe die Masse in eine möglichst große Zahl von Käufern aufgebrochen, denn keine Entmachtung sei erfolgreicher als jene, die Individualität und Selbstbestimmung scheinbar wahre.[19]

Eine Beobachtung, der sich auch Gilles Deleuze anschließt. In seinem Aufsatz Postskriptum über die Kontrollgesellschaft stellt er die These auf, dass spätestens seit dem Ende des Zweiten Weltkrieges sich unsere Gesellschaft von einer Disziplinar- hin zu einer Kontrollgesellschaft gewandelt habe. Während

[19] Günther Anders, »Die Welt als Phantom und Matrize« in Die Antiquiertheit des Menschen, Band 1, Beck, München 1956, S. 101

in der Disziplinargesellschaft das Individuum durch die Einschließung in aufeinanderfolgende Milieus wie Schule, Militär, Fabrik oder Gefängnis diszipliniert worden sei, trete anstelle dieser, sich auflösenden Einschließungsmilieus ein diffuser Zustand permanenter Kontrolle. Die fortschreitenden technischen Innovationen hätten dies möglich gemacht.

Die Auflösung dieser Institutionen führe subjektiv zunächst zu einem Zuwachs an Freiheit, werde aber auf längere Sicht zu einer noch tiefergreifenden Disziplinierung führen.[20] Es ist keine Gleichschaltung im Stile des Faschismus mehr nötig, um Macht auszuüben. Jeder einzelne kann seinen persönlichen, oberflächlichen Individualismus kultivieren, wird dabei aber objektiv und zunehmend auch wieder subjektiv besser denn je den herrschenden Strukturen unterworfen. So erleben wir, zumindest in der industrialisierten Welt, einen Individualismus von paradoxem Effekt.

In einer Gesellschaft, der es eigentlich an nichts mehr fehlt, bekommt das Streben nach einem als besonders »individuell« wahrgenommenen Lebensstil immer

[20] Gilles Deleuze, »Postskriptum über die Kontrollgesellschaft" in Unterhandlungen 1972 – 1990 Suhrkamp, Frankfurt a. M. 1993, S. 254 ff

stärkere Bedeutung. Der Wunsch nach Emanzipation von der Masse wird mehr und mehr zum Luxusproblem des Einzelnen und dadurch zum entscheidenden Wirtschaftsfaktor in Zeiten zunehmender Marktsättigung. Dieses Bedürfnis, vom Marketing schon lange erkannt, hat sich inzwischen zum wohl wichtigsten Verkaufsargument für jegliche Art von Produkt entwickelt. Ob es sich in diesem Fall um das Image eines Produktes, eines Unternehmens oder eines Individuums handelt, tut nichts zur Sache, denn das Marketing kennt in dieser Beziehung schon lange keine Unterschiede mehr.

Eine Werbekampagne für einen amerikanischen Präsidentschaftskandidaten, eine Versicherungsgesellschaft oder für ein neues Auto funktioniert durchaus auf die gleiche Weise. Sehr häufig steht statt der Funktion die behauptete »Individualität« des Beworbenen im Vordergrund. Gerade das unterschwellige Bewusstsein absoluter Austauschbarkeit macht die Beteuerung der Einzigartigkeit notwendig. Daher folgt die Enttäuschung in der Regel auch auf dem Fuß. Das Versprechen, durch den Erwerb von oberflächlich individualisierten Massenprodukten (das Telefon mit 1000 Klingeltönen und Oberschalen in 240 Motiven) und durch das Kauferlebnis in einem neuen Flagstore zu einem individuelleren Lebensstil zu gelangen, kann selbstverständlich nicht gehalten werden.

In Zeiten, in denen die versprochene Differenz als Triebfeder des Konsums fungiert, scheint sich unser mimetischer Herdentrieb in einen kollektiven, oberflächlichen Individualismus verwandelt zu haben: in einen »Konformismus der Abweichung«, der mit einem wirklich individuellen Lebensentwurf praktisch nichts zu tun hat. Ganz im Gegenteil! Etwas polemisch könnte man sagen, dass mit dem kollektiven Streben nach (oberflächlicher) Abweichung eine neue Qualität der Gleichschaltung erreicht sei. Mit anderen Worten: »Wenn alle anders sind, sind endlich alle gleich!«[21]

In diesem Sinne ist es zunächst nötig, die Popkultur näher zu betrachten, insbesondere im Hinblick auf ihren problematischen Umgang mit dem Begriff der Authentizität.

POPKULTURELLE AUTHENTIZITÄT
3.1

In Zeiten der kommerziellen Popkultur, die sich spätestens »seit den neunziger Jahren von einer Subkultur zu einer Suprakultur entwickelt hat«[22], fungiert »die Funktion der Differenz als eine Art virtueller Letztbegründung für die Sinnstiftung. (...) Dabei kommt ein Verständnis von Differenz zum Tragen, das nicht als wertfreie Verschiedenheit, sondern als aufwertende Andersartigkeit, Abgrenzung und Abweichung übersetzt sein möchte.«[23]

Authentizität, Realität, Originalität und Differenz sind zu einem verschmolzen. Ob nun »always authentic«, »the real thing« oder »think different«[24] – am Ende bedeutet alles das Gleiche. Englisch »real« beziehungsweise authentisch ist nur, wer anders als alle anderen ist.

Es ist zweifellos problematisch, die gesamte Popkultur als kommerziell über einen Kamm zu scheren, sie ist jedoch in ihrem Wesen nach nur sehr schlecht in verschiedene Kategorien zu unterteilen. So beschreibt Rupert Weinzierl die Popkultur als ein kulturelles Phänomen, in welchem hybride Subkultur und einheitlicher Mainstream kaum noch voneinander zu unterscheiden seien. Der ehemals relativ kleine Teil der Gesellschaft, der sich in seinen Bräuchen, Normen, Werten, Präferenzen und in seiner gelebten Praxis tatsächlich in einem großen Ausmaß von der jeweiligen Gesellschaftsform unterschieden habe, sei in der tendenziell monokulturellen Form des Mainstreams aufgegangen und habe in diesem eine Art von Vorbild oder Leitfunktion übernommen. Instanzen der Subkultur träten immer häufiger im Popbusiness als DJs, Club Hosts, Produzenten und so weiter auf.

Hierbei handele es sich um »die Ablösung der traditionellen scharfen Dichotomie zwischen Mainstream und Popsubkultur durch eine neue Gesellschaftsformation, die keine starren Gegensätze zwischen diesen beiden Polen mehr aufweise (...) den hybriden Mainstream.«[25]

Darüber hinaus sei die Popkultur in ihrer sozialen Hierarchie wesentlich durchlässiger als frühere Gesellschaftsformen. Es ist allgemein bekannt, dass zwischen kometenhaftem Aufstieg und dem absoluten Nullpunkt nur wenige Monate liegen können.

---

21 Christian Schachinger »Willkommen im Diskurs« in Der Standard, 17. 1. 1997, S. 9

22 Daniel Schmidt, Magisterarbeit, Literatur, Realität und kulturelle Globalisierung im Roman Portokyoto von Pedro Paixão, Universität Leipzig, Fakultät für Romanistik 2003, S. 5

23 Jan Engelmann, Die kleinen Unterschiede, Campus, 1999, S. 12

24 Werbeslogans, der Reihe nach von Adidas, Coca Cola und Apple

25 Rupert Weinzierl, Fight the Power! Eine Geheimgeschichte der Popkultur und die Formierung neuer Substreams, Passagen-Verlag, Wien 2000, S. 83

Hinzugefügt sei noch, dass außerdem »die Bestimmung von dem, was Mainstream und was Minderheit ist, einem permanenten Rekodifizierungsprozess unterworfen ist,«[26] was die Situation noch weiter verwirrt und eine Unterscheidung fast gänzlich unmöglich macht.

Aus diesen Gründen scheint ein wirkliches Anderssein ohnehin kaum noch möglich. Gerade deshalb stellt es mehr denn je den (pop)kulturellen Ritterschlag dar, wobei diese höchste Daseinsform nur noch durch eine konsequente Selbstinszenierung zu erreichen ist.

Diese in der Popkultur exemplarisch gelebte inszenierte Authentizität beobachtete Umberto Eco schon Anfang der 70er Jahre exemplarisch in der amerikanischen Populärkultur: »Um von Dingen sprechen zu können, die man als echt empfinden will, müssen sie echt erscheinen, und um diese Wirkung zu erlangen, bedarf es einer sorgfältigen Inszenierung. Das ganz Wahre wird identisch mit dem ganz Falschen. (...) Die reklamierte und angepriesene Echtheit ist nicht his-

torisch, sie ist zu sehen. Alles sieht aus wie echt und ist daher echt.«[27]

Diese offensichtliche, artifizielle Echtheit, die in der Lage ist uns mehr Erlebnis zu bieten als das Reale selbst, bezeichnet Eco als Hyperrealität.

Insofern ist die Popkultur jener Bereich, in welchem in exemplarischer Weise der Widerspruch zwischen Realität und Künstlichkeit aufgehoben ist.

Die Popkultur hat »einen Raum eröffnet der in der Lage ist eine Realität zu erzeugen, die als hyperreal, virtuell und hybrid charakterisiert werden kann. Popkultur bezeichnet nach diesem Verständnis nicht länger einen abgrenzbaren Bereich der Kultur, sondern eine neue Ebene, auf der die Gegensätzlichkeit von Kunst und Realität aufgehoben ist.«[28]

»Kulturelles Sampling«, die Adaption verschiedenster Moden, permanentes reflektieren über die eigene Wirkung, und das stete Suchen nach Abgrenzungsmöglichkeiten von einer Masse, deren Teil man selbst ist, sind die Voraussetzungen

[26] Daniel Schmidt, Magisterarbeit, *Literatur, Realität und kulturelle Globalisierung im Roman Portokyoto von Pedro Paixão*, Universität Leipzig, Fakultät für Romanistik 2003, S. 15

[27] Umberto Eco, *Über Gott und die Welt*, dtv, München 1987, S. 50

[28] Daniel Schmidt, Magisterarbeit, *Literatur, Realität und kulturelle Globalisierung im Roman Portokyoto von Pedro Paixão*, Universität Leipzig, Fakultät für Romanistik 2003, S. 5

zum Erlangen dieser popkulturellen Originalität. Diese erweist sich im Grunde als eine »Affirmation von Künstlichkeit als Authentizität zweiten Grades«[29].

Diese Erkenntnis ist jedoch nicht weiter beunruhigend. Laut Helmuth Plessner ist der Mensch ohnehin von Natur aus künstlich, denn in jeder spiele die Person, welche ihren Namen trage und beobachte sich dabei selbst. Wir handelten nicht nur, sondern erlebten auch gleichzeitig stets unser Handeln, seien somit gleichzeitig Konsument und Produzent unserer eigenen Gefühle. In diesem Sinne, so Plessner, sei jeder ein Doppelgänger seiner selbst.

Die angeborene Freude an Verkleidung, Verstellung und Imitation habe ihre Wurzel in genau diesem Umstand, da diese Verhaltensweise uns die Doppelfunktion des »jemanden Darstellens und des Selbsterlebens dieses Dargestellten« erkennen lasse. Spiele man jemand anderen, so werde man der Umstand der »Distanzbildung zu sich selbst«[30] klar.

Akzeptiert man diese Analyse des menschlichen Geistes, so bedeutet dies,

[29] Gisela Fehrmann, Erika Linz, Eckhard Schumacher, Brigitte Weingart, »Eine Einleitung« in *Originalkopie – Praktiken des Sekundären*, DuMont, Köln 2004 S. 12
[30] Helmuth Plessner, *Ausdruck und Menschliche Natur, Gesamtausgabe Band 7*, Suhrkamp 1982 S. 453

dass alles was wir tun, stets auch eine Inszenierung unserer selbst ist. »Die Nachahmung«, so Plessner, »gründet ihre Möglichkeit in der unaufhaltsamen Fernstellung des Menschen zu sich, welche in Verkleidung, Verstellung, wie überhaupt in dem Grundzug seines Wesens, eine Rolle zu spielen, sich kundgibt. Auch und gerade die Nachahmung des Anderen kann die eigene Ursprünglichkeit bezeugen, wenn sie sich dieser Begrenzung bewusst bleibt.«[31]

Das Spiel der Nachahmung, führt zu einer höheren Erkenntnis über sich selbst und über die Anderen. Genau hier liegt das Grundproblem der Popkultur bezüglich ihres Realitätsbegriffs, welches aufgrund der Omnipräsenz dieser Kultur ein praktisch alle Bereiche des Lebens durchdringendes Problem unserer Gesellschaft ist. Nicht die Inszenierung des Ichs, die Adaption oder auch Imitation von Verhaltensweisen, Kleidung, Sprache und Ideen unserer Mitmenschen ist falsch. Es handelt sich hierbei um ein sehr intelligentes, menschliches Verhalten. Das Verleugnen dieser Mechanismen, das neurotische Herbeireden der Authentizität ist schäd-

[31] Helmuth Plessner, Ausdruck und Menschliche Natur, *Gesamtausgabe Band 7*, Suhrkamp 1982 S. 398

DIE HYPER-REALITÄT
4 →

GEGEN DIE GUTE KOPIE SIND ALLE ORIGINALE GRAU
4.1 ↙

lich, denn »um das Falsche zu genießen muss man es erkennen!«[32]

Nicht die Imitation an sich ist schlecht, ganz im Gegenteil! Sie nicht zu erkennen ist schlecht!

Durchaus kann sie uns für eine Weile täuschen oder im Zweifel lassen. Dies verstärkt mitunter noch ihren Effekt im Moment der Entdeckung. Ist die Imitation erst einmal als solche präsent, stellt sie eine Chance auf Erkenntnis dar und ist in der Lage viel über das vermeintlich wahre und originale, auf das es sich bezieht, auszusagen.

Jede Fälschung, die als solche erkannt wird, ist eine gute Fälschung.

Jede Fälschung ist, solange sie unerkannt bleibt, nichts als ein weiteres (fragwürdiges) Original.

4 ↑

Wie im vorhergehenden Kapitel schon erwähnt, stellt die Hyperrealität als essentiell popkulturelles Phänomen eine Ebene dar, auf der der Widerspruch

[32] Jörg Huber, »Eine Einleitung« in *Imitationen-Nachahmung und Modell: von der Lust am Falschen*, Museum für Gestaltung, Zürich 1989 S. 16

zwischen Realität und Künstlichkeit in exemplarischer Weise aufgehoben ist.

Popkultur, kapitalistisches Wirtschaftssystem und Hyperrealität sind dabei zu einem sich wechselseitig befruchtenden und kaum zu trennenden Knäuel verschmolzen. Diese potente Symbiose ist in exemplarischer Weise in virtuellen Spielumgebungen zu beobachten. Auf die Hyperrealität im virtuellen Raum soll jedoch erst im zweiten Punkt des folgenden Kapitels gesondert eingegangen werden, da zunächst noch der Begriff der hyperrealen Kopie, und deren Wirkung auf das Vor-Bild, anhand eines konkreten Beispiels zu erläutern wäre.

4.1 →

Ein Besuch des Natural History Museum in London ist mit langem Anstehen verbunden. Dieses scheinbar alle gesellschaftlichen Schichten durchdringende Interesse an Naturgeschichte verblüfft vor allem den Besucher aus Berlin, der die verträumte Einsamkeit der Hallen des Naturkundemuseums in der Invalidenstraße gewohnt ist.

Während jedoch das Berliner Museum mit der Ausstellung fast ausnahmslos echter, Millionen Jahre alter Fossilien langweilt, hat das Londoner Museum ein nagelneues Exponat, welches zweifelsfrei, wie auch schon die Banner an der Fassade des Gebäudes erkennen lassen, seit 2006 die Hauptattraktion des Museums darstellt.

Nach der Besichtigung vieler echter Ausgrabungen, wie auch zahlreicher Abgüsse, wird man im letzten Raum mit einem theatralisch inszenierten und für ein seriöses Museum in ungewöhnlicher Weise »überzeugendem« Dinosauriererlebnis belohnt. Es handelt sich hierbei um eine Show die nichts für schwache Gemüter ist, wie die Schilder schon am Eingang deutlich warnen. Hier, im letzten, im T-Rex-Room, bewegt sich ein lebensgroßer Tyrannosaurus Rex mit leuchtenden Augen und gummierter Haut, schreiend und grunzend in einer wilden Urzeitkulisse.

In der Tat bekommt der Besucher hier ein weitaus überzeugenderes Dinosauriererlebnis, als es alte Knochen jemals bieten könnten. Assoziationen sind nicht mehr nötig. Das Erlebnis kann, wie ein lauwarmer Coffee-to-go, ohne Öffnen der Verpackung direkt aufgesogen werden.

Während die versteinerten Knochen, als wissenschaftlicher Beweis und anschaulicher Überrest, ein Zeichen für die lange zurückliegende, aber unbestreitbare Existenz dieses prähistorischen Tieres darstellen, ist der Dinosaurier aus Stahl und Gummi ein modernes Produkt, das nur rein äußerlich etwas mit dem Tier von damals gemeinsam hat. Die Fossilien, als Zeichen für das Tier, welches einst lebte, bilden eine Verbindung zwischen der vergangenen, aber realen Epoche der Saurier und der heutigen Zeit. Bei dem in London ausgestellten T-Rex handelt es sich im Gegensatz dazu um die technische Simulation eines Dinosauriers, welche ihrem Wesen nach nicht Tier, sondern eine computergesteuerte Maschine ist. Dieses Kunstprodukt ist jedoch im Vergleich zu den Knochen in der Lage, ein wesentlich intensiveres und überzeugenderes Erlebnis zu vermitteln.

Da es überzeugender ist als das Original, oder zumindest als das, was davon übrig blieb, ist es im Grunde auch echter als das Original. Insofern kann man sagen, es sei realer als das Reale selbst (das Skelett) und daher hyperreal.

Umberto Eco beschäftigt sich in seiner Aufsatzreihe »Reise in das Reich der Hyperrealität« mit dem Erscheinen ähnlicher hyperrealer Phänomene, welche in den USA exemplarisch zu beobachten sind. Im amüsierten Plauderton berichtet er ausgesprochen scharfzüngig von seinen Eindrücken, die er während einer längeren Amerikareise sammelte. Dabei besichtigte er zahlreiche Amüsierparks, Wachsfigurenkabinette, Ferienhotels und verschiedene Museen voller falscher und auch echter Kunst und studierte dabei im Selbstversuch die Wirkung dieser für einen europäischen Intellektuellen äußerst fremden Eindrücke und die daraus resultierende Wahrnehmungsverschiebung.

So besuchte er beispielsweise den »Palace of Living Art«, in welchem man europäische Kunstschätze, dem Monster des Natural History Museums nicht unähnlich, »wieder zum Leben erweckt« betrachten kann. Hier gibt es zum Beispiel eine fleischfarbene Venus von Milo mit Armen zu sehen, oder auch die Mona Lisa, von Kopf bis Fuß, wie sie Leonardo Modell sitzt. Der Maler steht vor ihr, mit dem Bild auf der Staffelei vor sich. All diese Objekte würden, so Eco, als absolut originalgetreu, »wie es damals einmal gewesen sein muss« angepriesen.[33] Hier würden einem Reproduktionen vorgeführt, welche so viel besser seien als die Vorbilder, dass sie nicht etwa Lust auf

---

[33] Umberto Eco, *Über Gott und die Welt*, dtv, München 1987, S. 53

diese machten, sondern jegliches Verlangen nach ihnen erstickten.

Dieses Verlangen nach dem quasi Echten entstünde als neurotische Reaktion auf eine Erinnerungsleere: »Das absolut Falsche ist ein Kind des unglücklichen Bewusstseins einer Gegenwart ohne Substanz.«[34] Deshalb habe gerade der amerikanische Westen (mit seiner kurzen modernen und vernichteten indianischen Kultur) ein besonders starkes Verlangen nach diesen hyperrealen Wunderkammern.

Bei dem kurz darauf folgenden Besuch des Paul-Ghetty-Museums in Kalifornien, der vielleicht berühmtesten Sammlung europäischer Kunst außerhalb Europas, die in einem »originalgetreuen« Nachbau der Papyrusvilla aus Herculaneum untergebracht ist, empfindet er dann auch vor allem Langeweile angesichts der »bläßlich-authentischen« Kunstwerke und stellt sich die provokante Frage, ob es nicht manch einem Besucher passieren könne, dass er die Orientierung verlöre und fälschlicherweise die Villa für echt und die Sammlung für einen Haufen von Kopien hielte.[35]

34 Umberto Eco, *Über Gott und die Welt*, dtv, München 1987, S. 67
35 Umberto Eco, *Über Gott und die Welt*, dtv, München 1987, S. 69

DIE HYPER-REALITÄT IM VIRTUELLEN RAUM
4.2

Hier zeigt sich der subversive Effekt, den die hyperreale Kopie nicht nur auf ihr Vor-Bild, sondern auf alles Reale in ihrer Umgebung ausübt.

Um zu dem Monster des Natural History Museums zurückzukehren: Waren die Knochen Beweis und Zeichen für den zweifellos real gewesenen Saurier und bildeten auf diese Weise eine Verbindung zwischen damals und jetzt, so ist die technische Simulation derart präsent im Jetzt, das sie zum referenzlosen Objekt der Bewunderung wird, zum eigentlichen Ding.

Durch das Erlebnis dieser Simulation wirken danach nicht nur alle Knochen grau und irgendwie unecht, sondern auch der ehemals real existierende Saurier verschwindet aus unseren Gedanken. Was bleibt, ist die Monstermaschine und finge sie plötzlich an Feuer zu speien, auch das würde uns kaum noch wundern.

- - - - - - - - - - - -
4.2

Obwohl die virtuelle Realität inzwischen nicht nur auf dem relativ kleinen Gebiet der Hochtechnologie als medizintechnische oder militärische Anwendung, sondern durch so genannte »Massive Multiplayer Online Role Play Games« (M.M.O.R.P.G.s) ganz real im Leben vieler Menschen angekommen ist, scheint die große Euphoriewelle der neunziger Jahre bezüglich dieser neuartigen künstlichen Umgebungen abgeklungen zu sein.

Ein Grund dafür mag sein, dass es im Allgemeinen spannender ist, über das zu reden, was sein könnte, als über das, was ist; ein zweiter wohl, dass entgegen der damaligen Vorstellung virtuelle Realität vermutlich auch in naher Zukunft nicht durch die Entwicklung phantastisch-futuristischer Interfaces, wie Datenanzügen und Displaybrillen immer realistischer wird, im Sinne einer Welt, die irgendwann auch sensorisch von der realen nicht mehr zu unterscheiden wäre.

Eine Maschine den komplexen Sinnen des Menschen anzupassen, ist bisher den Aufwand nicht wert. Vielmehr ist der Mensch als evolutionär geschultes Wesen schon längst dabei, sich in seinen Sehgewohnheiten der Maschine anzupassen.

Durch 60 Jahre Fernsehen ausreichend konditioniert, reichen der Bildschirm und die Maus mit der Möglichkeit des selbstständigen Agierens im Rahmen der auch noch so beschränkten Möglichkeiten einer virtuellen Umgebung aus, um diese zu einer Realität werden zu lassen.

»A world, in the deepest sens is a whole context of involvements based on the focal attention of the world's inhabitants. ... When a user identifies with a world, it then becomes an existing reality – even if only a Virtual Reality.«[36]

Spätestens seit der Generation, die mit dem Computern »zusammen« aufgewachsen ist, scheint dies nun möglich geworden zu sein. Realität ist in diesem Sinne eine Frage von Identifikation und Akzeptanz, und hat somit ganz und gar nichts mit Realismus zu tun. Ganz im Gegenteil!

Eine virtuelle Welt, möchte sie eine kritische Masse über eine längere Zeit erreichen und somit eine gegenwärtige Realität für den Nutzer werden, sollte ohnehin nicht versuchen, die reale Welt zu imitieren. Gerade in ihrer Künstlichkeit, sprich Andersartigkeit von der tatsächlichen Welt besteht schließlich ihr Reiz.

Um dies zu erreichen, muss diese künstliche Realität jedoch mehr bieten als die alltägliche Welt. Sie muss mehr als real, sie muss einzigartig, referenzlos, hyperreal sein, und zwar im Sinne der höchsten Stufe der Hyperrealität, wie sie Umberto Eco in Disneyland entdeckt und beschreibt:

---

[36] Michael Heim in Cyberspace, Cyberbodies, Cyberpunks von Featherstone / Burrows (Herausgeber) Sage, London 1995, S.67

POPKULTURELLE KOLONISATION DES VIRTUELLEN RAUMS
4.3

»In diesem Sinne ist Disneyland hyperrealistischer als die Wachsfigurenkabinette, gerade weil diese uns ja noch weiszumachen versuchen, ihre Objekte seien getreue Reproduktionen der Realität, während Disneyland unmissverständlich klarstellt, dass es in seinem magischen Bankkreis nichts anderes reproduziert als die Phantasie. Das Museum für dreidimensionale Kunst verkauft seine Venus ›quasi echt‹, während Disneyland sich erlauben kann, eine Reproduktion als Meisterwerk der Fälscherkunst zu verkaufen, denn was es verkauft, sind keine Reproduktionen sondern authentische Waren. Was gefälscht wird, ist unsere Kauflust (indem wir einkaufen, wie besessen in der Meinung, es sei noch ein Spiel), und in diesem Sinne ist Disneyland wirklich die Quintessenz der Konsumideologie.«[37]

Eine Beschreibung, die in vielerlei Hinsicht auf virtuelle Welten in der Art von M.M.O.R.P.G.s zutrifft, so dass man virtuelle Phänomene wie diese wohl nicht als virtuelle Realität, sondern treffender als »virtuelle Hyperrealität« bezeichnen sollte.

In ihnen wird eine phantastische Welt geschaffen, deren besonderer Wert in ihrer Andersartigkeit liegt. Die programmierten Artefakte sind teilweise tatsächlich digitalisierte Phantasieprodukte ohne Vorbild im realen Leben und somit hyperreal im besten Sinne.

Bei aller Andersartigkeit gibt es jedoch eine entscheidende Konstante, die in der materiellen wie auch in der digitalen Welt gilt, oder anders gesagt, die auch in der artifiziellen Welt gelten muss, damit diese funktionieren kann: einen popkulturellen Kapitalismus, der in der Lage ist, diese virtuellen Räume zu kolonisieren.

4.3

Die Popkultur, so ließe es sich in Anlehnung an Daniel Schmidt formulieren, hat sich nach dem Zweiten Weltkrieg zunehmend zu einer globalen Suprakultur entwickelt und ist hierbei in der Lage, eine solche virtuelle Welt zu einem transkulturellen, globalen Phänomen zu entwickeln, das in untrennbarer Verbindung mit unserem kapitalistischen Wirtschaftssystem daherkommt und mit diesem auch schon vernetzt ist. Der Konsum von hyperrealen Waren in der virtuellen Welt hat durchaus ganz reale Auswirkungen auf das Girokonto, da vir-

---

[37] Umberto Eco, Über Gott und die Welt, dtv, München 1987, S. 82

tuelle Spielwährungen schon lange über Tauschbörsen in echte Dollars konvertiert werden können.

Der Kapitalismus herrscht auch in der Virtualität. Dies ist ein amüsanter Umstand! In einer Welt, die darauf ausgelegt ist, grundlegend anders als die materielle zu sein, an einem Ort, wo Menschen von sich aus fliegen können ist unser erfolgreiches Wirtschaftssystem scheinbar unverzichtbar. Der Kapitalismus erscheint z. B. in »Second Life« in Form eines wie ein Naturgesetz geltenden komplizierten digitalen Rechtemanagements, das dem Programmierer (Erfinder) von Artefakten die Möglichkeit gibt, exakt darüber zu bestimmen, ob diese digitalen Produkte von Zweiten genutzt, weitergegeben oder kopiert werden dürfen. Kurz gesagt: Es gilt in dieser virtuellen Umgebung für das Copyright, was in der tatsächlichen Welt für das Gesetz der Schwerkraft gilt. Wo man auch ist, man kann ihm nicht entkommen.

In dieser (virtuell) real gewordenen Traumwelt der Industrie ist die unerlaubte Kopie unmöglich geworden. Die Möglichkeiten der Reproduktion werden dem Objekt im Moment seiner Erschaffung von ihrem Schöpfer eingeimpft.

In künstlichen Welten dieser Art wird auch der Individualitätskult exemplarisch vorgelebt. Die Zugehörigkeit zu einer möglichst kleinen subkulturellen Gruppe ist Antrieb der virtuellen Existenz. Ziel ist aber nicht nur das Anderssein als die anderen (was, wie der Begriff des hybriden Mainstreams nahelegt ohnehin kaum noch möglich ist), sondern vor allem auch das Anderssein als man selbst. Diese Distanzbildung zu sich selbst, die Inszenierung des »Ich« ist Grundgedanke aller Rollenspiele.

Spielt man seine Rolle, egal ob nun in einer virtuellen oder der tatsächlichen Welt besonders überzeugend, so kann es einem mitunter doch passieren, als besonders individuelle Erscheinung wahrgenommen zu werden. Hat man diese höchste Form des popkulturellen Daseins erreicht, ist man (englisch) »real«, was bedeutet, man ist angekommen in der Hyperrealität und hat durch ein Maximum an Inszenierung ein Maximum an »Realness« erreicht.

Diese Aufhebung des Widerspruchs zwischen Realität und Künstlichkeit, welche die Popkultur geleistet hat, ermöglicht dem Nutzer die virtuelle Welt als einen hyperrealen Modus seiner Realität zu leben. Dabei sind dem Spieler, wenn vielleicht auch nur instinktiv, die Mechanismen der inszenierten Realität durchaus bewusst. Er ist schließlich selbst Teil dieser Welt und spielt nach deren Regeln. Er wird also nicht getäuscht.

Im Idealfall befindet er sich in einem offenen und manipulierbaren Zustand von Hyperrealität, in dem – und hier liegt der entscheidende Unterschied zu Disneyland – der Spieler gleichermaßen Konsument und Produzent seiner Realität sein kann.

Der Spieler weiß dabei, dass seine Handlungen am Computer sich auf einer anderen Ebene abspielen als die tatsächliche Welt. Sicherlich kann man im Spiel diesen Umstand zeitweise vergessen, aber auch nur in der Art, wie wir uns beim Lesen eines Buches oder Betrachten eines Filmes in das Medium versenken und die uns umgebende tatsächliche Welt zeitweise vergessen.

Jedem Nutzer, der sich noch halbwegs im Besitz seines Verstandes befindet, ist der Unterschied zwischen einem virtuellen Charakter und einem Menschen aus Fleisch und Blut sehr wohl klar, und die allgemein verbreitete Panik angesichts von »Egoshootern« täuscht über die eigentliche Gefahr. Es findet durchaus eine Wahrnehmungsverschiebung statt, jedoch in genau umgekehrter Richtung: Die virtuelle Hyperrealität ist nur echt in ihrer Künstlichkeit, und das ist dem Nut-

DIE ABSORPTION DES REALEN
4.4

zer durchaus bewusst. Sie wird nicht für real genommen. Virtuelle Umgebungen ermöglichn uns jedoch auch Handlungen in der realen Welt durchzuführen, ohne diese als real zu empfinden! Dies beginnt beim spielerischen Onlineeinkauf von Dingen, die wir nicht brauchen, und geht über an der Börse verzockten Milliarden bis hin zum realen Töten per Knopfdruck mit Mitteln der modernen Kriegsführung.

– – – – – – – – – – – – – –
4.4 →

Die virtuelle Realität schafft nicht nur neue immaterielle, hyperreale Welten, in denen wir uns bewegen, sondern sie ermöglicht auch die Manipulation an der materiellen Welt in Echtzeit; und diese Handlungen am Bildschirm haben durchaus sehr reale Auswirkungen auf das Leben vieler Menschen. Kurz gesagt: die Gefahr der Wahrnehmungsverschiebung besteht nicht darin, dass wir synthetisch generierte Umgebungen für materiell existent betrachten, sondern dass wir reale Handlungen und Ereignisse in der wirklichen Welt aufgrund der Übersetzung über den Bildschirm nicht mehr als real empfinden.

Günther Anders erkannte schon nach dem Abwurf der ersten Atombombe, dass die moderne technische Kriegsführung es einem Menschen ermögliche, ohne Hass zu töten, da er weder sein Opfer noch die Folgen seiner Taten zu Gesicht bekomme[38]. Die digitale Kriegsführung stellt in dieser Hinsicht einen Quantensprung dar, da der Täter sich auf der anderen Seite der Erdkugel aufhalten kann und das vermeintlich feindliche Land noch nicht einmal mit eigenen Augen sehen muss.

Friedrich Kittler bezeichnet die Digitalisierung als einen Kurzschluss, durch den erstmals reale Handlungen in der Form von symbolischen Prozeduren möglich geworden seien: Wurde früher das Geschehen der Schlacht zunächst an Modell und Karte symbolisch vollzogen und danach in die Tat umgesetzt, so werde heutzutage das Geschehen in Echtzeit in die Kommandozentrale übertragen und an den digitalen Karten direkt agiert.

»Diese diskret gemachte Zeit des Schaltwerkes erlaubt Manipulationen am Realen, wie sie früher nur am Symbolischen möglich waren.«[39]

---

[38] Günther Anders *Die Antiquiertheit des Menschen, Band 1*, Beck, München 1956
[39] Friedrich Kittler, *Aisthesis, Wahrnehmung heute*, Reclam, Leipzig 1990, S. 208

Reales Handeln in der Übersetzung durch den virtuellen Raum bewirkt daher, dass unsere Handlungen, da zu abstrakt, uns selbst irreal erscheinen. Nicht die Simulation wirkt auf uns wie die materielle Welt, sondern die Simulation der Welt lässt die materielle Welt unter Umständen selbst wie eine Simulation erscheinen, in welcher wir handeln, ohne uns über die Konsequenzen für unsere Mitmenschen Gedanken zu manchen. Hier zeigt sich exemplarisch die zersetzende Wirkung der Simulation auf das Simulierte (Reale).

Die Möglichkeit, heutzutage bei praktisch jedem Ereignis telepräsent zu sein, führt dazu, dass Ereignisse, welche wir nicht als Bilder konsumieren können, für uns kaum noch existieren. Daher ist es um so alarmierender, dass, wie Otto K. Werckmeister in »Der Medusaeffekt« nachweist, einer allgemeinen Brutalisierung auf der fiktiven Ebene eine Strategie der Schockvermeidung im Bereich der informativen Bildberichterstattung gegenübersteht.

Dies zeigt sich nicht etwa nur in der Politik des »embedded journalism«, der staatlichen Bildmanipulation aus propagandistischen Gründen, auf die im folgenden Unterkapitel noch einmal eingegangen werden soll, sondern auch am Beispiel der wenigen um größere Objektivität bemühten Reporter, welche sich während des dritten Golfkrieges im Irak Saddam Husseins aufhielten. Werckmeister zeigt an konkreten Beispielen, dass selbst ein Flaggschiff der Bildberichterstattung, wie James Nachtway, in seinen Reportagen bevorzugt nur noch die Reflexion des Grauens thematisiert. So fotografiert er beispielsweise die Schatten von Erhängten, anstatt die Opfer selbst zu zeigen. Damit steht er im Gegensatz zu Kriegsberichterstattern alter Schule, wie zum Beispiel Robert Capa, dessen Devise maximale Nähe zum Objekt war. Insgesamt nähert sich dabei der Journalismus durch die Darstellung von Opfern unter Vermeidung des Schocks einer künstlerischen, stimmungsvollen und metaphorischen Bildsprache an. Die kontrollierte Bildberichterstattung des zweiten und dritten Golfkrieges verzichtet, im Gegensatz zu der noch überwiegend unkontrollierten Berichterstattung des Vietnamkrieges, praktisch komplett auf die Darstellung getöteter amerikanischer Soldaten.

Unabhängig davon, ob man mit dieser zunehmend zurückhaltenden Bildberichterstattung, zum Beispiel aus falsch verstandenem Respekt vor den Opfern

DIE HYPERREALE APOKALYPSE – UND DIE ZERSETZENDE WIRKUNG DES TRUGBILDS ALS CHANCE
4.5

von Krieg und Terror sympathisiert oder nicht, so gilt festzustellen, dass gerade in Zeiten, in denen das Fernseh- und Internetvolk ansonsten überall dabei sein darf, diese Bilder Not täten. Da wir zumindest auf der fiktiven Ebene des Films schon so ziemlich alles gesehen haben, können wir uns Dinge, die wir nicht zu Gesicht bekommen, auch kaum noch vorstellen.

Letztendlich »entspricht das Nichtvorhandensein der Bilder insgeheim sehr genau dem Nichtvorhandensein des Krieges«[40] beziehungsweise der Opfer.

Unter diesen Umständen muss es dann auch nicht mehr wundern, dass dramatische Ausnahmeereignisse wie die Anschläge des »11. September«, die wir live verfolgen konnten, von vielen Menschen in der westlichen Welt »wie im Film« empfunden wurden. Zumindest die jüngeren Generationen verfügen über keine andere Referenz.

Da man auf Grund einer immer zurückhaltenderen Berichterstattung das reale Grauen noch nicht einmal mehr in Form von Fotos oder Fernsehbildern re- kommt, um so mehr jedoch mit Kriegsfilmen versorgt wird, von denen sich jeder rühmt der realistischste seiner Art zu sein (Saving Private Ryan, Black Hawk Down, Pearl Habour, usw), bleibt nur noch der Vergleich mit der Fiktion. Tatsächliche Ereignisse werden aufgrund der Dominanz der Simulation zunehmend als irreal, wie im Film, wahrgenommen.

Der Verlust des Gefühls von Realität für die Realität ist mit Sicherheit kein begrüßenswerter Zustand. Allerdings können diese Mechanismen auch bewusst in einem positiven Sinne eingesetzt werden.

4.5

In der Simulationstheorie Baudrillards stehen sich Repräsentation und Simulation konträr gegenüber. Während Repräsentation die Refexion einer vorhandenen Wahrheit darstellt, bedeutet Simulation die Substitution dieser Wahrheiten durch Zeichen, die vornehmlich nur noch den Zweck erfüllen, uns über die Abwesenheit dieser Wahrheiten hinwegzutäuschen. In diesem Zusammenhang führt Baudrillard den Begriff der Dissimulation ein. Dissimulation bezeichnet im Gegensatz zur Simulation, die etwas nicht Vor-

---

[40] Jean Baudrillard, *Das perfekte Verbrechen*, Matthes & Seitz, Berlin 1996, S. 110

handenes oder nicht Wahrnehmbares darstellt, einen Vorgang, der eine Gegebenheit versteckt, beziehungsweise die Abwesenheit einer Wahrheit verschleiert.

Der Vorgang der Dissimulation lässt sich gut an dem Beispiel des zuvor erwähnten »embedded journalism« erläutern. Der Staat geht seit dem zweiten Golfkrieg massiv dazu über, die Bildberichterstattung selbst zu lenken. Ob dabei Bilder von Ereignissen selektiert, Ereignisse für die Bilder arrangiert, oder Bilder schlicht komplett im Studio produziert werden, ist fast nebensächlich. Entscheidend ist, dass dadurch andere, von staatlicher Seite nicht gewünschte Bilder verhindert werden!

Durch den eingebetteten, also militärisch kontrollierten Journalismus werden Bilder produziert, die vorspielen, einen Einblick in das Geschehen zu vermitteln. Auf diese Weise soll die Frage nach den anderen, wirklich schockierenden Bildern, wie wir sie aus Vietnam noch bedingt kennen, und heutzutage noch beispielsweise auf Youtube finden, erst gar nicht aufkommen.

Die Bilder »eingebetteter Journalisten« befriedigen das Bedürfnis nach Information, ohne wirklich zu informieren. Daher stellt die kontrollierte Bildproduktion eine Strategie der Dissimulation dar; denn entscheidend ist nicht das, was wir zu sehen bekommen, sondern was wir nicht zu sehen bekommen! Die meisten Bilder in staatstreuen Medien erfüllen daher vor allem den Tatbestand der Verschleierung. Hierbei handelt es sich um einen äußerst besorgniserregende Entwicklung.

In der Theorie Jean Baudrillards werden ähnliche Vorgänge auf alle Bereiche des Lebens ausgedehnt, was in seiner Konsequenz dazu führen würde, daß wir uns jeglicher Orientierung und aller Determinanten in der Welt beraubt sehen müßten.

Simulation, Dissimulation und Realität seien, so Baudrillard, untrennbar miteinander verwoben und die Welt nur noch durch die Simulation eines eingeschränkten Perspektivfeldes zu verstehen.[41]

»Betrachtet man jedoch die Dinge in einem größeren Zusammenhang, so gibt es keine Wahrheit mehr. So kann ein Sprengstoffanschlag ebenso gut die Tat linker Extremisten, wie auch die Provokation der Rechten sein, eine Inszenierung der Mitte, um alle in Verruf zu bringen oder ein Szenario der Polizei zur Erpressung öffentlicher Sicherheit.«[42]

Diese Feststellung Baudrillards ist zweifellos nicht unzutreffend, aber das Problematische an seinen Theorien ist, dass es ihm nicht um eine notwendige Skepsis gegenüber dem, was öffentlich als Wahrheit gehandelt wird, geht, sondern um die konsequente Verneinung der Möglichkeit, Wahrheit überhaupt zu finden.

In diesem Punkt unterscheidet sich die Medientheorie des drei Jahre älteren reinen Theoretikers Baudrillard in eklatanter Weise von der des Praktikers und Theoretikers Umberto Eco.

Er kennt die Medien auch aus der Praxis, da er in den 50er Jahren das Kulturprogramm beim italienischen Fernsehsender Rai mitgestaltete sowie von 1959 – 1975 bei dem Mailänder Verlagshaus Bompiani tätig war. Aus seinen praktischen Erfahrungen heraus rührt vermutlich auch, dass Eco, im Gegensatz zu Baudrillard, die Möglichkeit positiver Einflussnahme auf das politische Geschehen als durchaus gegeben betrachtet. Dies zeigt sich auch in seinem Engagement in der Gruppe »Libertà e

---

41 Jean Baudrillard, *Agonie des Realen*, Merve-Verlag, Berlin 1978, S. 29

42 Jean Baudrillard, *Agonie des Realen*, Merve-Verlag, Berlin 1978, S. 30

giustizia«, die sich als eine intellektuelle Opposition zur Politik Silvio Berlusconis versteht.[43]

Besonders interessant ist der Vergleich zwischen dem französischen und dem italienischen Intellektuellen dort, wo sie die selben hyperrealen Phänomene beschreiben. So schreibt Baudrillard über Disneyland:

»Unsere Welt möchte kindlich sein, um den Anschein zu erwecken, die Erwachsenen ständen draußen in der realen Welt. (...) Disneyland wird als imaginär hingestellt, um den Anschein zu erwecken, alles übrige sei real. Los Angeles und ganz Amerika, die es umgeben, sind bereits nicht mehr real, sondern gehören der Ordnung des Hyperrealen und der Simulation an.«[44]

Für Baudrillard ist Disneyland realer als das umgebende Amerika selbst! Disneyland selbst besitze in der Dissimulation der hyperrealen Simulation Amerika noch eine Funktion. Es sei daher bloß ein Simulakrum zweiter Ordnung. Amerika selbst hingegen sei ein selbstreferenzielles Simulakrum dritter Ordnung, die reine hyperreale Simulation. Es sei, im Gegensatz zu Disneyland, von jeglicher Referenz befreit.

Hier zeigt sich der grundlegende Unterschied zum Begriff des Hyperrealen bei Umberto Eco, der die Existenz einer realen Welt nicht bestreitet und somit Disneyland selbst als Hyperreal bezeichnet. Es führe seine Reproduktionen nicht als »quasi echt« vor, sondern reproduziere die Phantasie. Es sei somit referenzlos geworden und stelle daher die Hyperrealität höchster Ordnung dar.[45]

Baudrillard konfrontiert uns mit der behaupteten Unmöglichkeit des Erkennens von objektiver Wahrheit, von Ursache und Wirkung. Folgte man diesem Gedanken, so entstünde dadurch eine absolute Gleichwertigkeit jeglicher Art von Ereignissen oder Handlungsweisen. Es gäbe weder richtig noch falsch, weder Wahrheit noch Lüge. Alles wäre zu einem einzigen Klumpen verschmolzen und moralisches Handeln nur noch aus einer Laune heraus möglich, jedoch kaum noch zu begründen.

Widerstand gegen ein System, so Baudrillard, sei ohnehin zwecklos, denn gerade die Opposition halte dieses am Leben.

»Alles verwandelt sich in seinen entgegengesetzten Term, um in geläuterter Form zu überleben.«[46]

Der politische Skandal beispielsweise sei nur ein Vehikel um zu verschleiern, dass wir uns in einem Dauerzustand des Skandals befänden. Somit stelle die Aufdeckung eines Skandals (zum Beispiel Watergate) diesen als Ausnahmezustand dar und verschleiere dadurch, dass dieser Ausnahmezustand in Wahrheit die Regel sei.

»Die Macht inszeniert ihren eigenen Tod, um wieder einen Schimmer an Existenz und Legitimität zu erlangen.«[47] Dadurch werde eine noch exzessivere Form »skandalöser« Zustände ermöglicht.

Wir werden von Baudrillard mit sehr scharfen Beobachtungen konfrontiert, die jedoch, bei seiner eigenen Rhetorik zu bleiben, durch ihre Radikalität und ihren Anspruch auf uneingeschränkte Gültigkeit in ihr Gegenteil verwandelt werden.

---

43 www.eco-online.de
44 Jean Baudrillard, *Agonie des Realen*, Merve-Verlags, Berlin 1978, S. 25
45 Umberto Eco, *Über Gott und die Welt*, dtv, München 1987, S. 82
46 Jean Baudrillard, *Agonie des Realen*, Merve-Verlags, Berlin 1978, S. 34
47 Jean Baudrillard, *Agonie des Realen*, Merve-Verlags, Berlin 1978, S. 34

Baudrillard mit Baudrillard kritisiert:

»Nichts hat mehr den gleichen Sinn, sobald es nicht länger mit seiner unvollendeten, sondern seiner vollendeten oder gar exzessiven Form konfrontiert wird.«[48]

Dieser Satz, der nicht beiläufig fällt, sondern zweifellos eine Kernaussage seiner Theorie ist, beschreibt amüsanterweise sehr treffend, was an seinem eigenen Text so problematisch ist.

Es besteht eine unüberbrückbare Diskrepanz zwischen dem, wie Baudrillard uns die Welt beschreibt und dem, wie wir sie wahrnehmen und für wahr halten müssen, um in ihr leben zu können. Jedoch gerade aufgrund dieser Radikalität und Widersprüchlichkeit bietet das Lesen seiner Veröffentlichungen ein reichhaltiges Repertoire an für diesen Text relevanten Beobachtungen.

Baudrillard beschreibt, wenn auch als fatalen Vorgang, sehr eindringlich die Zersetzung des Realen durch die Simulation.

Dabei erkennt er mitunter auch selbst die positive Wirkung der Simulation: »Ein realer Überfall bringt nur die Ordnung der Dinge, das Besitzrecht ins Wanken, ein simulierter Überfall dagegen ist ein Attentat auf das Realitätsprinzip selbst. Die Überschreitung und die Gewalt sind weniger schwerwiegend, denn sie lehnen sich nur gegen die Verteilung des Realen auf. Die Simulation ist weitaus gefährlicher, denn sie lässt über ihr Objekt hinaus die Annahme zu, die Ordnung und das Gesetz könnten selber ebensogut nur Simulation sein.«[49]

Baudrillard bliebe sich allerdings nicht treu, wenn er nicht auch in diesem Fall auf der Untrennbarkeit von Wahrheit und Unwahrheit, Realität und Simulation bestehen würde: »Im Netz der künstlichen Zeichen werden sich reale Elemente unentwirrbar verfangen. (... Wir werden auf die simulierte Geldforderung hin echte Scheine erhalten)«[50]

Bazon Brock bezeichnet, ohne Baudrillard direkt zu nennen, die französische Simulationstheorie als einen »zusammengeschusterten Wirklichkeitsbegriff, wie ihn gelangweilte, phantasielose Gesellschaftsparasiten (im Drogenrausch)

---

[48] Jean Baudrillard, *Das perfekte Verbrechen*, Matthes & Seitz, Berlin 1996, S. 106

[49] Jean Baudrillard, *Agonie des Realen*, Merve-Verlag, Berlin 1978, S. 35

[50] Jean Baudrillard, *Agonie des Realen*, Merve-Verlag, Berlin 1978, S. 36

---

zu allen Zeiten schon hatten.«[51] Er stellt sich die Frage warum die Unmöglichkeit, Wahrheit zu finden, welche Politiker und Programmgestalter von jeglicher Verantwortung freispreche, ausgerechnet von jemandem propagiert werde, der in diesen Bereichen von Macht und Medien keinerlei Einfluss besitze.

Erst dadurch, dass es eine Unterscheidung zwischen wahr und falsch noch gebe, werde ein strategischer Umgang mit richtig und falsch möglich. Dadurch eröffne sich auch ein »so tun als ob« als adäquate Handlungsweise. Auch für Umberto Eco ist, wie schon beschrieben, die Entdeckung von Wahrheit durchaus noch möglich.

Folgt man dieser Ansicht, so muss man an der destruktiven Wirkung der Simulation keineswegs verzweifeln. Die Hyperrealität ist im Grunde eine überspitzte Wirklichkeit. Insofern sind sich die Hyperrealität und die Ironie ihrem Wesen nach ähnlich. Letztere ist seit jeher eine effektive Methode, die nach der Art funktioniert, dass man die als schlecht empfundene Situation nach Möglichkeit ins Maßlose übersteigert und so ein Bewusstsein für das reale Problem schafft.

---

[51] Bazon Brock, in *Imitation, die echte Lust am Falschen*, Stoemfeld / Roter Stern, Zürich 1989, S. 136

Unter Umständen kann die so attackierte Person oder Institution derartig diskreditiert werden, dass sie buchstäblich ihrer autonomen Existenz beraubt wird, und selbst nur noch unter Bezug auf ihre hyperreale Kopie betrachtet wird. So zeigt sich die hyperreale Simulation als eine gewaltlose Strategie, die in der Lage ist für falsch befundene Systeme in ihrer Legitimität zu beschädigen.

Auf all diese im Bereich von Politik und Wirtschaft sehr erfolgreiche Handlungsweise soll nun unter der Bezeichnung des Fake im folgenden Kapitel eingegangen werden.

DER BEGRIFF DES FAKE
5

Der Ausdruck Fake, wie ihn Stefan Römer in seinen Künstlerische Strategien des Fake definiert, füllt im deutschen Wortschatz eine Bedeutungslücke, die sich mit der ursprünglichen Entsprechung im Englischen nur bedingt deckt.

»The fake« bedeutet im Englischen als Nomen soviel wie Täuschung oder Fälschung, als Verb »to fake« fingieren, nachmachen oder manipulieren.

Stefan Römer beschreibt in seiner Publikation von 2001 mit dem Wort Fake im Deutschen den »postmodernen Fake«[52], »das augenzwinkernde konspirative Wissen um einen geschickten, witzigen Akt der Täuschung. (...) Im Gegensatz zur traditionellen Kunstfälschung handelt es sich um eine künstlerische Strategie, die sich von vornherein selbst als Fälschung bezeichnet; insofern ist die juristisch verfolgbare Täuschungsabsicht mit Betrugsvorsatz für das Fake weitgehend irrelevant.«[53]

Mit Fake wird ein Begriff entworfen, der, entgegen seiner konventionellen Verwendung im Englischen, die Strategie umreißt, auf den eigenen Doppelstatus aufmerksam zu machen, gleichzeitig der Kategorie des »originalen Kunstwerkes« und auch der »Fälschung« zu entsprechen.«[54]

Während sich Stefan Römer in seiner 1998 erschienenen Dissertation jedoch ausschließlich mit dem Fake im Bereich der Kunst beschäftigt, ist zu erkennen, dass diese von ihm für die Kunst beschriebene Vorgehensweise schon lange vorher viele Bereiche des öffentlichen und privaten Lebens durchdrungen hatte.

Mit diesen gesellschaftlichen Erscheinungsformen des Fake beschäftigen sich Judith Mair und Silke Becker in Fake for Real – über die private und politische Taktik des so-tun-als-ob. Ähnlich wie Römer weisen sie auf den »doppelten Boden« des Fake hin, entdecken jedoch in dem erweiterten Blickfeld die aufklärende, positive Wirkung des Fake auf der gesellschaftlichen Ebene. Der Fake gebe vor etwas zu sein, was er nicht ist, um auf etwas zu verweisen, das einfach nicht wahr sein dürfte. Er führt uns durch ironische Übertreibung Umstände vor Augen, die durch das bloße Aussprechen der Wahrheit im Verborgenen geblieben wären. Zum Beispiel weil niemand zugehört oder es niemand geglaubt hätte.

Ein relativ prominentes Beispiel für den erfolgreichen Gebrauch von Methoden der subversiven Fälschung, ist die globalisierungskritische Gruppe »The Yes Men«, an welcher im Folgenden die Strategie des Fake näher betrachtet werden soll.

»THE YES MEN« – FAKE ALS MÖGLICHKEIT SUBVERSIVER POLITISCHER KRITIK
5.1

Bei den »Yes Men« handelt es sich um eine sehr kleine Gruppe, der es, als Ent-

---

[52] Stefan Römer, *Künstlerische Strategien des Fake*, Dumont, Köln 2001, S. 13 ff
[53] Stefan Römer, *Künstlerische Strategien des Fake*, Dumont, Köln 2001, S. 14
[54] Stefan Römer, *Künstlerische Strategien des Fake*, Dumont, Köln 2001, S. 14

scheidungsträger und Repräsentanten aus Politik und Wirtschaft getarnt, in spektakulären Fake-Aktionen immer wieder gelingt, sich Zugang zu den Massenmedien zu verschaffen.

Dank der unglaublichen Geschwindigkeit, in der heutzutage in den elektronischen Medien Nachrichten produziert und verbreitet werden und der daraus resultierenden sehr eingeschränkten Kontrolle, gelang es ihnen schon mehrfach durch die Inszenierung spektakulärer Enten[55] (Englisch: hoax) auf sehr reale Probleme aufmerksam zu machen.

Anlässlich des 20. Jahrestages der Katastrophe in Bhopal[56] (Indien), gelang es einem »Yes Man« auf BBC World ein Interview als Firmensprecher des amerikanischen Chemiekonzerns Dow Chemicals zu geben. Diese Firma ist seit 2001 Besitzer des Unternehmens Union Carbide, welches 1986 eine Katastrophe infernalischen Ausmaßes verursachte.

In dem auf BBC-Europe ausgestrahlten Interview kündigte ein vermeintlicher Firmensprecher namens »John Finisterra« eine radikale Änderung der Firmenpolitik an:

Er versprach, wie von Menschenrechtsgruppen seit langem gefordert, Union Carbide zu liquidieren und von dem Erlös einen Entschädigungsfond über 12 Mrd. Dollar aufzulegen. Innerhalb der folgenden 23 Minuten fielen die Aktienkurse von Dow Chemicals um 4,2 %, was einer kurzfristigen Vernichtung von 2 Mrd. Dollar entsprach.

Auch wenn sich die Kurse noch am selben Tag komplett erholten, so hatte die Aktion zweifellos zur Folge, dass das Problem der Opferentschädigung erneut auch über Kanäle, die sich ansonsten ausschließlich mit Wirtschaftsnachrichten beschäftigen, massiv in die Presse gelangt war. Darüber hinaus zwang es Dow Chemicals dazu, die Falschmeldung öffentlich zu dementieren, und sich dadurch einen kaum abzuschätzenden Imageschaden selbst zuzufügen.

Ihre ersten Aktionen führten die »Yes Men« durch, indem sie »Fake Websites«, von der World Trade Organisation (WTO) oder George W. Bush erstellten, die sich in Inhalt und Domain nur in winzigen, aber entscheidenden Details unterschieden.

Als Reaktion auf diese Seiten erhielten sie mitunter von schlecht recherchierenden Journalisten oder Universitätsmitarbeitern Einladungen zu Tagungen oder Interviews.

Diese Einladungen nahmen die Aktivisten selbstverständlich gerne an, um dann diese von ihnen kritisch betrachteten Organisationen auf ihre persönliche Art und Weise zu repräsentieren.

Der Aktivist, der in Krawatte und Anzug als Sprecher der WTO über moderne Möglichkeiten der Sklaverei schwadroniert, erscheint als ein Systemträger mit besonders scharfen Ansichten, ist diesem jedoch in Wahrheit absolut wesensfremd – und lässt sich in sofern durchaus als hyperreale Kopie oder Trugbild eines wirklichen Vertreters der WTO bezeichnen. Spielt er seine Rolle gut, so werden wir beim nun möglicherweise folgenden Auftreten eines echten Vertreters der Welthandelsorganisation diesen mit Bezug auf seine hyperreale Kopie betrachten.

Durch die Aneignung von Rhetorik und Auftreten von Politikern oder Firmensprechern gelang es den »Yes Men« auf diese Art immer wieder über Medien, die ihnen ansonsten nicht zur Verfügung ste-

---

[55] Von n.t. not testified (auf deutsch gesprochen en te)

[56] Bei dem Chemieunfall in Bhopal (Indien) gelangten 1984 auf Grund von katastrophalen Produktionsbedingungen 40 Tonnen eines hochgiftigen Zwischenprodukts der Insektizidherstellung in die Umwelt. Das giftige Gas tötete 3000 Menschen sofort und verletzte unzählige weitere.(International Campaign for Justice in Bhopal www.bhopal.net)

hen würden, ihren Anliegen eine große Aufmerksamkeit zukommen zu lassen. Im Gegensatz zu den meisten anderen Formen politischen Protestes ist, damit der Fake glücken kann, Anpassung anstelle der Verwendung »nonkonformistischer Symbole« vonnöten. Im Grunde ist es naheliegend, dass in Zeiten, in denen Bankangestellte durchbohrte Augenbrauen haben, und selbst Punk zur modischen Platitüde geworden ist, die Verkleidung – das Aussehen, wie man nicht ist – zum letzten möglichen »authentic style« geworden ist. Jemand, der wirklich noch ein kritisches Anliegen verfolgt, arbeitet besser in der Camouflage von Schlips und Anzug. Oberflächlicher Konformismus zeigt sich als letzte Möglichkeit wirklicher Nonkonformität.

Damit die Anpassung überzeugend wirkt, ist hierfür eine gewisse Nähe zu den Institutionen, auf welche man es abgesehen hat, von Vorteil. Dies zeigt sich besonders im folgenden Beispiel.

- - - - - - - - - -
5.2 →

Der Fake ist weniger eine Massenprotestform der klassischen Unterschicht, als eher eine adäquate (und relativ elitäre) Protestform der immer größer wer-

denden Schar der »Privileged Poor«[57], jenen schlecht bezahlten, aber gut ausgebildeten Praktikanten und Projektarbeiter der Gestaltungs-, Medien-, und Werbebranche, die unmittelbar ins System der Konzerne integriert sind, ohne jedoch von ihnen zu profitieren.

In Zeiten des »kulturellen Kapitalismus'«, in dem »Zugang zu gelebter Erfahrung käuflich geworden ist«[58], hat die Industrie erkannt, welchen Mehrwert kreative Arbeit für ihre Angestellten darstellt. Dies hat dazu geführt, dass sich die Lebenssituation der »Kreativen«, da sie auch nicht gewerkschaftlich organisiert sind, immer weiter verschlechtert hat.

Das interessante Projekt an sich wird zur Bezahlung. Seinen Unterhalt muss der »Privileged Poor« zunehmend aus anderen Quellen bestreiten. Diese unbefriedigende Lebenssituation führt zu einem hohen Grad an Frustration im »kreativen Fußvolk« aller Bereiche der Medien und Gestaltungsbranche, und so

»SERPICA NARO«
– DER AUFSTAND
DES KREATIVEN
FUSSVOLKS
5.2 ←

57 Diedrich Diederichsen, Sexbeat, Kiepenheuer & Witsch, Köln 2002, S. 60 – 63

58 Jeremy Rifkin, Access, Campus, Frankfurt a. M. 2000, S. 191 ... »Der kulturelle Kapitalismus ... »lockte die Künste aus der kulturellen Nische, wo sie die wichtigsten Vermittler kollektiver Werte gewesen waren, auf den Markt. Dort wurden sie zur Geisel von Werbefirmen und Marketingberatern, die angeheuert waren, um einen neuen Lebensstil zu verkaufen.«

wird der eine oder andere, wie schon so mancher talentierte aber verkannte oder verhinderte Künstler, zum subversiven Fälscher.

Hierbei ist weniger die Aussicht auf Profit Antrieb der Tat, als vielmehr der Wille, endlich einmal all jene, die sich ihre Pfründe gesichert haben und einen selbst nicht zum Zuge kommen lassen, bloß zu stellen.

Um auf die geradezu exemplarisch ungerechte Verteilung von Arbeit und Profit in der Modebranche aufmerksam zu machen, gelang dem Kollektiv »Chainworkers«[59] anlässlich der Mailänder Modewoche in Februar 2005 ein spektakulärer Fake. Bei den Chainworkers handelt es sich um einen Zusammenschluss von zumeist schlecht bezahlten Projektarbeitern aus unterschiedlichen kreativen Branchen. Da ihnen der zugkräftige Name zur Verwirklichung ihrer Ideen fehlte, erfanden sie einfach eine junge, erfolgreiche japanisch-englische Designerin namens »Serpica Naro« samt Lebenslauf, Referenzen, Pressemappe, eigener Kollektion, Website und imaginären Showrooms in London und Tokio.

Da vermutlich niemand mit so viel Dreistigkeit rechnete, wurden die Anga-

59 www.chainworkers.org

ben nicht genauer geprüft. So fiel auch niemandem auf, dass »Serpica Naro« ein Anagramm von »San Precario«, dem Schutzheiligen des Prekariats, einer früheren Erfindung der »Chainworkers« war.

Präsentiert wurden Kleidungsstücke, die, wie Zoe Romano, eine der Initiatoren der Chainworkers es beschreibt, die Realität der Arbeitswelt derer, die die Mode produzierten, widerspiegele. Zu sehen waren Kleider, mit denen man eine Schwangerschaft verbergen kann, um eine Entlassung zu vermeiden oder eine Wende-Kombination aus Pyjama und Anzug, für Angestellte mit flexiblen Arbeitszeiten, die besser gleich im Büro übernachten.

Auch in diesem Fall war die Resonanz überraschend groß. Die Meldung schaffte es auf die Mode- wie auch Kulturseiten der internationalen Presse. Sucht man zum Beispiel im Internet über die Suchmaschine Google nach der Mailänder Modemesse 2005, so trifft man zu allererst auf Artikel über »Serpica Naro« und erst sekundär auf die offizielle Seite der »Settimana della Moda«.

Die Gruppe »Serpica Naro« huldigt jedoch auch noch in anderer Weise der Kopie: In einer Branche in welcher vor allem der gute Name Garant des Erfolges ist, lehnen sie die Schaffung einer Marke im herkömmlichen Sinne ab. Leicht könnte man ansonsten vermuten, hier habe sich eine Gruppe von cleveren Designern durch einen gelungenen Fake, gewürzt mit etwas politisch korrekter Systemkritik, Zugang zum Markt verschafft, um letztendlich auch in diesem aufzugehen und von ihm zu profitieren. »Serpica Naro« ist jedoch von seinen Initiatoren nicht als klassische Marke, sondern als ein Meta-Label gedacht: Dem Prinzip von »Open Source« Software nicht unähnlich, soll der Name jedem zur Verfügung stehen, der ihn für sich nutzen möchte.

Wer ein Kleidungsstück von »Serpica Naro« haben will, kann sich, wie es zumindest auf der eigenen Website versprochen[60], Schnittmuster und das Label von dort herunterladen, die Kleidung selber produzieren und tragen oder das aus dem Verkauf eingenommene Geld behalten.

DIE WIRKUNGSWEISE DES FAKE IN DREI PHASEN
5.3

Ein Fake lässt sich seinem Wesen nach nicht wiederholen. Weil er sein Publikum überraschen muss, ist er ein einmaliges, situationsabhängiges Ereignis und stellt daher paradoxerweise eine in einzigartiger Weise originale Handlungsweise dar. Die genauere Funktionsweise des Fake soll im folgenden nun näher betrachtet werden.

DIE FÄLSCHUNG WIRD FÜR WAHR GENOMMEN
5.3.1

Ein Fake beginnt zumeist mit der Behauptung einer Unwahrheit. Dabei können auch sehr unwahrscheinliche Dinge glaubhaft vermittelt werden, wenn das Behauptete möglichst genau den in einer Gesellschaft vorhandenen kollektiven Ängsten oder Wünschen entspricht. Insofern enthält ein guter Fake auch immer ein Stück Wahrheit, da er eine kollektive Angst formuliert, ein Ereignis vorwegnimmt oder einen politisch inkorrekten Wunsch zum Ausdruck bringt und damit problematisiert. Häufig sind die größten Experten am einfachsten zu täuschen, liefert man ihnen Material, das ihre eigene Theorien ergänzt und bestätigt.

Die Grundlage eines guten Fake ist die Kunst, Schwachpunkte, oder anders gesagt, das gesellschaftlich immanente Bedürfnis, auf eine bestimmte Weise getäuscht zu werden, zu erkennen. Durch

---

60 www.serpicanaro.com im Oktober 2007 waren leider, zumindest auf Anhieb, keine frei verfügbaren Schnittmuster zu finden

den Fake wird der erfolgreich getäuschten Gruppe so ihre kollektive Gemütslage vor Augen geführt. Insofern ist der Fake eine im höchstem Maße künstlerische Strategie, da er im Stande ist tatsächlich das zu leisten, was der Kunst oft so gerne nur unterstellt wird: eine Aussage über den Zustand unserer Gesellschaft abzugeben.

Darüber hinaus ist der Fake im Gegensatz zur musealen Kunst in der Lage, durch den Skandal und die unerlaubte Nutzung der Medien, alle gesellschaftlichen Schichten zu erreichen.

Der Fake muss sich jedesmal neu erfinden, um überraschen zu können, daher ist er seinem Wesen nach nur schwer zu kategorisieren. Häufig vollzieht sich seine Wirkungsweise jedoch grob in drei aufeinander folgenden Schritten:

zunächst erscheint er, als solcher noch unerkannt, in einer absurden oder sogar bedrohlichen Situation. Demjenigen, der dem Fake ausgesetzt wird, ist es dabei kaum möglich sich neutral beziehungsweise ambivalent zu verhalten. Der Fake schafft eine Ausnahmesituation, der man sich nicht einfach durch Nichthandeln oder durch das Handeln nach Vorschrift entziehen kann.

Er kann im besten Falle das Gegengift zu einer allgemein verbreiteten politischen Passivität sein.

Der Fake beendet diese Passivität geradezu gewaltsam. Er simuliert eine Situation, die eine Handlung erzwingt, und befreit auf diese Art die Rezipienten aus ihrer Verstummung. Sicherlich gibt es immer wieder derart abgestumpfte Zeitgenossen, die sich auch von extremen Positionen nicht aus der Ruhe bringen lassen. In diesem Fall hilft der Fake diese Personen zumindest zu identifizieren und ihre skandalöse Gleichgültigkeit vorzuführen.

Wer zum Beispiel während der amerikanischen Präsidentschaftswahlen auf den Vorschlag Wählerstimmen über das Internet zu verauktionieren, freundliches Interesse zeigte, sollte sich dadurch moralisch endgültig disqualifiziert haben.[61] Reagiert man hingegen mit Widerspruch, so folgt unweigerlich eine Auseinandersetzung, in der man, und allein das ist ein Erfolg, eine klare Position beziehen muss.

Diese erste Phase des Fake stellt eine Art soziologischer Laborsituation dar. Häufig nimmt dabei der »Fakende« eine ironische, seinem eigentlichen Anliegen diametral entgegengesetzte Position ein. Nimmt er aktiv an einer Inszenierung teil, zum Beispiel in Form eines Vortrages vor einem Publikum, so bietet es sich an, wie in einem pharmakologischen Experiment mit der Verabreichung sehr geringer Dosen falscher Positionen zu beginnen, diese im Verlauf stetig zu steigern und dabei permanent die Reaktion der Probanden im Auge zu behalten.

Da aufgrund dieser experimentellen Situation die Reaktion der Rezipienten bestenfalls zu erahnen, jedoch niemals exakt vorherzusehen ist, handelt es sich stets um einen Versuch mit offenem Ausgang.

5.3.2 →

Im zweiten Schritt folgt das Erkennen des Fake und der damit verbundene Skandal seiner Entdeckung. Erst in diesem Moment entsteht der Fake. »Die Fälschung muss gut sein, sie soll aber zugleich einen Kommunikationsprozeß auslösen, in dessen Verlauf klar wird, dass die Information falsch war.«[62] Daher ist der Fake im Gegensatz zum Betrug,

DER FAKE WIRD ERKANNT
5.3.2 ←

---

[61] www.vote-auction.net... Vote-auction.net wants »to streamline the grotesquely inefficient system of elections and let business and voters come closer together.«

[62] Blissett/Brünzels, *Handbuch der Kommunikationguerilla*, Assoziation A, Berlin 2001 S. 68

dem tatsächlich eine Täuschungsabsicht zu Grunde liegt, juristisch auch weitaus schlechter zu verfolgen.

Unabhängig davon, ob das Erkennen der Täuschung mit Entsetzen, Empörung, Erleichterung oder gar Sympathie einhergeht, stellt der Fake stets einen Angriff auf die geltenden Kommunikationsformen, auf den gesellschaftlichen »Konsens der Wahrheit« sowie auf die Legitimation und Deutungshoheit der das öffentliche Leben organisierenden Institutionen dar. Durch das Unterlaufen der geschriebenen, aber vor allem der ungeschriebenen Gesetze, nach welchen Kommunikation funktioniert, wird die »Selbstverständlichkeit diskursiver Prozesse aufgebrochen und in ihrer Legitimation beschädigt.«[63]

Verbreitet ein Aktivist illegitimerweise Unwahrheiten über einen Fernsehsender, so entsteht dadurch die Vermutung, daß vielleicht auch andere Beiträge unwahr sein könnten. Somit zieht er das gesamte Medium in Zweifel. Darüber hinaus stellt der unerlaubte Auftritt das gesamte System der Vergabe von Redezeiten in den Medien in Frage. Warum hat ein Firmensprecher prinzipiell das Recht zu einem Auftritt im Nachrichtenprogramm, ein linker Aktivist aber nicht?

Die Bemächtigung von Kommunikationsplattformen ist ein Angriff auf eine gesellschaftliche Machtstruktur, die im Grunde nur noch aus Kommunikation besteht und über den Kauf und Verkauf von Rede- und Werbezeit funktioniert. So schreibt Umberto Eco: »Die großen Systeme haben keine Protagonisten, keinen Kopf, und sie beruhen auch nicht mehr auf dem Egoismus des Einzelnen. Daher schlägt man sie nicht, indem man ihren vermeintlichen Häuptling tötet, sondern indem man sich ihrer eigenen Logik bedienen, destabilisiert. Eine völlig durchautomatisierte Fabrik würde nicht durch den Tod ihres Chefs aus dem Takt gebracht werden, sondern durch das Einschleusen einer Reihe von irreführenden Informationen, die den Computern, die sie steuern, die Arbeit erschweren.«[64]

In diesem Sinne bezeichnet Martin Burckhardt den Terroristen dann auch im Gegensatz dazu als den »auf paradoxe Weise letzten Staatsgläubigen«, als eine Art Retrovirus, um sich mit der zeitgemäßen Form der Interaktion nicht auseinandersetzen zu müssen«, der Staat hingegen sei »nichts weiter als eine gigantische Kommunikationsmaschine.«[65]

Insofern ist ein Angriff auf die selbstverständlichen Regeln der Kommunikation durchaus als ein gewaltloser Anschlag auf das System zu betrachten. »Nur die legitimierten Institutionen der Macht dürfen die Autorität haben, bestimmte Aussagen zu treffen. Der Fake bricht diese Einheit auf. Dass dies als massiver Angriff empfunden wird, lässt sich daran ablesen, dass selbst auf den ersten Blick erkennbare Fakes fast unweigerlich ein Dementi nach sich ziehen.«[66]

DAS DEMENTI
5.3.3

Das Dementi stellt die dritte und zumeist effektvollste Phase des Fake dar.

Nachdem offizielle Siegel, Briefköpfe und Kommunikationswege zunächst unerlaubt und aufgrund begrenzter Ressourcen meist in sehr eingeschränkter Form für die Verbreitung des Fake ge-

---

63 Blissett / Brünzels, Handbuch der Kommunikationguerilla, Assoziation A, Berlin 2001, S. 66

64 Umberto Eco, Über Gott und die Welt, dtv, München 1987 S. 128

65 Martin Burckhardt, »Im Off. Zur Politik der Simulation«, in *Act! Handlungsformen in Kunst und Politik*, Benteli, Bern 2004 S. 223

66 Blissett / Brünzels, *Handbuch der Kommunikationguerilla*, Assoziation A, Berlin 2001 S. 67

»IL MALE« – DER FAKE ALS EXTREME POLITISCHE SATIRE
5.4

nutzt wurden, werden nun von Seiten der getroffenen Institution die ihnen zur Verfügung stehenden Massenmedien benutzt, um die falsche Information zu dementieren und somit unweigerlich auch den Fake ein weiteres Mal zu verbreiten. Besondere Verwirrung stiftet dabei das Dementi bei Personen, die von dem eigentlichen Fake nichts mitbekommen haben.

Die Autoren Blissett und Brünzels bezeichnen in ihrem »Handbuch der Kommunikationsguerilla« dieses als das »amtliche Gütesiegel«, das in gewisser Weise dem Fake erst seinen offiziellen Charakter und somit auch seine Wichtigkeit verleihe. Bedient der Fake dabei eine kollektive Angst, so hat das korrekte Dementi in abgeschwächter Weise genau die gleiche Wirkung wie die eigentlich falsche Meldung.

So wirke auch die Meldung, im nahegelegenen Atomkraftwerk habe es entgegen anders lautender Meldungen keinen Störfall gegeben, eher beunruhigend.

Auch die Richtigstellung, dass die für Berliner Haushalte veranstaltete Verlosung von Atombunkerplätzen nicht amtlich autorisiert war und leider auch keine Möglichkeit bestehe, sich solche Plätze schon im Voraus zu reservieren, wirkt nicht gerade beruhigend.

Im Folgenden sollen nun zwei extreme Beispiele der Verbreitung von Unwahrheiten über die Medien vorgestellt werden.

-------- 5.4 →

Ein besonderes Gespür für diese gesellschaftlichen »Schwachpunkte« bewiesen in den 70er und 80er Jahren die Redakteure des italienischen Magazins für politische Satire »Il Male« (das Schlechte). Neben der wöchentlichen Redaktionsarbeit gründeten diese das CDNA, (Centro di diffusione di notize arbitrarie) – Zentrum zur Verbreitung willkürlicher Nachrichten und machte es sich zur Aufgabe, falsche Zeichen mit dem Tonfall der Macht zu verbreiten.[67] Immer wieder produzierte das CDNA in unregelmäßigen Abständen zum Verwechseln echt aussehende »Sonderausgaben« verschiedener Tageszeitungen, wie zum Beispiel von »la Repubblica«, »Paese Sera«, »Corriere dello Sport« oder »la Stampa« sowie auch ausländischer Zeitungen wie »Trybuna Ludu«, »Bildzeitung« und »Prawda«.[68]

---

[67] Klemens Gruber, in *Zibaldone*, Band 12, Schwerpunkt: Medien in Italien Piper, München 1987, S. 32
[68] Klemens Gruber, in *Zibaldone*, Band 12, Schwerpunkt: Medien in Italien Piper, München 1987, 33 ff

So wurde zum Beispiel 1978 nach dem Ausscheiden Italiens aus der WM in der Tarnung des fleischfarbenen »Corriere dello Sport« die Annullierung und Neuaustragung der Spiele verkündet, was zu spontanen Freudenfeiern und einem Verkehrschaos auf den Straßen Roms führte.

Beim ersten Papstbesuch in Polen gelang es den subversiven Satirikern von »Il Male« in und um Warschau eine falsche Sonderausgabe der »Trybuna Ludu« in einer Auflage von 30000 Exemplaren zu verbreiten. Diese meldete, Karol Wojtyla habe die Führung des polnischen Staates übernommen.

1980 sollen in einer Art prophetischer Satire, neun Jahre zu früh, deutsche Urlauber an der Adriaküste durch eine Sonderausgabe der Bildzeitung über die plötzliche Wiedervereinigung Deutschlands informiert worden sein.[69]

Anlässlich der Olympischen Spiele in Moskau verkündete das Blatt in Tarnung der »Prawda« die Auflösung der KPdSU und kurz darauf als »Roter Stern«, der Zeitung der Sowjetischen Streitkräfte, das Ende des Afghanistankrieges.

Der ehemalige Direktor von »Il Male«, Vicenzo Sparagna kommentierte diese

---

[69] Blissett / Brünzels, *Handbuch der Kommunikationguerilla*, Assoziation A, Berlin 2001, S. 58

MICHAEL BORN – AUCH DIE UNPOLITISCHE FÄLSCHUNG IST POLITISCH

5.5

Aktion sinngemäß mit den süffisanten Worten, dass sich die Erfindungen des CDNA nur in einem Punkt von der Redaktionsarbeit des echten »Roten Stern« unterschieden: »Wenn wir die Unwahrheit sagten, wollten wir niemanden damit täuschen.«[70]

5.5 →

Mitunter ist noch nicht einmal die moralische Integrität des Lügners entscheidend, damit seine Lüge die positive Wirkung des Fake entfaltet.

Der Fälscher kann unter Umständen sogar aus niederen Beweggründen handeln, wie zum Beispiel im Fall des Journalisten Michael Born, der in den neunziger Jahren zahlreiche frei erfundene oder mit falschem Bildmaterial ergänzte TV-Beiträge für Fernsehsendungen wie »Stern TV«, »Explosiv das Magazin«, »Spiegel TV« und »ZAK« produzierte. Born wurde im Dezember 1996 auf Grund von sechzehn nachweislich gefälschten Beiträgen zu vier Jahren Haft verurteilt.

Er lieferte vermutlich vor allem aus schlichter Geldgier alles, was das Herz der Programmchefs begehrte: Beiträge über Drogendealer, Faschisten, Menschenhändler sowie einen besonders einfallsreichen Beitrag über Rauschgift absondernde »Colorado Kröten«, in dem wild tätowierte Freaks augenrollend vor der Kamera Dosenmilch von Krötenrücken leckten.

Auch wenn sich die »betrogenen« Journalisten später alle Mühe gaben, als ahnungslose Opfer eines skrupellosen Gangsters dazustehen, drängt sich unweigerlich die Frage auf, wer eigentlich schuldiger sei: der Betrüger oder der Betrogene, der aus ähnlich niederen Beweggründen an das unerhört spektakuläre Material nur all zu gerne glauben wollte? Im Zuge der Verhandlungen, in deren Verlauf sich zahlreiche sehr bekannte Journalisten peinliche Fragen bezüglich ihrer Sorgfaltspflicht gefallen lassen mussten, verteidigte sich Born mit dem Argument, er habe über stichhaltige Informationen verfügt, jedoch sei das Produzieren von realen Bildern der realen Ereignisse unmöglich oder zu gefährlich gewesen. Da er auf Grund seines journalistischen Eifers dennoch Informationen in Form eindringlicher TV-Produktionen zu den Themen liefern wollte, habe er fast keine andere Möglichkeit gehabt, als die Bilder, so wie sie gewesen wären, hätte er sie live filmen können, nachzuproduzieren – und genau aus diesem Grund waren seine Bilder auch so hinreißend gut. Hier zeigt sich, wie sehr Herr Born zu diesem Zeitpunkt schon in der Welt der Hyperrealität angekommen war.

Unabhängig davon, inwieweit man seine Argumentation als entlastend betrachten möchte, lässt sich festhalten, dass der »Fall Born« uns in ungewohnt eindringlicher Weise die fehlende Seriosität von TV-Dokumentationen vor Augen führt, und somit mit seinen teilweise durchaus amüsanten Geschichten dem Fernsehen zumindest kurzfristig einen bitter nötigen »Imageschaden« zugefügt hat.

Auch wenn man Born mit seiner unfreiwilligen Medienkritik beim besten Willen keine politische Absicht unterstellen kann, so hat seine Tat durchaus eine politische Dimension.

HANS VAN MEERGERENS – DIE KLASSISCHE KUNSTFÄLSCHUNG

5.6

5.6 →

Nach ähnlichem Muster wirken auch »bösartige« Kunstfälschungen im Stile Hans van Meergerens. Der wohl berühmteste Kunstfälscher des 20 Jahrhunderts erfand »unbekannte« Gemälde von Jan Vermeer, Pieter de Hooch und Frans Hals, die qualitativ so hochwertig waren,

---

[70] Klemens Gruber, in *Zibaldone*, Band 12, Schwerpunkt: Medien in Italien, Piper, München 1987, S. 40

dass sie nur noch von ihm selbst entlarvt werden konnten. Dazu sah er sich gezwungen, weil er während des Zweiten Weltkrieges eine Fälschung an Herman Göring verkauft hatte. Nach der Befreiung der Niederlande konnte er sich einer weit schwerer wiegenden Anklage wegen Kollaboration nur durch die Offenlegung seiner Fälscherkunst entziehen. So konnte er nachweisen, dass er in Wahrheit auch die Nazis mit einer Fälschung hereingelegt hatte und wandelte sich vom Kollaborateur zu einem kriminellen aber patriotischen Fälscher.

Seine Werke, welche denen der barocken Meister in nichts als ihrer Herkunft und einiger winziger chemischer Details nachstanden, waren in der Zwischenzeit bis ins Metropolitan Museum of Art in New York gelangt. Schon acht Jahre

**DAS REVOLUTIO-
NÄRE POTENTIAL**
5.7 ←

nach der Aufdeckung ihrer wahren Natur im Juni 1945 wurden die Bilder erneut ausgestellt. Diesmal allerdings als von Van Meergeren stammende Originale (Fälschungen). Es ist anzunehmen, dass diese Arbeiten zu diesem Zeitpunkt schon weniger als Adaptionen niederländischer Barockmalerei von Interesse waren, sondern sehr schnell durch ihre Qualität als erstklassige Fälschungen wieder Ausstellungswert erlangten. Folgt man dieser Ansicht, so zeigen sich hier,

laut Stefan Römer, erste Auflösungserscheinungen des Originals.

»Spätestens in dem Moment, in dem in einem Museum bewusst Fälschungen ausgestellt werden und ihnen somit eine gewisse institutionelle Funktion zugesichert wird, ist jener Einschnitt sanktioniert, der die Epoche des Originals abzulösen trachtet. (...) Auch die ästhetischen Reproduktionen der Popart attackierten seit den 60er Jahren die traditionelle Authentizität, und künstlerische Praktiken bedienten sich in den 70er Jahren bewusst der Fälschung. (...) Verschiedene KünstlerInnen [der »Appropriationart«] beginnen, Fälschungen als substantiell theoretische Fragestellung zu begreifen.«[71]

- - - - - - - - - - - - - - - -
5.7 →

Umberto Eco beschrieb schon 1978 in dem Artikel »Die Fälschung und Konsens,« dass die zunehmende Technisierung, also die Ersetzung von Menschen durch Maschinen vollkommen neue Möglichkeiten der Sabotage schaffe: »So

kommt es im Zeitalter elektronischer Informationen allmählich zur Ausbreitung einer neuen Form von nicht gewalttätiger Guerilla: Zur Guerilla der Fälschung.«[72]

In der Hochzeit der RAF in Deutschland und der Brigate Rosse in Italien erkannte Eco, dass der Staat schon längst kein Herz mehr habe, das durch einen Anschlag zu treffen sei: »Anstatt das System zu schwächen, stärken sie (die Terroristen) es, indem sie die romantische Vorstellung, der Staat habe ein Herz, am Leben erhalten.« Der Staat werde jedoch vielmehr durch ein engmaschiges Gewebe des gesellschaftlichen Konsens zusammengehalten. Ein Angriff auf den gesellschaftlichen Konsens der Wahrheit brächte dieses gesamte System (der Macht) in Gefahr.

Macht, so schreibt Umberto Eco unter Bezug auf Foucault und Barthes wirke diffus und könne nur ebenso bekämpft werden. Heroisch revolutionäre Taten wie der Sturm auf die Bastille seien nur symbolische Kraftakte, denen eine eher im Stillen stattfindende Auflösung der Macht vorangehen müsse. Als ein weiteres Beispiel hierfür wäre mit Sicherheit

71 Stefan Römer, *Künstlerische Strategien des Fake*, Dumont, Köln 2001, S. 13

72 Umberto Eco, *Über Gott und die Welt*, dtv, München 1987, S. 164

auch der Fall der Berliner Mauer und das Ende der Deutschen Teilung zu nennen.

Die Wirkungsweise von auf gesellschaftlichem Konsens fußenden Machtmechanismen erläutert Eco exemplarisch an der Funktion der Sprache. Wir alle unterwürfen uns dem Zwang der Grammatik nicht etwa, weil dies uns von einer zentralen Macht vorgeschrieben werde, sondern weil wir alle verstanden werden wollten. Nach diesem System organisiere sich auch die Macht selbst. »Sie kommt von überall her« und »ist ein Parasit des transsozialen Organismus.«[73] Ein großer Fehler sei es, Macht mit Kräften zu verwechseln. Kräfte seien Ereignisse und Gegebenheiten: zum Beispiel ein durch Dürre verursachter Flüchtlingsstrom oder eine technische oder strategische Innovation in der Kriegsführung. Macht hingegen sei die Fähigkeit diese Kräfte durch das Einsetzen von Gegenkräften zu organisieren. Kräfte wirkten direkt und könnten auch direkt, durch die Organisation von Gegenkräften, bekämpft werden. Macht sei ihrem Wesen nach sehr viel schlechter zu lokalisieren, da sie häufig unbemerkt wirke und selbst zu adaptivem Verhalten in der Lage sei. Die Macht wehre sich gegen ihre Zersetzung durch die Integration von den Normen abweichenden Verhaltens (zum Beispiel durch Mode) oder durch das Zelebrieren von Ausnahmesituationen an Ersatzorten (zum Beispiel Literatur und Theater).

Der gesellschaftliche Konsens der Wahrheit sei jedoch so essentiell, dass ein Angriff auf diesen zu panischen Gegenreaktionen führen müsse: »In einer Gruppe, in der sich die Technik der zersetzenden Fälschung verbreiten würde, käme es bald zur Wiederherstellung einer geradezu puritanischen Wahrheitsethik, die Mehrheit würde zu Wahrheitsfanatikern, die den Lügnern am liebsten die Zunge abschnitten.«[74]

Die Autoren Sonja Brünzels und Luther Blissett knüpfen in ihrem 2001 erschienenen Handbuch der Kommunikationsguerilla an diese Anfang der 70er Jahre formulierten Beobachtungen an. Es geht ihnen nach eigenem Bekunden in ihrer Publikation darum, Anregungen zur Entwicklung neuer und zur Wiederbelebung alter subversiver linker Protestformen zu geben. Diese seien gerade heutzutage eine Erfolg versprechende Ergänzung zur traditionellen linken Gesellschaftskritik, da sie von kleinen kreativen Zellen durchgeführt würden und so auch ohne wünschenswerte aber nicht immer mögliche Mobilisierung der Masse in der Lage seien, weite Teile der Gesellschaft zu erreichen. Ein besonderer Vorteil der Kommunikationsguerilla sei darüber hinaus, dass sie, aufgrund ihrer »Camouflagetaktik«, in der Lage sei, Kritik am System zu üben ohne in dieses integriert zu werden. Es gehöre zum Wesen bürgerlich-repräsentativer Demokratien, dass es die Stärke besitze, Kritik bis zu einem gewissen Grad integrieren zu können. Im Sinne von Baudrillards These »Die Opposition hält das System am Leben«[75] könne gerade radikale Kritik dazu beitragen, die Fiktion einer pluralistischen, offenen Gesellschaft aufrecht zu halten und auf diese Art dazu beitragen, gesellschaftliche Veränderungen zu verhindern. Die Kommunikationsguerilla hingegen liefere laut Brünzels/Blissett bewusst keine politischen Alternative und attackiere durch momentane, unerwartete und daher schwer zu vereinnahmende Interventionen die scheinbar selbstverständ-

---

[73] Umberto Eco, *Über Gott und die Welt*, dtv, München 1987, S. 270

[74] Umberto Eco, *Über Gott und die Welt*, dtv, München 1987, S. 167

[75] Jean Baudrillard, *Agonie des Realen*, Merve-Verlags, Berlin 1978, S. 34

FAKE ALS STRATEGIE IM BEREICH DER KUNST

6

lichen, als natürlich gegeben geltenden gesellschaftlichen Spielregeln, die auch ohne Repression bestimmten, was zulässig sei und was nicht.

6 ⟶ 6.1 ⟶

KUNST ALS PLACEBO

6.1

Bazon Brock schreibt, er glaube nicht an die Erschaffung einzigartiger, wahrer Originalkunstwerke.

Sehr wohl glaube er jedoch an die Möglichkeit der Wahrheitsfindung und an die Unterscheidbarkeit von richtiger, weil wirksamer Kunst und Nicht-Kunst.

Dies sei vor allem eine Differenzierung zwischen guten, nämlich durch Zurschaustellung ihrer Falschheit wirksamen, und schlechten, ihre Falschheit verstecken den, unwirksamen Werken. Dadurch, daß diese Unterscheidungsmöglichkeit bestehe, werde ein strategischer Umgang mit richtig und falsch möglich. Dieser eröffne sich in der Strategie des »so tun als ob« als einzig mögliche Art der modernen Kunstproduktion. So stellt er für den Bereich der Kunst fest:

»Wer heute ein Kunstwerk in alteuropäischem Sinne produzieren will, gedeckt durch die Künstlerideologie der göttergleichen Schöpfungskraft, muss zwangsläufig eine Fälschung begehen. Diese falsche Kunst ist allerdings insofern wieder die wahre, als sie ihre Falschheit nicht zu verstecken sucht, sondern gerade als ihr Problem vorführt. Sie ist nicht Falschheit, die sich aufrichtig nennt, obwohl sie weiß, dass sie nur noch lügen kann.

Sie ist vielmehr wahr, insofern sie darüber argumentiert, dass in der gegebenen Situation nur das Falsche richtig getan werden kann.«[76]

Der Künstler solle sein Publikum mit Placebos versorgen, mit »echten Placebos«, welche ihre Eigenschaft, frei von wirksamer Substanz zu sein offen legten und trotzdem wirkten. Beide, das echte wie auch das falsche Placebo seien gleichermaßen ohne wirksame Substanz. Als falsches Placebo bezeichnet Brock jenes aus der Medizin bekannte Phänomen, das wirkungslose Substanz durch den Glauben an ihre objektive Wirksamkeit auch tatsächlich wirkt. Hierfür muss der Patient getäuscht werden, er muss an die objektive Wirkung glauben, um sie auch hervorbringen zu können.

Da wir aber nun wüßten, dass solche »falschen Placebos« echt wirkten, ohne wirksame Substanz zu enthalten, könnten wir »die Wirkung nur auf unsere Bereitschaft zurückführen, Wirkung selbst hervorzubringen.« Durch die Erkenntnis über die tatsächliche Wirkung solcher falschen Placebos könnten nun auch »echte Placebos«, also solche von denen wir wissen, dass sie ohne wirksame Substanz sind, für uns wirksam werden. In diesem Sinne solle Kunst wirken.

Künstler seien schon immer einerseits genötigt, andererseits verdächtigt worden, über eine besondere Beziehung zu höheren Wahrheiten zu verfügen. Dies sei objektiv nicht der Fall.

Wer sich als Künstler jedoch von diesem falschen Prophetentum zu befreien suche, indem er seine Arbeit dem Publikum als geheimnislos offenlege, verlöre schnell jegliche Faszination und »würde mit dem Stigma eines Kunstgewerblers und handwerklichen Bastlers belegt.« Der einzig mögliche Mittelweg zwischen diesen beiden »nichtswürdigen Extremen« des »falschen Propheten« einerseits und des »kunsthandwerklichen Bastlers« andererseits sei das offensichtliche »so tun als ob«; die Fabrikation von Ersatzkunst und das augenzwinkernde Behaupten, diesen offensichtlich unmöglichen Zugang zu diesen höheren Wahrheiten zu besitzen.

---

[76] Jean Baudrillard, *Agonie des Realen*, Merve-Verlags, Berlin 1978, S. 34

Was hingegen die »wahre Kunst« sei, wisse niemand und das sei auch nicht weiter beunruhigend, denn die Wirkung liege ja in unserer Bereitschaft das »so tun als ob« gerade deswegen zu akzeptieren, weil es ein anderes Tun, ein echtes, richtiges und wahres Schaffen von Kunst, nicht gebe. Das bedeute allerdings gerade nicht, so Brock weiter, aller Ersatz, alle Placebos seien beliebig austauschbar, gleich gültig und damit gleichgültig.

DAS PLAGIAT ALS KÜNSTLERISCHE STRATEGIE BEI ELAINE STURTEVANT
6.2

»Echte Kunst kann nicht simuliert werden, da wir über das, was simuliert wird, keine Aussage machen können. Diesem Manko versuchen die (gegenwärtigen) amerikanischen Künstler der ›Appropriation‹ und des ›Simulakrums‹ zu entgehen, indem sie einen Stella oder Picasso ›simulieren‹, wie Stella mit jeder seiner Arbeit sich selbst simuliert.«[77]

Im weiteren Verlauf des hier zitierten Textes wirft Brock nun »Elaine Sturtevant und all ihre Genossen« in einen Topf, wobei seiner Meinung nach all diese Künstler einzig bezeugten, wie schwer es sei, das Falsche richtig zu machen.

[77] Sämtliche unter 6.1 wiedergegebene Zitate: Bazon Brock, in *Imitationen- Nachahmung und Modell: von der Lust am Falschen*, Stoemfeld / Roter Stern, Zürich 1989, S. 135 – 137

Die gesamte »Appropriationart« sei dann auch einzig und allein als Phänomen der Täuschung ernst zu nehmen.

In dieser Hinsicht muss auf die »Appropriationart« und auf ihre gar nicht dazugehörende »prominenteste Vertreterin« Sturtevant eingegangen werden und der weit verbreiteten Tendenz, Sturtevant der »Appropriationart« zuzuschreiben, widersprochen werden.

- - - - - - - - - - - - - - -
6.2 →

Elaine Sturtevant erregte erstmals 1965 einiges Aufsehen als sie Andy Warhols Originalsiebe verwendete um dessen »Flowers« in eigener Auflage nachzudrucken und als von ihr stammende und signierte Originale zu verkaufen. Die Siebe hatte ihr Warhol eigens zu diesem Zweck zur Verfügung gestellt.

Sturtevant bestand jedoch im Gegensatz zu den Vertretern der »Appropriationart« der 70er und 80er Jahre auf einem traditionellen Originalbegriff, im Sinne der eigenständigen künstlerischen Schöpfung. Und dies zu Recht – ihre strategischen Plagiate waren nur rein äußerlich mit ihren Vor-Bildern identisch, konzeptuell war ihre Strategie einzigartig. In diesem Sinne handelt es sich bei ihren Reproduktionen dann auch zweifelsfrei um Originale, die sich zwar durch ihre Erscheinung auf die Vor-Bilder beziehen, gleichzeitig aber im Sinne von Deleuzes Umkehrung des Platonismus absolut unabhängig von diesen sind. Insofern könnte man Sturtevants Plagiate durchaus als »Trugbilder« bezeichnen. Sie sind bei äußerer Ähnlichkeit ihren Vorbildern wesensfremd.

Darüber hinaus illustriert ihre Arbeit sehr anschaulich, dass sich der Kunstbegriff zu diesem Zeitpunkt schon längst vom Gegenstand auf die Idee übertragen hatte. Sturtevant schaffte konzeptuelle Kunst, wie auch Warhol mit den selben Schablonen auf seine Weise konzeptuelle Kunst produzierte. Sturtevant reproduzierte Warhols Flowers, wie Warhol selbst alltäglich massenproduzierte Konsumprodukte reproduzierte und dadurch Kunst schaffte, die direkt auf ihren eigenen Warencharakter als Originalkunstwerk verwies.

Bei den zu betrachtenden Drucken der beiden Künstler handelt es sich um die Zeichen für ihre jeweilige künstlerische Ideen. Diese sind grundverschieden. Beides sind Originalkunstwerke, und der allgemeine Erfolg der Werke auf dem Kunstmarkt bestätigt dies.

DIE »APPROPRI-ATIONART« ALS PHÄNOMEN DER UNMÖGLICHKEIT KEIN ORIGINAL ZU PRODUZIEREN
6.2.1

Sturtevants Werke sind allerdings gleichzeitig auch Trugbilder vorangegangener Arbeiten anderer Künstler. Von den Künstlern der »Appropriationart« unterscheidet sie sich vor allem dadurch, dass sie selbst auf der – unbestreitbaren – Originalität ihrer Arbeit besteht. Es liegt daher auch keine Täuschung, keine behauptete, vorgetäuschte Aneignung (wie bei der »Appropriationart«) vor, sondern höchstens ein beabsichtigtes Missverständnis, indem angenommen wird, es handele sich um eine Fälschung und bei ihrer Aussage um eine Falschaussage, welche den offensichtlichen (aber nur oberflächlichen) plagiativen Charakter ihrer Arbeit zu verschleiern sucht. Dies ließe sich allenfalls noch unter der Annahme eines Antiquierten, in den 60er Jahren schon längst überholten, Kunstbegriffs vermuten.

Gerade weil Warhol selbst triviale Alltagsprodukte reproduzierte, beziehungsweise in seiner »Factory« in Auflagen reproduzieren ließ, ist die Reproduktion eines Warhol durch Sturtevant als Phänomen interessanter als die von Warhol reproduzierten Waren und Popikonen selbst.

Während die »Appropriationartists« der 70er und 80er Jahre für sich in Anspruch nahmen, sich mit dem Verhältnis von Original und Fälschung zu beschäftigen, ging es Sturtevant nach eigenem Bekunden um etwas ganz anderes: um die Schaffung einer rein konzeptuellen Kunst, unter Ausschaltung jeglichen subjektiven, spontanen schöpferischen Aktes. Dieses begründet Sturtevant in einem Interview aus dem Jahr 1999 wie folgt:

»Die Kunst stürzt schnell zur Unterhaltung ab, nachdem erst einmal subjektive Erfahrung als Kunst in die kleinen Parameter eingedrungen war. Eine solche Haltung bedeutet, dass jeder und keiner Künstler sein kann. (Beuys' »Soziale Skulpturen« fördern dieses falsche Denken) Und es eskaliert logischerweise dazu, dass alles und nichts Kunst sein kann. Und so ist es. Körperteile, Teile von Kühen, Exkremente, Readymades von der NASA, Litaneien von Sex und Liebhabern, vor allem und in erster Linie aber das Machen von Kunst, die bereits gemacht worden ist.«[78]

Insofern sind ihre Trugbilder, bei gleichzeitiger Unabhängigkeit von den Vorbildern durchaus als zersetzende Kritik an eben diesen zu verstehen. Ihre Arbeiten sind originale Kunstwerke und strategische Plagiate gleichermaßen. Ihre Strategie, jegliche Verbindung zum Vor-Bild abzulehnen und auf einem künstlerischen Schöpfungsakt ihrerseits zu bestehen, stellt eine ausgesprochen autonome Position dar und grenzt sie klar von der darauf folgenden »Appropriationart« ab.

6.2.1

Die Künstlerin Sherrie Levine, die 1981 in New York abfotografierte Fotografien Walker Evans aus den 30er Jahren ausstellte und allgemein mit Recht als Vertreterin der »Appropriationart« betrachtet wird, wies im Gegensatz zu Sturtevant jeglichen kreativen Akt bezüglich ihrer Arbeit von sich.

Sie stellte ihre Arbeiten – in höchst wahrscheinlich ebenso strategischer Absicht – als geradezu beliebig dar, indem sie nach eigener Aussage die Bilder Walker Evans vor allem deshalb wählte, weil diese keinem Copyright mehr unterlägen. Zusätzlich stellte sie die Herkunft der in Amerika ohnehin sehr bekannten Bilder unmissverständlich klar, indem sie sie als »Sherrie Levine after Walker Evans«

---
[78] Sturtevant, »Fake/Original«, im Ausstellungskatalog Originale echt/falsch, Neues Museum Weserburg, Bremen S. 153

DIE KRITIK AN DER »INSTITUTION KUNST« WIRD ZUR KUNST
6.3

betitelte, jedoch auch selbst signierte.[79]

Auch in diesem Fall handelt es sich um Originale, da sie eine neue Kategorie der strategischen Kopie darstellen, deren Natur als solche durch die behauptete Abwesenheit eines schöpferischen Aktes verschleiert wird.

Es handelt sich um Originale, die eine Fälschung simulieren, um dadurch eine Situation zu schaffen, in der das Wesen des originalen Kunstwerkes hinterfragt wird. Bei genauerer Betrachtung verweisen sie dadurch aber unweigerlich auch auf ihren eigenen originalen Charakter. Wie lange sich die Strategie der Aneignung äußerer Erscheinungen von Kunstwerken fortsetzen lässt, ohne dass die Künstler der »Appropriationart« beginnen, Plagiate ihrer eigenen Idee herzustellen, ist nicht eindeutig zu beantworten. Es ist jedoch anzunehmen, dass sich hinsichtlich dieser Strategie schon Mitte der 80er Jahren gewisse Abnutzungserscheinungen eingestellt haben. Die Strategie, schon durch den Titel offensichtlich auf das Vorbild zu verweisen, ist auch von vielen anderen Künstlern, die der »Appropriationart« zugerechnet werden können, zu eigen: Neben Levine zum Beispiel Richard Pettibone (»Andy Warhol Marylin« 1973), Mike Bidlo (»Not Pollock« 1983), oder Peter Weibel (»Jackson Pollock konvergiert mit Donald Judd und Andy Warhol« 1988).

Auch die Künstler der »Appropriationart« haben gemeinsam, dass sie in ihrer durchaus plakativ zu nennenden Kritik am Begriff des originalen Kunstwerkes Werke produziert haben, die auch selbst als solche Originale akzeptiert und gehandelt werden, wenn auch nicht in dem Maße, wie die Werke Sturtevants. Es handelt sich ebenfalls um Originalkunstwerke, und in diesem Sinne beweisen sie vor allem, wie schwer es ist, kein Original herzustellen. In diesem Sinne führen sie die Ambivalenz der Originalität durchaus vor Augen, sind jedoch als Phänomen der Täuschung wesentlich weniger interessant als die Arbeiten Sturtevants.

Die Beziehung der »Appropriationart« zu ihren Vor-Bildern lässt sich als parasitär oder ödipal bezeichnen, jedoch nicht als vollkommen autonom. Sturtevant hingegen verneint jeglichen Zusammenhang zwischen ihrer Kunst und deren Vor-Bildern. (Und das ist kein Fake ... !?)

---
[79] Stefan Römer, *Künstlerische Strategien des Fake*, Dumont, Köln 2001, S. 88/89

6.3

Es stellt sich die Frage, ob satirische Methoden zur Beschädigung der Macht wirklich universell einsetzbar sein sollten. Alle Bereiche des menschlichen Lebens sind von Machtstrukturen geprägt. Macht ist in der Demokratie vor allem der Zugang zu Kommunikationsmedien – und die Autorität, in diesen Medien Meinungen als Wahrheiten zu verbreiten. Bestimmte Personen werden als legitimiert betrachtet, zwischen richtig und falsch, gut und schlecht öffentlich zu unterscheiden und profitieren davon.

Auch im Bereich der Kunst wird auf die selbe Weise zwischen Kunst und Nicht- Kunst unterschieden. Da sich die breite Masse für Kunst leider entweder wenig interessiert, oder, falls Interesse vorhanden ist, sich eine Deutungshoheit hemmungslos selbst abspricht, gibt es möglicherweise keinen anderen Bereich, in dem die Macht der Selektion derartig monopolisiert ist.

Gleichzeitig ist die Kunst sehr offen für die Vereinnahmung imitativer Strategien. Dies zeigt sich zum Beispiel auch an den Arbeiten des britischen Künstlers Banksy. Unter Umgehung jeglicher sonst üblicher Prozeduren und Instanzen, die ein Künst-

ABSCHLIESSENDES KAPITEL

DER TRIUMPH DES ORIGINALS IM ZUSTAND SEINER KRISE – UND DIE CHANCE ZUR AUFLÖSUNG DIESER SITUATION

ler durchlaufen muss, bis seine Bilder eines Tages in einem Museum zu betrachten sind, hängt er heimlich seine eigenen Werke an die Wände international renommierter Kunsthallen. Bei seinen Werken, denen er selbst museale Ehren verlieh, handelt es sich um karikierende Neuinterpretationen klassischer Kunst, so zum Beispiel eine Madonna mit Jesuskind und I-pod. Diese Aktionen hatten unter anderem zur Folge, dass seine Arbeiten inzwischen beträchtliche Erlöse auf internationalen Kunstauktionen erzielen.

Man könnte nun argumentieren, seine satirische Kritik an der Institution Museum werde von seinem Erfolg auf dem Kunstmarkt, der bald auch legale Museumsauftritte zur Folge haben könnte, relativiert. Das stimmt so jedoch nicht. Genauso gut ließe sich eine nun möglicherweise folgende museale Würdigung Banksys als noch schärfere Ironie betrachten. Träfe diese Situation ein, so könnte man den Museumskuratoren die Frage stellen, wofür man sie überhaupt brauche, und ob nicht auch in Zukunft besser das Publikum seine eigenen Bilder mitbringen solle.

Ein erfolgreicher öffentlicher Angriff auf das System Kunst hat zumeist eine gewollte oder ungewollte Eingemeindung in den Bereich der Kunst zur Folge. Aber auch wenn eine solche Strategie zur Originalidee erklärt und mit der Person eines Künstlers besetzt wird, so bleibt sie immer auch ein Fake.

Befindet sich das Original in der Krise?

Der Zustand der Krise ist zum Wesen des Originals geworden. Zur Erläuterung sollen an dieser Stelle noch einmal einige Bemerkungen bezüglich des Originals wiederholt werden:

Der Begriff der Originalität ist schon deshalb zweifelhaft, weil seine Parameter nicht fest definiert sind, sondern sich ständig durch die technischen Neuerungen der Alters- und Herkunftsbestimmung sowie durch die Möglichkeiten der Reproduktion verändern. Jedes Original kann potentiell durch neue Verfahren als falsch entlarvt werden.

Durch die Möglichkeit der Kopie bekommt die Eigenschaft der Originalität überhaupt erst ihre Bedeutung. Je perfekter die Kopien werden, auf desto kleinlichere Weise muss sich das Original von diesen abgrenzen. Die Definition des Originals ist stets auch eine Refexion der Möglichkeiten seiner Reproduktion. Mit der digitalen Reproduktion von Produkten, auch von Kunstwerken wie Videos oder Digitalbildern, hat das Problem der Grenzziehung zwischen Original und Kopie eine vollkommen neue Stufe erreicht.

Da kein technischer Unterschied mehr vorhanden ist, hat sich die Definition des Originals von einer auf materieller Unterscheidbarkeit basierenden Argumentation vollends abgelöst. Der Originalitätscharakter hat sich vergeistigt und unser Verhältnis zum Original hat dadurch religiöse Züge angenommen. Wie beim Vorgang der Transsubstantiation wird, durch den Segen der rechtlich dazu autorisierten Person, die Kopie in ein Originalprodukt verwandelt, ohne dass sich dabei die Substanz des Objekts selbst ändert.[80]

Walter Benjamin beschäftigt sich in seiner Schrift Das Kunstwerk im Zeitalter seiner Reproduzierbarkeit mit den Mitte der 30er Jahre noch relativ neuen Möglichkeiten der augenblicklich herzustellenden technischen Reproduktion durch das Foto, die Tonaufnahme und den in diesen beiden Medien schon immanent vorhandenen Tonfilm.

Diese neuen Techniken der Reproduktion befreiten das Kunstwerk in Echtzeit.

---

80 Transsubstantiation, siehe S. 19

aus seiner parasitären Abhängigkeit vom Ritual, aus dem es hervorgegangen sei, und schüfen neue Möglichkeiten der Rezeption. Gleichzeitig werde es aber aus seinem räumlichen und zeitlichen Kontext gerissen. An die Stelle von Einzigartigkeit trete Flüchtigkeit und Wiederholbarkeit.

Durch die technische Reproduzierbarkeit werde das Kunstwerk vielfältig ausstellbar, gleichzeitig werde jedoch seine »auratische Wirkung« zerschlagen.

Stefan Römer stellt in Das Fake als Original fest, Walter Benjamin habe sich getäuscht, die Reproduktionen zerstörten nicht die Aura der Originale, sondern ließen sie erst entstehen: Tatsächlich existiere die Aura des Originals »nur durch die werbende Funktion der Reproduktion.«[81]

Diese Feststellung wäre wahr, setzte man die von Benjamin beschriebene »auratische Wirkung des Kunstwerkes« mit der von Römer formulierten »Aura des Originals« gleich. In diesem Fall wären die Massen von Menschen vor den weltbekannten und unzählige Male reproduzierten Originalen des Louvre oder der Sixtinischen Kapelle ein klarer Beweis dafür, dass Benjamin sich geirrt hat. Tatsächlich steht die Anzahl der sich im Umlauf befindenden Reproduktionen, einschließlich T-Shirts und Kaffeetassen, in einem unmittelbaren Verhältnis zu der Besucherzahl, die dem Original zu Teil wird. Es ist unbestreitbar. Die Kopie wirbt für das Original!

Es muss jedoch bezweifelt werden, dass die auratische Wirkung des Kunstwerkes, wie sie Benjamin beschreibt, mit der Wirkung des selben Werkes als Original, die durch die Reproduktion stark befördert wird, gleichzusetzen ist.

Handelt es sich hierbei nicht vielmehr um ein Substitutionsverfahren, in dem die Aura des Kunstwerkes durch eine Aura der Originalität ersetzt wird?

Das Wesen des Originals ist es, durch seine Reproduktionen beworben zu werden, um dann bei Gelegenheit als Original – und nur sekundär im Original – betrachtet zu werden. Die Substitution des künstlerischen Charakters der Werke, also des Inhalts und des spezifischen Mittels des Ausdrucks durch eine andere Eigenschaft kündigt Walter Benjamin im selben Text schon an:

»Wie nämlich in der Urzeit das Kunstwerk durch das absolute Gewicht, das auf seinem Kultwert lag, in erster Linie zu einem Instrument der Magie wurde, das man als Kunstwerk gewissermaßen erst später erkannte, so wird heute das Kunstwerk durch das absolute Gewicht, das auf seinem Ausstellungswert liegt, zu einem Gebilde mit ganz neuen Funktionen, von denen die uns bewusste, die künstlerische, als diejenige sich abhebt, die man später als die beiläufige erkennen mag.«[82]

Dieser Satz lässt sich heutzutage so verstehen, dass die inhaltliche oder künstlerische Funktion des Werkes zu Gunsten seiner Funktion als Original zurückgetreten ist.

Die von Benjamin beschriebene Substitution des Kultwertes durch den künstlerischen Wert des Objekts ging mit einem Verlust seiner spirituellen Wirksamkeit einher. Das Kunstwerk bekommt durch die Möglichkeiten seiner technischen Reproduktion einen staken Ausstellungswert. Es erweist sich als ein Gebilde mit wandelbarer Funktion. Auch unsere Sehnsucht nach dem Erleben von Kunst als Original ließe sich mit einem fortschreitenden Verlust an Spiritualität erklären. Der Verlust des Glaubens

---

81 Stefan Römer, *Das Fake als Original*, Internationaler Kunstkritikerverband – Sektion Deutschland, Köln 1999, S. 31

82 Walter Benjamin, *Das Kunstwerk im Zeitalter seiner technischen Reproduzierbarkeit*, Suhrkamp, Frankfurt a. M. 1963, S.22/23

führt unweigerlich auch zum Verlust der Hoffnung auf eine Fortsetzung der Existenz im Jenseits. Das Erleben der Originale spendet hier Trost. Die alltäglichste Reaktion angesichts des Unglücks einer unweigerlich endenden Existenz ist jedoch wohl die digitale Reproduktion seiner selbst im Internet. Auch das Individuum ist vielfach ausstellbar geworden und scheint aus seinem räumlichen und zeitlichen Kontext zunehmend befreit.

»Je bedrohlicher uns das unaufhaltsame Ende bewusst wird, (...) desto mehr wächst das Bedürfnis nach Musealisierung der Vergangenheit, sei es nun der gesellschaftlichen, der natürlichen oder der persönlichen (...). So gibt es beispielsweise Menschen, die jeden Schritt ihres Lebens auf Video aufnehmen. (...) Je endgültiger der Tod in der Zukunft erscheint, desto mehr wächst die Sensibilität für den täglichen Tod der Vergangenheit. (...) Die Reproduktion ist die Säkularisation der Unsterblichkeit.«[83]

Eine weitere Möglichkeit, ein wenig an der »Ewigkeit« zu partizipieren, bietet sich in der Erschaffung (sehr hohe Ge-

---

[83] Hans-Jürgen Seemann, *Copy*, Beltz, Weinheim 1992, S. 48

---

fahr der Frustration), dem Konsum (wenig befriedigend) oder dem Erwerb von Originalen. Diese letztgenannte Möglichkeit erfordert immer größere finanzielle Ressourcen, ermöglicht jedoch, durch den Besitz der Originale ein wenig an deren Aura zu partizipieren, sowie auch gönnerhaft andere daran teilhaben zu lassen.

Dabei stellt die wissenschaftlich bestätigte Originalität den Wert an sich dar, denn das Werk selbst ist in Form hervorragender Reproduktionen ja ohnehin schon bekannt. Nicht das Kunstwerk an sich, sondern das Werk als Original zu sehen, ist die Reise nach Paris und den Eintritt ins Museum wert. Das Kunstwerk wird, auf seine Originalität reduziert, zu einer Ikone der Einzigartigkeit in einem als flüchtig und wiederholbar empfundenen Leben.

Es gibt Originale zum Besitzen für jeden gesellschaftlichen Status und Geldbeutel. Ein originales Werk der klassischen Moderne für die Elite, eine »originale« Uhr schweizer Fabrikation für die wohlhabende Mittelschicht und »originale« Sportbekleidung aus China für den Rest. All diese Gegenstände sind ihrer Funktion nach primär Originale, und auch ihr Marktwert wird über ihre relative Originalität bestimmt. Nur sekundär besitzen sie eine Funktion als Beispiel malerischer Virtuosität, Werkzeug zur Zeitmessung oder Körperbekleidung.

Je stärker der Originalcharakter des Objektes ist, desto mehr tritt seine eigentliche Funktion in den Hintergrund, desto widerstandsfähiger ist er jedoch auch gegenüber dem Angriff des Fake. Den oberflächlichen Originalcharakter von »Markenprodukten« in Frage zu stellen ist nicht weiter schwer, und so erweisen sich die Besitzer billiger Rolex-Uhren chinesischer Produktion zumeist auch als die wesentlich interessanteren Menschen, als jene, die Wert darauf legen eine »echte« zu besitzen. Auf diesem Gebiet ist der Fake stark auf dem Vormarsch. Je offensichtlicher er ist, desto besser. Als besonders effektvoll erwiesen sich vor einigen Jahren mit Louis-Vuitton-Logo bedruckte Jutebeutel aus dem Supermarkt. Sich für viel Geld eine »echte« Tasche dieses Herstellers zu kaufen ist im Gegensatz dazu eher peinlich. Es sei denn, es handelt sich hierbei um das wohl einzig wirklich interessante Produkt der Firma: den Fake des Fake! Der für Louis-Vuitton tätige Designer Marc Jacobs schlug im Frühjahr 2007 auf geniale Weise zurück, indem er mit seinem »East/West-Shopper« eine Adaption der wohl ordinärsten Tasche der Welt als (wirkliches) Original besagter Firma herausbrachte. Er kopierte schlicht die Insignie des Ramschladens, die von Kapstadt bis Kathmandu bekannte blauweiss-rot karierte Reißverschlusstasche aus Plastikgewebe. Ob ihn hierbei der in Berlin gesichtete Jutebeutel inspiriert hat, ist nicht bekannt. Der Fake des Fake erscheint hier als einzig richtige Antwort auf den Angriff der offensichtlichen Fälschungen, und selbst in der relativ abgebrühten Modebranche erregte dieser einiges Aufsehen.

Es stellt sich jedoch die Frage, ob die eher spießig zu nennende Klientel der Firma dem noch folgen konnte. Auf der offiziellen Website »Louis-Vuitton.com« war der »East/West Shopper« im September 2007 nicht zu finden. Hier setzt man, wenig überraschend, lieber auf »Personalizing« und die »neue Kollektion« von Steffi Graf und André Agassi. Insofern ist diese Arbeit auch primär als genialer Streich eines einzelnen Designers zu betrachten und nur sekundär als Beispiel für die Verwendung eines strategischen Fake von Louis Vuitton unter Gestaltung vor allem das flächendeckende Applizieren eines hinreichend bekannten Logos verstanden wird, wird sich die Firma dem Angriff der Fakes nur schlecht erwehren können.

Der Originalcharakter der Kunst hingegen erweist sich als wesentlich hartnäckiger. Es ist dennoch zu hoffen, dass auch in diesem Bereich die Strategien des Sekundären zur Diskreditierung der Originale beitragen könnten, auf dass es gelingen möge, in Zukunft den etablierten Diskurs von Kunstproduktion und Kunstkonsum zu durchbrechen. Es ist zu wünschen, dass durch ironische Fälschungen die zum Selbstzweck gewordene Originalität der Werke beschädigt wird, auf dass Platz geschaffen werde für neue qualitative Inhalte jenseits schlichter Originalität.

Eine Fälschung, der es gelingt auf nicht konforme Weise in das System der Kunst einzudringen, kann im Moment ihrer Entdeckung, so wurde an einigen Beispielen gezeigt, die Originale sowie die Deutungshoheit derjenigen, die Kunst beurteilen und selektieren, in Frage stellen. Gelingt das auf eine neuartige Weise, was wiederum ein wichtiges Kriterium zum Gelingen eines Fake ist, so wird diese Strategie in kürzester Zeit auch als Original erkannt und in den Kreis der Kunst erhoben werden.

Dennoch sollte man sich von diesem Umstand nicht abhalten lassen. Die Lust am Fake ist sich selbst genug. Entstehen dabei gleichzeitig und fast unweigerlich neue originale künstlerische Arbeiten, die auch innerhalb des Systems Kunst und Kunstmarkt funktionieren, so ist das durchaus akzeptabel.

Der Banalität einer selbstreferentiell gewordenen Einzigartigkeit gilt es in verzerrtes, in tausend Facetten schillerndes Spiegelbild entgegenzusetzen!

FLORIAN ALEXANDER SCHMIDT

♠ IST FREISCHAFFENDER KOMMUNIKATIONS-DESIGNER UND AUTOR, ER LEBT UND ARBEITET IN BERLIN. VON 2002 BIS 2008 STUDIERTE SCHMIDT KOMMUNIKATIONSDESIGN AN DER KUNSTHOCHSCHULE BERLIN WEISSENSEE. WÄHREND ANFÄNGLICH DAS MEDIUM DER ZEICHNUNG IM MITTELPUNKT SEINER ARBEIT STAND SETZT SICH SCHMIDT SEIT 2005 VERSTÄRKT MIT DER THEORIE UND GESCHICHTE DES DESIGNS AUSEINANDER. THEMENSCHWERPUNKTE HEUTE SIND DIE INTEGRATION VON PARTIZIPATIVEN STRATEGIEN IN DEN DESIGNPROZESS SOWIE DAS DESIGN VON COMPUTERSPIELEN UND VIRTUELLEN WELTEN. 2006 VERÖFFENTLICHTE SCHMIDT ZU DIESEM THEMA DAS BUCH PARALLEL REALITÄTEN IM SCHWEIZER NIGGLI VERLAG. (AUSGEZEICHNET MIT DEM BRAUN-FELDWEG FÖRDERPREIS FÜR DESIGNKRITISCHE TEXTE). SCHMIDT SCHREIBT FÜR VERSCHIEDENE FACHZEITSCHRIFTEN, HÄLT VORTRÄGE UND IST LEHRBEAUFTRAGTER DER KUNSTHOCHSCHULE BERLIN WEISSENSEE.

PETER LASCH

♠ DIPL. DESIGNER UND SILBERSCHMIED, LEBT UND ARBEITET IN BERLIN. AUSBILDUNG ZUM SILBERSCHMIED AN DER BERUFSFACHSCHULE FÜR GLAS UND SCHMUCK NEUGABLONZ, MIT ABSCHLUSS DES GESELLENBRIEFES. STUDIUM AN DER KUNSTHOCHSCHULE BERLIN WEISSENSEE MIT ABSCHLUSS DES DIPLOMS. MITARBEIT BEI RAACKE DESIGN (PROF. PETER RAACKE) TEILNAHME AN DESIGNWORKSHOPS IN CHINA, KOREA, TAIWAN UND BANGLADESCH. GESCHÄFTSREISEN MIT TEILNAHME AN INTERNATIONALEN DESIGNEVENTS DES DIP (DESIGN-INDUSTRIAL-PARK SHENZHEN) IN SHENZHEN, CHINA. LEITUNG VON DESIGN-WORKSHOPS FÜR DIE GTZ (DEUTSCHE GESELLSCHAFT FÜR TECHNISCHE ZUSAMMENARBEIT) IN DHAKA, BANGLADESCH. VORTRÄGE ÜBER OPEN-DESIGN. ER ERHIELT MEHRERE AUSZEICHNUNGEN FÜR SEINE ARBEIT, DARUNTER EINE AUSZEICHNUNG BEIM BF-PREIS (WILHELM BRAUN-FELDWEG FÖRDERPREIS, FÜR DESIGNKRITISCHE TEXTE), 1. PREIS DESIGNWETTBEWERB DER STADT SOLINGEN, PREISE DER DANNER STIFTUNG UND WEITERE. MOMENTAN IST ER ALS FREIBERUFLICHER DESIGNER UND LEHRENDER IM FACH DESIGNTECHNOLOGIE AN DER FH-POTSDAM SOWIE IN DEN PRODUKT-DESIGN GRUNDLAGEN AN DER KUNSTHOCHSCHULE BERLIN WEISSENSEE TÄTIG.

FRIEDRICH KAUTZ

♠ DIPL. DESIGNER, KÜNSTLER, LEBT IN BERLIN. ARBEIT FÜR VERSCHIEDENE AGENTUREN UND FIRMEN. DIPLOM IN WEISSENSEE 2008. FILMT, SCHREIBT, KONZEPTIONIERT NUR FÜR AUSGEWÄHLTE KLIENTEN VON SEINEM BÜRO IN BERLIN KREUZBERG AUS. BILDHAUEREI / FREIE KUNST MIT GASTSTUDIUM AM CHELSEA COLLEGE OF ARTS AND DESIGN IN LONDON. MEISTERSTUDIUM BEI PROFESSOR TRISTAN PRANYKO (EXPERIMENTELLES DESIGN) EBENFALLS IN BERLIN WEISSENSEE. AUSBILDUNG ZUM GOLDSCHMIED AN DER STAATLICHEN ZEICHENAKADEMIE HANAU. SEIT 2008 SELBSTSTÄNDIGE ARBEIT ALS FREISCHAFFENDER KÜNSTLER IN BERLIN.

ANDREAS TÖPFER

♠ STUDIUM INDUSTRIEDESIGN UND BUCHGESTALTUNG (BURG GIEBICHENSTEIN HALLE), KOMMUNIKATIONSDESIGN UND MALEREI (KHB WEISSENSEE), ILLUSTRATION (RCA LONDON), INTERMEDIA (ECIAD VANCOUVER). SEIT 2000 SELBSTSTÄNDIGER GRAFIKER UND DESIGNER UND IM MILCHHOF : ATELIER.

SUSANNE STAUCH

♠ DIPL. DESIGNERIN, GOLDSCHMIEDIN, LEBT UND ARBEITET IN BERLIN.ABSCHLUSS ALS GOLDSCHMIEDIN AN DER STAATLICHEN ZEICHENAKADEMIE HANAU IM JAHR 2001. IM ANSCHLUSS STUDIERTE SIE PRODUKTDESIGN, VISUELLE KOMMUNIKATION UND INTERACTION DESIGN AN DER UNIVERSITÄT DER KÜNSTE, BERLIN UND DER KUNSTHOCHSCHULE BERLIN WEISSENSEE. 2008 ERHIELT SIE IHR DIPLOM ALS PRODUKTDESIGNERIN. WÄHREND DER STUDIENZEIT NAHM SIE AN ZAHLREICHEN INTERNATIONALEN WORKSHOPS ZU DEN THEMEN DESIGN, URBAN SPACE UND DEVELOPMENT COOPERATION TEIL, U.A. IN INDIEN, KOREA, GUATEMALA ODER SÜDAFRIKA. DARÜBER HINAUS WIRKTE SIE AN MEDIENFESTIVALS (TRANSMEDIALE BERLIN, SHAREFESTIVAL TURIN) MIT. NEBEN MEHREREN GEMEINSCHAFTSAUSSTELLUNGEN IM BEREICH SCHMUCK UND DESIGN ERHIELT SIE EINE AUSZEICHNUNG IM RAHMEN DES BAYERISCHEN STAATSPREISES 2008 FÜR IHRE ARBEITEN IN PORZELLAN, DIE SIE 2010 IM EUROPÄISCHEN INDUSTRIEMUSEUM FÜR PORZELLAN IN SELB AUSSTELLT. SEIT 2009 IST SIE ALS FREELANCER BEI ARCHIMEDES IM BEREICH EXPONATENTWICKLUNG UND -DESIGN TÄTIG.

FRIEDRICH GOBBESSO

♠ STUDIUM (DIPLOM) AN DER KUNSTHOCHSCHULE BERLIN-WEISSENSEE IM FACHGEBIET

Die Texte in diesem Buch basieren auf theoretischen Diplomarbeiten von Studierenden des Produktdesigns, der Visuellen Kommunikation und der Bildhauerei der Kunsthochschule Berlin-Weißensee. Betreut wurden die Arbeiten von Prof. Dr. Walter Scheiffele. Idee und Konzeption für das vorliegende Buch entstanden in Zusammenarbeit mit Prof. Stefan Koppelkamm aus dem Fachgebiet Visuelle Kommunikation.

© 2010 form+zweck, Berlin
Alle Rechte vorbehalten
Hg.: Kunsthochschule Berlin-Weißensee
Korrektur: Birgit Fleischmann
Gestaltung: Andreas Töpfer, Berlin
Gesetzt aus der Akkurat & der Italic 08_55
Papier: Plano Plus 110/170
Druck & Bindung: Steinmeier, Deiningen
Printed in Germany
ISBN 978-3-935053-32-7